AF544188

EUL
VERLAG

Generalisierte Kontextmodellierung auf Basis von Zustandsgraphen

Eine Methode zur Ermittlung von Kontexten für einzelne Benutzer und Benutzergruppen

Von der Fakultät für Ingenieurwissenschaften,
Abteilung Informatik und Angewandte Kognitionswissenschaft
der Universität Duisburg-Essen

zur Erlangung des akademischen Grades
Doktor der Ingenieurwissenschaften
genehmigte Dissertation

von

Björn Jörn Joop

aus

Düsseldorf

1. Gutachter: Prof. Dr. Jürgen Ziegler
2. Gutachterin: Prof. Dr. Barbara König
Tag der mündlichen Prüfung: 08. Mai 2015

Schriften zu Kooperations- und Mediensystemen · Band 37

Herausgegeben von Prof. Dr. Volker Wulf, Siegen, Prof. Dr. Jörg Haake, Hagen, Prof. Dr. Thomas Herrmann, Bochum, Prof. Dr. Helmut Krcmar, München, Prof. Dr. Johann Schlichter, München, Prof. Dr. Gerhard Schwabe, Zürich, und Prof. Dr.-Ing. Jürgen Ziegler, Duisburg

Björn Jörn Joop

Generalisierte Kontextmodellierung auf Basis von Zustandsgraphen

Eine Methode zur Ermittlung von Kontexten für einzelne Benutzer und Benutzergruppen

Bibliografische Information der Deutschen Nationalbibliothek

Die Deutsche Nationalbibliothek verzeichnet diese Publikation in der Deutschen Nationalbibliografie; detaillierte bibliografische Daten sind im Internet über <http://dnb.d-nb.de> abrufbar.

Dissertation, Universität Duisburg-Essen, 2015

ISBN 978-3-8441-0427-1
1. Auflage November 2015

Umschlaggestaltung: Luzia Sassen

JOSEF EUL VERLAG GmbH
Brandsberg 6
53797 Lohmar
Tel.: 0 22 05 / 90 10 6-6
Fax: 0 22 05 / 90 10 6-88
E-Mail: info@eul-verlag.de
http://www.eul-verlag.de

Bei der Herstellung unserer Bücher möchten wir die Umwelt schonen. Dieses Buch ist daher auf säurefreiem, 100% chlorfrei gebleichtem, alterungsbeständigem Papier nach DIN 6738 gedruckt.

Vorwort

Es ist vollbracht!
Nach meinem Abschied von der Universität hat es bis zur Einreichung dieser Arbeit doch noch gute 3 Jahre gedauert. Nicht, dass die Arbeit nicht schon fast fertig gewesen wäre... Es gab vielmehr viele Kleinigkeiten, die es anzupassen, umzuformulieren und umzuarbeiten galt. Ich glaube, dass das Zitat

„Am Ende wird alles gut. Und wenn es nicht gut ist, dann ist es noch nicht das Ende."

die Situation sehr gut beschreibt, auch wenn das Zitat anscheinend nicht eindeutig zugeordnet werden kann. Es stammt entweder von Oscar Wilde, John Lennon oder einer/m Unbekannten. Oscar Wilde wird jedenfalls favorisiert. Sicher ist zumindest, dass es im durchaus unterhaltsamen Film „Best Exotic Marigold Hotel" geäußert wird.

Ich möchte mich an dieser Stelle bei meinem Doktorvater Herrn Prof. Dr. Ziegler und bei Frau Prof. Dr. König bedanken, die mir beide mit viel Rat und Tat zur Seite standen.

Mein besonderer Dank gilt meiner Familie, die doch die eine oder andere schlechte Laune während der „heißen Phase" aushalten musste, und insbesondere meiner Großmutter Erna, die mich unermüdlich korrigierte, damit die Anzahl der Rechtschraib- (dieser ist beabsichtigt!), Grammatik- und Ausdrucksfehler nicht zu peinlich wurde. Vielen Dank!

Björn Jörn Joop
Erkrath, August 2015

Zusammenfassung

Bisherige kontextbasierte Systeme verwenden *Kontext*, um sich oder dargestellte Inhalte an eine Situation anzupassen. Hierbei wird Kontext üblicherweise als Repräsentation von Informationen über Zeit, Ort oder Geräte und Personen verwendet. Vor der Vorstellung einer neuen Kontextdefinition wird in dieser Arbeit zunächst der Stand der Forschung zu Kontextdefinitionen, Kontextmodellen und kontextbasierten Anwendungen und Systemen beschrieben und diskutiert. Hierbei wird gezeigt, dass Kontextdefinitionen üblicherweise allgemein gehalten sind und kontextbasierte Systeme sich meist auf die Verwendung von wenigen situationsbeschreibenden Aspekten wie Zeit, Ort oder Geräten und Personen beschränken.

Die im Rahmen dieser Arbeit vorgestellte neue Definition von Kontext integriert Assoziationen, so dass für die Ermittlung von Kontext nicht nur observierte Informationen über die Situation, sondern auch indirekte Einflüsse durch benutzerspezifische Interessen und Präferenzen mit berücksichtigt werden. Ein Fokus, der das Adaptionsziel eines kontextbasierten Systems beschreibt, wird als Ausgangspunkt der Kontextermittlung genutzt.

Als Repräsentation dieser Kontextdefinition wird ein graphenbasiertes Kontextmodell formal beschrieben, das als *Zustandsgraph* bezeichnet wird. Zustandsgraphen basieren auf einer gerichteten Graphenstruktur und ermöglichen die Abbildung von situationsbeschreibenden Informationen, Benutzerprofilen und einem anwendungsspezifischen semantischen Domänenmodell. Die Verwendung einer semantischen Beschreibung ermöglicht eine maximale Flexibilität in Modellierung und erlaubt zusätzlich Wissensableitungen mithilfe der abgebildeten Wissensdomäne.

Durch Verwendung von Zustandsgraphen ist es möglich, benutzerspezifische Kontexte und Gruppen-kontexte zu ermitteln. Der Prozess der Kontextgewinnung wird *Kontextualisierung* genannt und wird exemplarisch anhand von *Spreading Activation* vorgestellt. Für die Ermittlung von Gruppenkontexten können einzelne Benutzerzustandsgraphen dynamisch zu gruppenrepräsentierenden Zustandsgraphen verrechnet werden. Die für die Ermittlung von Gruppenkontexten notwendigen Benutzergruppen können dynamisch mithilfe von Gruppenidentifikationsverfahren ermittelt werden. Hierfür werden Verfahren aus der *Social Network Analysis* für Zustandsgraphen mit Personenrepräsentationen und Verfahren zur Ermittlung von strukturell ähnlichen Zustandsgraphen beschrieben und diskutiert. Zusätzlich werden Verfahren vorgestellt, die in Abhängigkeit von Situation oder Artefakten Gruppen identifizieren können.

Das *GroCoS*-Framework (*GroCoS* steht für *Group Context Systems*) implementiert die beschriebenen Konzepte und Modelle. GroCoS ist eine servicebasierte, modularisierte und erweiterbare Systemumgebung für die Generierung, Verwaltung und

Aktualisierung von Zustandsgraphen, für Gruppenidentifikationsverfahren und die Ermittlung von (Gruppen-)Kontexten.

Zur Verifikation der vorgestellten Ansätze und Modelle werden auf Basis des GroCoS-Frameworks drei exemplarische Anwendungen vorgestellt, die verschiedene Anwendungsfälle repräsentieren. Es wird ein Dokumentenempfehlungssystem für einzelne Benutzer und Benutzergruppen, ein Dokumentenempfehlungssystem für dynamisch identifizierte Benutzergruppen und ein Restaurantempfehlungssystem für Benutzergruppen, das zusätzlich in Abhängigkeit der Situation geeignete Verrechnungsstrategien zur Generierung von Gruppenzustandsgraphen wählt, vorgestellt.

Inhaltsverzeichnis

Abbildungsverzeichnis

Tabellenverzeichnis

Abkürzungsverzeichnis

AAL	Assisted Ambient Living
ABC	Adresse, Binding (Anbindung) und Contract (Vertrag)
ACM	Association for Computing Machinery
API	Application Programming Interface
Blob	Binary Large Objects
bzw.	beziehungsweise
CA-SOA	Context Aware Service Oriented Architecture
ConDoR	Contextual Document Recommendation
CORBA	Common Request Broker Architecture
CPU	Central Processing Unit
CSCP	Comprehensive Structured Context Profiles
CSCW	Computer Supported Cooperative Work
DIN	Deutsche Institut für Normung
DLL	Dynamic Link Library
EN	Europäische Norm
ER	Entity Reltationship
FOAF	Friend of a Friend
FSB	Front-Side Bus
GB	Gigbyte
GHz	Gigahertz
GLA	Generallized Lloyed Algorithm
GPS	Global Positioning System
GroCoS	Group Context Systems
HMM	Hidden Markov Modell
HTTP	Hypertext Transfer Protocol
IP	Internet Protocol, wird häufig Synonym für Internet Protocol Address verwendet
ISO	International Organization for Standardization (Internationale Organisation für Normung)
ISSN	International Standard Serial Number
JCAF	Java Context Awareness Framework
KI	Künstliche Intelligenz
LBG-Alg.	Algorithmus benannt nach von Linde, Buzo und Gray
LINQ	Language Integrated Query
MB	Megabyte
MHz	Megahertz
MLP	Multi-Layer-Perzeptron
MVVM	Model-View-Viewmodel
ORM	Objekt-Rollen-Modell

OWL	Web Ontology Language
PC	Personal Computer
PDA	Personal Digital Assistant
PKW	Personenkraftwagen
RAM	Random-access Memory
RDF	Resource Description Framework
REST	Representational State Transfer
RFID	Radio-frequency Identification
SGML	Standard Generic Markup Language
SOAP	Simple Object Access Protocol
SOCAM	Service-Oriented Context-Aware Middleware
SPARQL	SPARQL Protocol And RDF Query Language
SQL	Structured Query Language
TCP	Transmission Control Protocol
UDP	User Datagram Protocol
UI	User Interface
UICO	User Interaction Context Ontology
UML	Unified Modeling Language
URI	Uniform Resource Identifier
vgl.	vergleiche
WCF	Windows Communication Foundation
XML	Extended Markup Language
z.B.	zum Beispiel

Symbolverzeichnis

A^t	Situative Aktivierungen an Knoten N des Zustandsgraphen zu einem Zeitpunkt $t \in T$; repräsentieren interpretierte Sensordaten
$dist(n_1, n_2)$	Geodätische Distanz zwischen zwei Knoten n_1 und n_2 als kürzester Pfad
E	Menge aller Kanten eines Graphen
E_D	Domänenkanten
E_K	Situative Kanten
F^t	Fokus an Knoten N des Zustandsgraphen zu einem Zeitpunkt $t \in T$
G	Vereinfachte Bezeichnung für einen Zustandsgraphen G_{state}
G_b	Gruppenzustandsgraph, der nicht durch eine Menge von Benutzerzustandsgraphen gebildet wurde
G_{dir}	gerichteter Graph, $G_{dir} = (N, E, src, tgt)$
G_{dom}	gerichteter Graph zur Repräsentation des Domänenmodells, $G_{dom} = (N, E, src, tgt, \Psi, \psi, L_N, \lambda_N, L_E, \lambda_E)$
G_g	Generalisierter Graph entspricht der Vereinigung aller Benutzerzustandsgraphen: $\bigcup_{u \in \mathcal{B}} G_u$
G_{group}	Gruppenzustandsgraph, der auf Basis von Benutzerzustandsgraphen $G_u \in \mathcal{B}$ gebildet wurde
G_K	Kontextgraph; entspricht einem Subgraphen des Zustandsgraphen G_{state} und repräsentiert alle Kanten und Knoten, die zu gegebener Situation kontextuell relevant sind
G_p	Subgraph des Zustandsgraphen mit Personenrepräsentationen, der nur Personen und Beziehungen zwischen den Personen beschreibt
$G_{\mathcal{P}}$	Erweiterter Graph G_p um zusätzliche Kanten, die Präferenzen an Knoten durch neue Kanten zwischen Personenrepräsentationen (im Zustandsgraphen abgebildete Personen und dem Besitzer des Zustandsgraphen) repräsentieren
G_s	Systemzustandsgraph
G_{state}	Zustandsgraph, $G_{state} = (N, E, src, tgt, \Psi, \psi, L_N, \lambda_N, L_E, \lambda_E, \Theta, \theta, \iota, \mu, \nu, \sigma)$
G_u	Zustandsgraph eines Benutzers u
G'_u	Projektion eines Benutzerzustandsgraphen auf einen Graphen mit gleicher Struktur, Typen und Labels - jedoch ohne Gewichtungen
I^t	Menge aller Präferenzwerte an Knoten eines Zustandsgraphen zu einem Zeitpunkt $t \in T$
K	Menge aller Aktivierung an Knoten des Zustandsgraphen nach Kontextualisierung
L_E	Menge aller Kantenlabels
L_N	Menge aller Knotenlabels
N	Menge aller Knoten eines Graphen

N_I	$N_I \subset N$ als Menge aller als Instanzen typisierter Knoten
N_C	$N_C \subseteq N$ als Menge aller als Klassen typisierter Knoten
Q	Modularitätsmaß $Q = \sum_i \|\|_{ij} - \sum_{ijl} \|\|_{ij}\|\|_{li} = Tr\mathcal{K} - \|\mathcal{K}^2\|$ mit $\|\mathcal{K}\|$ als die Summe aller Elemente von $\mathcal{K}$
r	Radius eines Graphen
S	Sequenz von Knoten für die Beschreibung eines Pfades
src	Zuordnungsfunktion; ordnet jeder Kante $e_i \in E$ einen Knoten $n_j \in N$ als *Ursprungsknoten* zu
tgt	Zuordnungsfunktion; ordnet jeder Kante $e_i \in E$ einen Knoten $n_j \in N$ als *Zielknoten* zu
T	Menge aller Zeitpunkte $t_i \in T$ zur Ermittlung von Fokus und situativen Aktivierungen
U	Menge von Benutzern eines Systems
W^t	Menge aller Kantengewichte eines Zustandsgraphen zu einem Zeitpunkt $t \in T$
Z_i	Menge von diskreten Werten für über alle Benutzer U für einen Knoten $n_i \in N$ oder eine Kante $e_i \in E$: $Z_i = \{z_1^i, z_2^i, \ldots, z_{\|U\|}^i\}$, $z_{\|U\|}^i \in \mathbb{R}$
$\|u\|$	Name der Person $u \in U$
α	Abbildungsfunktion; bildet die Menge $\mathcal{C}$ auf den generalisierten Zustandsgraphen G_g ab; $\alpha(\mathfrak{B}(\mathcal{B})) \rightarrow G_g$
γ	Sichtenfunktion, die den generalisierten Zustandsgraphen auf einen Benutzerzustandsgraphen als benutzerspezifische Sicht abbildet: $\gamma : (G_g, \mathfrak{D}_u, F_u) \rightarrow G_u$
δ	Schwellenwert für die Selektion relevanter Knoten bei der Kontextualisierung; $\delta \in R$
Θ	Menge aller Kantentypen eines Zustandsgraphen. $\Theta = \{Domain, Situative\}$
θ	Zuordnungsfunktion; ordnet jeder Kante $e_i \in E$ einen Kantentyp in Θ zu
ι	Interessenfunktion, die zu jedem Zeitpunkt jedem Knoten des Zustandsgraphen einen Wert des Intervalls $[-1; 1]$ als Präferenz/Interesse zuordnet
κ	Kontextualisierungsfunktion für die Ermittlung des kontextuell relevanten Subgraphen des Zustandsgraphen
λ_E	Zuordnungsfunktion; ordnet jeder Kante $e_i \in E$ ein Label $l_j \in L_E$ zu
λ_N	Bijektive Zuordnungsfunktion; ordnet jedem Knoten $n_i \in N$ eindeutig ein Label $l_j \in L_N$ zu
μ	Aktivierungsfunktion, die zu jedem Zeitpunkt jedem Knoten einen Wert des Intervalls $[0; 1]$ als situative Aktivierung zuordnet
ν	Fokusfunktion, die zu jedem Zeitpunkt Knoten des Zustandsgraphen einen Wert aus $\{0; 1\}$ zuordnet und das Adaptionsziel repräsentiert
Ξ	Komplexe Graph-Matching-Funktion die Zustandsgraphen mit unterschiedlichen Graphenstrukturen matchen kann

Ψ	Menge aller Knotentypen; $\Psi = \{Class, Instance\}$
σ	Gewichtungsfunktion, die zu jedem Zeitpunkt einer Kante des Zustandsgraphen einen Wert des Intervalls $[-1; 1]$ zuordnet
ψ	Zuordnungsfunktion; ordnet jedem Knoten $n_i \in N$ einen Knotentyp Ψ zu
Ω	Tupel von Mergingfunktionen; $\Omega = (\omega_A, \omega_F, \omega_I, \omega_w)$
ω_A	Mergingfunktion für situative Aktivierungen
ω_F	Mergingfunktion für Fokusse
ω_I	Mergingfunktion für statische Benutzerpräferenzen
ω_W	Mergingfunktion für situative Präferenzen
ϱ	Parameter in Spreading Activation $\varrho \in \mathbb{R}$ als Aktierungsgrenzwert für Knoten, damit diese als feuerbereit gelten
ϑ	$\vartheta \in [0; 1]$ als Abschwächungsfaktor beim Propagieren von Aktivierungen entlang von Kanten beim Spreading Activation
ς	$\varsigma \in \mathbb{N}^+$ als maximale Anzahl von Iterationen des Spreading Activation Algorithmus
$\mathfrak{A}, \mathfrak{A}'$	Projektionen die G^n auf den gemeinsamen Graphen des Domänenmodells G_{dom} projiziert ($\mathfrak{A}$ für Zustandsgraphen mit partiell identischer Graphenstruktur, $\mathfrak{A}'$ für Zustandsgraphen mit identischer Graphenstruktur)
$\mathfrak{B}$	Projektion, die die Menge aller Benutzerzustandsgraphen mit partiell identischer Graphenstruktur $\mathcal{B}$ auf einen generalisierten Zustandsgraphen G_g abbildet
$\mathfrak{C}$	Projektion zur Abbildung von Zustandsgraphen mit unterschiedlichen Graphenstrukturen
$\mathfrak{D}_u$	Benutzerprojektion, die den generalisierten Zustandsgraphen G_g auf einen zum Benutzerzustandsgraphen strukturell gleichen (ohne Gewichtungen) Graphen G'_u abbildet
$\mathfrak{G}$	Abbildung, mit der eine Menge von Benutzerzustandsgraphen $\mathcal{B}$ mithilfe einer Menge von Mergingfunktionen Ω auf einem Gruppenzustandsgraphen G_{group} abgebildet wird
$\mathfrak{K}$	Projektion zur Abbildung des Kontextgraphen G_K für einen Zustandsgraphen
$\mathfrak{M}_{ij}$	Euklidische Distanz zwischen einem Knotenpaar (i, j)
$\mathfrak{n}$	Länge eines Pfades zwischen zwei Knoten in einem Netzwerk oder eines Graphen
$\mathfrak{P}$	Projektion von G_p auf einen vollständigen Personengraphen $G_{\mathcal{P}}$, der neben im Zustandsgraphen abgebildeten Beziehungen zwischen Personenrepräsentationen auch die Präferenzen als neue Kanten im Graphen abbildet
$\mathfrak{s}$	Standardwert $\mathfrak{s} \in \mathbb{R}$, der genutzt wird, falls ein Knoten oder eine Kante nicht in einem Benutzerzustandsgraphen enthalten ist, diese jedoch für die Bildung der Menge Z für ein Merging benötigt wird
$\mathfrak{U}$	Projektion, die aus einem Zustandsgraphen den Subgraphen G_p ermittelt
$\mathfrak{V}$	Projektion, die Zustandgraphen $G \in \mathcal{B}$ auf Vektoren $\vec{v} \in \mathcal{V}$ abbildet

$\mathfrak{z}_i$	Gruppenwert $\mathfrak{z}_i \in \mathbb{R}$ nach Anwendung einer Mergingfunktion ω auf die Menge von Benutzerwerten Z_i für einen Knoten $n_i \in N$ oder eine Kanten $e_i \in E$
$\mathcal{A}$	Adjazenzmatrix
$\mathcal{B}$	Menge von Benutzerzustandsgraphen
$\mathcal{C}$	Menge durch $\mathfrak{B}$ abgebildete Benutzerzustandsgraphen $\mathcal{C} = \{G'_1, G'_2, \cdots, G'_{\vert\mathfrak{B}\vert}\}$
$\mathcal{F}_u$	Benutzerspezifische Menge von Gewichtungsfunktionen; $\mathcal{F}_u = \{\iota, \mu, \nu, \sigma\}$
$\mathcal{K}$	$k \times k$ Matrix für k Gruppen eines Graphen, deren Elemente $\mathcal{K}_{ij}$ die Anzahl der Kanten des Orginalnetzwerkes darstellen, die Knoten einer Gruppe i mit einer Gruppe j verbinden
$\mathcal{L}$	Laplace-Matrix
$\mathcal{P}$	Vollständiger Personengraph, der alle individuellen Personengraphen $G_{\mathcal{P}}$ vereint und so ein soziales Netzwerk bildet
$\mathcal{V}$	Menge aller d-dimensionalen Merkmalsvektoren $\mathcal{V} = \{\vec{v}_1, \vec{v}_2, \cdots, \vec{v}_{\vert\mathcal{B}\vert}\}, \vec{v} \in \mathbb{R}^d$

Listings

Algorithmenverzeichnis

1 Einleitung

1.1 Thematische Einführung und Problemstellung

Seit den 1990er Jahren wird *Kontext* in der Informatik genutzt, um *kontextadaptive* Anwendungen und Systeme zu entwickeln. Durch Verwendung von Kontext sollen Anwendungen kreiert werden, die sich dynamisch an die jeweilige Situation anpassen, dem Benutzer eine möglichst einfache und optimale Mensch-Maschine-Interaktion mit wenigen, geforderten Benutzereingaben ermöglichen oder den Benutzer in Anwendungsfällen durch zusätzliche, kontextuell passende Informationen unterstützen.

Adaptionen[1] basieren häufig auf erfassten *Kontextinformationen* wie Zeit, Ort, Hardwarespezifikationen, ansprechbare Dienste oder Geräte in der näheren Umgebung (zum Beispiel erreichbar durch ein aufgebautes Netzwerk). Auf Basis dieser Kontextinformationen trifft die kontextadaptive Anwendung Entscheidungen, ob und was im System für die vorliegende Situation angepasst werden muss.

Betrachtet man kontextbasierte Systeme genauer (siehe auch Kapitel 2.3), so lässt sich feststellen, dass der für die Adaptionen genutzte Kontext aus Benutzerprofilen und sensorisch erfassbaren Informationen besteht. Ein kontextbasiertes System wendet z.B. *Wenn-Dann-Regeln* auf der Basis von observierten Informationen oder aus Kontextinformationen mittels Inferenzmechanismen (beispielsweise durch Verwendung von ontologischen Modellen) abgeleiteter Daten an (Wenn-Teil), um Anpassungen (Dann-Teil) auszuführen. Im Fall eines einfachen, kontextbasierten (genauer: lokalisationsbasierten), mobilen Einkaufsführers kann die Entscheidung, welche Geschäfte angezeigt werden, von der aktuellen Position des Benutzers (Lokalisationsinformationen) abhängig sein. Zwei einfache Wenn-Dann-Regeln des Systems können wie folgt lauten:
„Wenn ein GPS-Signal die aktuelle Position des Benutzers beschreibt, dann zeige eine Karte an, die einen Umkreis von 1,5 km um die aktuelle Position des Benutzers beschreibt.“ und *„Wenn ein Geschäft weniger als 1 km von der aktuellen Position des Benutzers entfernt ist, dann zeige das Geschäft auf der Karte an.“*

Diese Regeln lassen sich durch Einbeziehung weiterer Informationen verfeinern, um beispielsweise die angezeigten Geschäfte weiter zu filtern. Durch Einbeziehung eines Benutzerprofils ließe sich beispielsweise durch ein gespeichertes Interessenprofil die Art der angezeigten Geschäfte einschränken. *„Wenn der Benutzer nur an A interessiert ist, dann zeige nur die Geschäfte an, die A verkaufen.“*

[1] Als *Adaptionen* werden in dieser Arbeit automatisierte Anpassungen von Systemeigenschaften, von Systemfunktionen oder der Benutzeroberfläche verstanden.

Obwohl kontextbasierte Anwendungen und Systeme diesen ermittelten Kontext für zahlreiche Anwendungsfälle erfolgreich einsetzen, zeigt sich jedoch, dass der Kontext durch einen starren, logikbasierten Ansatz aus drei Quellen ermittelt wird:

1. aus observierten, situationsabhängigen Kontextinformationen,
2. aus gespeicherten Benutzerprofilen und
3. aus vorhandenen logisch abgeleiteten - observierten und gespeicherten - Informationen.

Dieser Prozess der Kontextermittlung basiert folglich auf observierten Fakten und logischen Ableitungen aus vorhandenen Informationen oder Modellen. Der Prozess umfasst somit einen Schritt (Wenn-Dann) und kann daher als *direkt* bezeichnet werden.

Im Vergleich zu kognitiven Prozessen, die beim Menschen für die Ermittlung des Kontexts ablaufen, sind die bisherigen informatischen Ansätze nicht ausreichend. Eine Besonderheit menschlicher kognitiver Prozesse ist die Verwendung von *Assoziationen*. Die Idee der Assoziationen lässt sich bis zu Aristoteles zurückverfolgen[2]. Assoziationen werden in der Psychologie und Gedächtnisforschung für die Erklärung des Phänomens verwendet, das auftritt, wenn mehrere voneinander isolierte, psychische Inhalte (beispielsweise Sinneswahrnehmungen, Gefühle oder Ideen) eine so enge Bindung eingehen, dass das Auftreten eines dieser Inhalte die damit verbundenen Inhalte ebenfalls mit abruft. Bei einem Menschen kann so beispielsweise die Abbildung eines Brotes Erinnerungen an den Geruch frisch gebackenen Brotes aus einer Bäckerei hervorrufen.

Zusätzlich ist es Menschen möglich, mehrstufige Assoziationen (sogenannte *Assoziationsketten*) zu bilden und zu erlernen. Durch Verwendung von Assoziationen reagiert der Mensch auf Zusammenhänge schneller, da ein Reiz die Verarbeitungszeit eines Zielreizes beeinflussen kann: Menschen reagieren schneller auf das Wort *„Krankenschwester"*, wenn sie zuvor das Wort *„Arzt"* verarbeitet - gehört oder gelesen - haben (Meyer and Schvaneveldt, 1971a). Dieser Effekt wird auch *Priming* genannt und wird mithilfe eines *assoziativen Netzwerkes*, in dem die Inhalte gespeichert und miteinander in Relation gesetzt werden, erklärt.

Die Verwendung von Assoziationen ermöglicht es somit, Wissensinhalte, die nicht zwingend voneinander logisch abhängig sind, miteinander in Beziehung zu setzen und in den Kontextermittlungsprozess einzubeziehen. Vorteilhaft an Assoziationen ist, dass sie zu einer weitergehenden Personalisierung des Kontexts führen, indem subjektive Verbindungen zwischen Wissenskonzepten mit einbezogen werden. Das Lernen von Assoziationen geschieht mithilfe des *assoziativen Gedächtnisses*[3]. Es ist möglich, Assoziationen sowohl auf der Basis observierter, anwendungsdomänenspezifischer Situationsbeschreibungen wie auch anwendungsdomänenfremder Informationen zu bilden. Beim Menschen werden oft Gefühle oder Sinneseindrücke mit Wissenskonzepten verknüpft. Auf Basis von Fakten ermittelte logische Schlußfolgerungen können so durch subjektive Erfahrungen erweitert werden. Dies bedeutet,

[2] Ein Überblick der Geschichte der Assoziationsforschung findet sich in (Warren, 1921).

[3] Im Rahmen dieser Arbeit wird auf eine Einführung in die Thematik des *assoziativen Gedächtnisses* verzichtet. Interessierten Lesern wird für eine Einführung und weitere Details zu dieser Thematik das Buch von (John R. Anderson, 1980) empfohlen.

dass potentiell relevante sowie irrelevante Konzepte durch Assoziationen verknüpft werden können.

Vergleichen wir dieses Konzept mit den in der Informatik vorherrschenden Kontextdefinitionen, dann zeigt sich, dass diese bereits sehr allgemein gefasst sind. Eine populäre Kontextdefinition von (Dey, 2001) besagt, dass alle bekannten Informationen Kontext sind, wenn sie die Situation einer Entität (oder eines Wissenskonzepts) beschreiben (für weitere Details siehe auch Kapitel 2.1).

Diese Kontextdefinition bezieht sich somit auf sensorisch erfassbare, situationsspezifische Informationen. Bisherige kontextbasierte Systeme und Anwendungen nutzen Situationsinformationen, um sich der jeweiligen Situation anzupassen. Hierbei werden jedoch keine indirekten, benutzerbezogenen Assoziationen berücksichtigt. Diese können für ein kontextbasiertes System einen zusätzlichen Mehrwert an Informationen liefern, mit denen es möglich wird, das Verhalten besser an die benutzerspezifischen Anforderungen an die Situation anzupassen.

Ein Beispiel hierfür:
Eine kontextbasierte Anwendung soll bei einem Meeting Werbefachleute dabei unterstützen, eine neue Fernsehwerbung für ein Auto zu entwickeln. Zu diesem Zweck soll die Anwendung thematisch verwandte Informationen anzeigen. Basierend auf observierten Situationsinformationen - unter anderem: Meeting, Auto, Werbung - könnte das System empfehlen, die letzten Werbestrategien und Fernsehspots zu betrachten, die von der Werbeagentur entwickelt worden sind.

Durch die Verwendung persönlicher Informationen können die bisherigen faktenbasierten Empfehlungen um benutzerspezifische Assoziationen angereichert werden. So könnten Bilder und Aktivitäten, die mit einem PKW (beispielsweise Urlaubsreise im PKW durch Europa, die erste Verabredung oder ein Besuch am Nürburgring) assoziiert und im Meeting als Diskussionsideen präsentiert werden. Somit kann die kontextbasierte Anwendung durch Nutzung von Assoziationen die kreative Arbeit der Benutzer im Meeting unterstützen.

Ein weiterer Nachteil bisheriger kontextbasierter Systeme und Anwendungen ist, dass sie auf einzelne Benutzer zugeschnitten sind und Benutzergruppen häufig nicht berücksichtigen. Dies mag darin begründet sein, dass von der Annahme ausgegangen wird, dass sich die Situation eines Benutzers von einer Benutzergruppe nicht ausreichend voneinander unterscheidet. Ein weiterer Grund findet sich in der Art der häufig verwandten Kontextinformationen: Lokalisationsinformationen, Zeit, Hardwarespezifikationen oder verfügbare Geräte. Diese situationsbeschreibenden Informationsarten sind für viele Anwendungsszenarien identisch oder wenigstens sehr ähnlich, so dass Unterschiede zwischen verschiedenen Benutzern einer Benutzergruppe keine Auswirkungen haben. Beispielsweise wird für eine kontextbasierte Anwendung für Meeting-Unterstützung davon ausgegangen, dass sich alle beteiligten Benutzer der Gruppe im selben Konferenzraum befinden und zur gleichen Zeit am Meeting teilnehmen.

Eine Erweiterung des Kontexts um Assoziationen erfordert jedoch eine differenzierte Betrachtung der Benutzergruppen. Benutzer unterscheiden sich in Art und Menge der bekannten Assoziationen. Für die Erfassung eines *Gruppenkontexts* müssen diese Unterschiede miteinander verknüpft werden. Daraus folgt, dass für jedes Gruppenmitglied ein benutzerspezifisches *Kontextmodell* als Repräsentation von Benutzerprofil, Assoziationen und situationsspezifischen Kontextinformationen angelegt und verwaltet werden muss. Es ergeben sich jedoch, ausgehend von dieser Problematik, weitere Fragen, wie beispielsweise:

- Wie kann ein assoziativer Kontext modelliert und formalisiert werden?
- Wie kann unter Verwendung von Assoziationen ein Kontext mit relevanten Informationen ermittelt werden?
- Wie lässt sich eine Benutzergruppe repräsentieren?
- Wie kann ein Gruppenkontext ermittelt werden?
- Wie sieht ein System oder Framework aus, das die Verwaltung und Ermittlung von assoziativen Kontexten ermöglicht?

Im Rahmen dieser Arbeit werden diese Fragen beantwortet.

1.2 Ziele dieser Arbeit

Bisherige Kontextdefinitionen in der Informatik sind allgemein gehalten. Sie orientieren sich an observierbaren Informationen über die Situation. Üblicherweise werden diese Situationsinformationen mithilfe von Sensoren erfasst und weiterverarbeitet. Um die bisherigen Kontextdefinitionen um *Assoziationen* zu erweitern, wird eine neue Definition des Kontextbegriffes benötigt. Basierend auf der in dieser Arbeit vorgestellten Kontextdefinition wird eine formale Beschreibung zur Repräsentation des Kontexts entwickelt. Um eine maximale Flexibilität in Modellierung und Wissensableitung durch Inferenzmechanismen zu ermöglichen, soll das neue Kontextmodell semantische Beschreibungen - bekannt aus Ontologien - miteinbeziehen.

Nach erfolgter Definition von Kontext und des Kontextmodells muss der Prozess der Kontextermittlung beschrieben werden. Dieser Prozess soll sowohl die Ermittlung benutzerspezifischer Kontexte wie auch die Ermittlung von Gruppenkontexten ermöglichen. Bei der Betrachtung von Gruppenkontextmodellen muss zwischen Gruppenmodellen, die eine Gruppenkonstellation repräsentieren, und dynamisch - auf Basis von einzelnen Benutzerkontextmodellen - generierten Gruppenkontextmodellen unterschieden werden. Da sich Gruppenzusammensetzungen häufig und dynamisch verändern können, soll auf mögliche Gruppenidentifikationsverfahren eingegangen werden, die die Ermittlung von Gruppen durch Analyse von Benutzerkontextmodellen ermöglichen.

Ein weiteres Ziel ist die Modellierung und Implementierung einer Systemumgebung, die gruppenkontextbasierte Anwendungen unterstützt. Zu diesem Zweck müssen Anforderungen an gruppenkontextbasierte Systeme erhoben und die erarbeiteten Modelle und Verfahren implementiert werden. Zur Verifikation der Systemumgebung und der Modelle und Verfahren dienen exemplarische Anwendungen.

Die Ziele, die in dieser Arbeit verfolgt werden, lassen sich somit wie folgt zusammenfassen:

1. Erweiterung bisheriger Kontextdefinitionen um Assoziationen.
2. Formale Definition eines Kontextmodells zwecks Repräsentation der in (1.) erweiterten Kontextdefinition.
3. Formale Beschreibung eines Prozesses zur Ermittlung von Gruppenkontexten auf Basis benutzerspezifischer Kontextmodelle.
4. Definition von Identifikationsverfahren für Gruppen auf Basis benutzerspezifischer Kontextmodelle.
5. Identifikation von Anforderungen für ein (gruppen-)kontextbasiertes System sowie Modellierung und Implementation der Systemumgebung.
6. Verifikation der Validität der vorgestellten Modelle und Systemumgebung anhand exemplarischer Implementationen von kontext- bzw. gruppenkontextbasierten Anwendungen.

1.3 Struktur dieser Arbeit

Diese Arbeit ist folgendermaßen strukturiert:
Im Kapitel 2 wird ein allgemeiner Überblick zum Stand der Forschung zu den Themen *Kontext*, *Kontextmodelle* und *kontextbasierte Systeme* gegeben. Im Kapitel 3 wird eine neue Definition von *Kontext* eingeführt, die Assoziationen mit integriert. Auf Basis dieser Definition werden formale Anforderungen an ein Kontextmodell gestellt. Anschließend wird ein generalisiertes Kontextmodell auf Basis einer semantischen Graphstruktur hergeleitet. Es werden zusätzlich formale Verfahren für die Kombination unterschiedlicher Kontextmodellausprägungen, die Abbildung von Gruppenkontexten im Kontextmodell und die Ermittlung von Gruppenkontexten vorgestellt.

Im Kapitel 4 werden Ansätze für die Identifikation von Gruppen vorgestellt. Hierbei werden sowohl existierende Ansätze auf Basis von sozialen Netzwerkanalysen wie auch auf Basis von strukturellen Ähnlichkeiten von Graphen vorgestellt und diskutiert. Zusätzlich werden unterschiedliche Arten von Gruppen - auf Basis des im Kapitel 3 vorgestellten Kontextmodells - präsentiert.

Im Kapitel 5 wird auf die grundlegenden Anforderungen an eine gruppenkontextbasierte Systemumgebung eingegangen. Neben den allgemeinen Anforderungen an die Systemumgebung wird auf das persistente Speichern der Kontextmodelle, die Verwaltung und Aktualisierung der Kontextmodelle eingegangen. Als Lösungsansatz wird eine serviceorientierte Client-Server-Architektur vorgeschlagen und spezifiziert. Zusätzlich wird in diesem Kapitel auf Anforderungen an ein grundlegendes semantisches Anwendungsdomänenmodell und an kontextbasierte Anwendungen eingegangen, die die vorgestellte Architektur unterstützen. Im Kapitel 6 wird ein Framework für die Ermittlung von (Gruppen-)Kontexten vorgestellt. Zu diesem Zweck werden Implementierungsdetails der zentralen Server- und Aktualisierungskomponenten vorgestellt. Zusätzlich wird die Schnittstelle vom Client zum Server vorgestellt.

Als Verifikation der im Kapitel 6 vorgestellten Systemumgebung werden im Kapitel 7 drei exemplarische Anwendungen vorgestellt und diskutiert, die Benutzerkontexte und Gruppenkontexte verwenden, um kontextbasierte Empfehlungen zu generieren.

Diese Arbeit schließt im Kapitel 8 mit einer Zusammenfassung, Diskussion und einem kurzen Ausblick auf weitere Forschungsfragen, die sich aus der in dieser Arbeit beschriebenen Thematik ergeben.

2 Stand der Wissenschaft zu Kontext, Kontextmodellierung und kontextbasierten Anwendungen

In diesem Kapitel werden zunächst unterschiedliche Definitionen von *„Kontext“* erklärt und diskutiert. Anschließend wird der Stand der Forschung zu kontextbasierten Anwendungen und Frameworks für die Entwicklung von kontextbasierten Anwendungen vorgestellt.

Ein Aspekt von Gruppenarbeiten - und somit auch als situationsbedingte Kontextinformationen für Gruppen - sind die sich häufig dynamisch ändernden Tätigkeiten. Aus diesem Grund wird im Kapitel 2.4 eine kurze Übersicht von Verfahren für die Detektion von Benutzeraktivitäten präsentiert.

2.1 Was ist Kontext?

Kontext wird häufig sprachwissenschaftlich definiert und beschreibt den umgebenden Text einer sprachlichen Einheit, einen eigenständigen Text oder einen inhaltlichen Gedanken- und Sinnzusammenhang. Der Begriff „Kontext“ stammt aus dem Lateinischen und wird von *contextus*, der Verknüpfung oder dem Zusammenhang der Rede, und *contextere*, dem *engen Verknüpfen*, abgeleitet[4]. Jeder gesprochene oder schriftliche Text, den Menschen produzieren, zielt darauf ab, Informationen an andere Menschen zu transferieren. Dies bedeutet zwangsläufig, dass dieser Text von anderen Personen interpretiert werden muss, um verstanden zu werden. Ein solcher Text stellt jedoch häufig keine in sich vollständige Information dar. Vielmehr entspricht er einer Reihe von Hinweisen, die von anderen Personen interpretiert werden müssen, um die Bedeutung des Textes und somit die Absichten des Verfassers zu verstehen. Die Interpretation des Textes ist stark von den ihn umgebenden Informationen abhängig: dem Kontext.

Ein einfacher Satz wie *„Ja, das mach ich gleich.“* ist ohne Kontext nicht vollständig zu verstehen. Es fehlen Informationen, wie beispielsweise:

- *„Ja“*, als Erwiderung auf welche Frage?
- Auf was bezieht sich *„das“*?
- Wer ist *„ich“*?

Es ist unklar, was das Thema des Satzes ist und welche Informationen dieser Satz in einem Gespräch beinhaltet. Es können bereits wenige Zusatzinformationen ausreichen, um den Sinn des Satzes zu verstehen. Wurde beispielsweise zuvor die Frage

[4] Vergleiche Duden-Online: http://www.duden.de/rechtschreibung/Kontext (Stand: 24. November 2014)

„Bringst du mir bitte ein Bier mit?“ gestellt, dann ist die Bedeutung der darauf folgenden Antwort klar. Diese linguistische Einbettung eines Textes wird *Kotext* genannt. Auf eine detaillierte Aufstellung aller unterschiedlichen Kontextdefinitionen und -verständnisse in der Linguistik wird im Rahmen dieser Arbeit verzichtet. Interessierten Lesern wird jedoch (Goodwin and Duranti, 1992) als Lektüre über diese Thematik empfohlen.

Der Kontextbegriff wird ebenfalls in der Informatik verwendet. Das Kontextverständnis in der Informatik orientiert sich nicht an Texten, sondern vielmehr an maschinellen Repräsentationen durch Datenstrukturen, Anwendungscode und Systemereignisse (vergleiche (Winograd, 2001)). Die Konkretisierung von Kontext und die damit verbundene Definition von Kontext für Computersysteme und -anwendungen werden seit der Vorstellung von *kontextbasierten Systemen* durch (Schilit et al., 1994) und (Pascoe, 1998) erforscht. Kontext orientiert sich hierbei an der aktuellen Situation des Benutzers oder an der dem System bekannten Benutzerumgebung (Brown, 1996). Das Wissen über Situation und Umgebung wird mithilfe von Sensoren ermittelt. Sensoren umfassen sowohl Hardwaresensoren (beispielsweise für einen Temperaturfühler) wie auch Softwaresensoren, die den internen Zustand einer Anwendung oder eines System erfassen können. Die so erfassten Kontextinformationen bilden somit den Kontext, der den kontextbasierten Anwendungen zur Verfügung gestellt wird. Hierbei kann zwischen *externen* und *internen* Kontextinformationen unterschieden werden (Prekop and Burnett, 2003; Haake et al., 2010; Hofer et al., 2003)[5]. Externe Kontextinformationen werden durch Hardwaresensoren erfasst und auf virtuelle Objekte abgebildet, die so Aspekte der realen Welt repräsentieren. Häufig werden so Informationen über Zeit, Temperatur oder Position abgebildet. Interne Kontextinformationen werden durch virtuelle Sensoren erfasst, die den Zustand einer Anwendung oder eines Systems überwachen. Virtuelle Sensoren erlauben somit die Beschreibung des Zustands von Anwendungen, Geschäftsprozessen oder der allgemeinen Benutzerinteraktion in einem System.

Dieses generische Verständnis von Kontext wurde erstmals von (Abowd et al., 1999; Dey, 2001) definiert. Sie verstehen als Kontext alle Informationen, die genutzt werden können, um die Situation einer Entität zu beschreiben. Eine Entität kann hierbei eine Person, ein Ort oder ein beliebiges anderes Objekt sein, welches für die Interaktion eines Benutzers mit der Anwendung relevant ist. Dies schließt auch den Benutzer und die Anwendung selber ein.

(Winograd, 2001) stellt eine ähnliche Definition für Kontext vor, hebt jedoch die Rolle von Kontext für die Charakterisierung eines Kommunikationsvorganges hervor: Etwas ist Teil des Kontexts, wenn es für die Interpretation des Kommunikationsvorganges genutzt wird. (Winograd, 2001) orientiert sich damit stärker an dem zuvor vorgestellten Kontextverständnis aus der Linguistik.

Obwohl diese generischen Definitionen von Kontext in der Informatik vorliegen, beschränken sich die meisten kontextbasierten Anwendungen nur auf eine kleine

[5] (Hofer et al., 2003) sprechen in ihrer Arbeit abweichend in der Benennung von *physikalischen* und *logischen* Kontextinformationen, beschreiben jedoch ähnliche Konzepte.

Anzahl von Informationen, die den Kontext repräsentieren[6]. Die Anwendungen von (Schilit et al., 1994; Pascoe, 1998) beschränken sich beim Kontext auf Lokalisation, Benutzer, im System abgebildete Objekte und mögliche Änderungen an diesen Objekten. (Brown et al., 1997) nutzen als Kontextinformationen Lokalisation, Tageszeit, Saison, Temperatur und die Identitäten von Personen um den Benutzer. (Zimmermann et al., 2007) verwenden nur fünf Faktoren als Kontext: die Individualität einer Entität, Aktivitäten, Lokalisation, Zeit und Relationen zwischen Entitäten.

Diese exemplarischen Anwendungen zeigen, dass Kontext für Anwendungen nur auf jene situationsspezifischen Informationen beschränkt wird, die für die jeweilige Anwendung relevant sind. Was Teil des Kontexts ist, und was nicht, wird in Abhängigkeit der Anwendung definiert und individuell modelliert. Hierbei werden häufig nur situationsbeschreibende Kontextinformationen wie Lokalisation, Zeit und Entitäten benutzt. Diesen Umstand bemängelt (Dourish, 2004), da Situation und Aktivitäten voneinander getrennt werden. Nach (Dourish, 2004) führt dies zu einer statischen Definition von Kontext, da sich der Kontext nur in Abhängigkeit der Situation verändert, statt Situation und Aktivitäten in einem Modell zu vereinen. Kontext soll dynamisch sein und als gemeinsames Verständnis für Aktivitäten dienen.

2.2 Kontextmodellierung

Die Repräsentation von situationsspezifischen Informationen eines kontextbasierten Systems wird häufig als *Kontextmodell* bezeichnet. (Strang and Linnhoff-Popien, 2004) unterscheiden bei solchen Kontextmodellen zwischen sechs Arten:

- Key-Value-Paare
- Markup-Schema-Modelle
- graphische Modelle
- objektorientierte Modelle
- logikbasierte Modelle
- ontologiebasierte Modelle

Diese Unterteilung in unterschiedliche Arten von Kontextmodellen deckt sich auch mit den für diese Arbeit untersuchten Kontextmodellen und wird im Folgenden exemplarisch erläutert.

2.2.1 Key-Value-Paare

Key-Value-Paare speichern Kontextwissen in Umgebungsvariablen. Jeder Variablen - repräsentiert durch einen eindeutigen Schlüssel (*Key*) - werden situationsbeschreibende Informationen zugeordnet. Der Ort, an dem sich eine Person (beispielsweise der Benutzer eines kontextbasierten Systems) befindet, lässt sich durch eine Variable als Geo-Position (*Value*) repräsentieren (vergleiche auch (Schilit et al., 1994)).

[6] Eine detailliertere Beschreibung der exemplarisch erwähnten Anwendungen erfolgt im Kapitel 2.3.

2.2.2 Markup-Schema-Modelle

Markup-Schema-Modelle beschreiben üblicherweise Profile und basieren auf einer Serialisierung einer Ableitung von *Standard Generic Markup Language (SGML)*[7] mit hierarchischen Markup-Tags, Attributen und Inhalten. *Comprehensive Structured Context Profiles (CSCP)* (Held et al., 2002) oder *ContextML* (Knappmeyer et al., 2010) sind Beispiele für Markup-Schema-Modelle.

CSCP verwenden Markup-Tags auf Basis von XML und des *Resource Description Framework (RDF)*, um benutzerspezifische Präferenzen und Situationsinformationen zur Laufzeit einer Anwendung zu repräsentieren. Der Vorteil dieser Repräsentation liegt in ihrer Flexibilität, die keine fixe Datenstrukturen vorschreibt und leicht erweitert werden kann. ContextML wird für die Beschreibung von Zugriffsmöglichkeiten auf Situationsinformationen für kontextkonsumierende Anwendungen verwendet. Mithilfe von XML-Tags werden Informationsentitäten modelliert, gruppiert und mit Einschränkungen, die definieren, wie lange und unter welchen Bedingungen die Informationen valide sind, verknüpft. Es lassen sich so für Anwendungen spezifische Informationssammlungen definieren, die aus unterschiedlichen Quellen aggregiert werden. Eine weitergehende Auswertung oder Interpretation der Informationen findet jedoch nicht statt.

2.2.3 Graphische Kontextmodelle

Graphische Kontextmodelle beschreiben die Struktur des Kontexts mithilfe von generischen Modellierungssprachen wie der *Unified Modeling Language (UML)*. Ein *Objekt-Rollen-Modell (ORM)* wird von (Henricksen et al., 2002, 2003) genutzt, um Informationen und Regeln der Anwendungsdomäne, die „Kontext“ zur Verfügung stehen sollen, zu modellieren. Das resultierende Modell erlaubt bereits die Unterscheidung zwischen statischen Fakten, die für die Lebenszeit eines Objekts unverändert bleiben, und dynamischen Fakten, die durch Sensoren ermittelt werden und sich über die Zeit verändern können.

Abbildung 2.1 zeigt einen Auszug eines ORM-Kontextmodells nach (Henricksen et al., 2003). Das Modell (a) beschreibt einen statischen Fakt: jedem Gerät (*Device*) wird ein Gerätetyp (*Device Type*) zugeordnet. Modell (b) hingegen zeigt die Modellierung einer dynamischen Information (Fakt), die durch Sensoren ermittelt wird. In diesem Beispiel wird einem Gerät eine durch Sensoren ermittelte Position (*Location*) zugeordnet, wobei sich diese Position im Laufe der Zeit verändern kann. Dynamische Fakten können in abgeleitete Informationen oder Profilinformationen unterteilt werden.

Graphische Kontextmodelle sind besonders dazu geeignet, um *Entity Reltationship (ER) Modelle* (Chen, 1976) daraus abzuleiten und somit eine Abbildung der Kontextinformationen in eine relationale Datenbank zu ermöglichen.

[7] SGML ist ein ISO-Standard: *ISO 8879:1986* und zusätzlich in der europäischen Norm *EN 28879:1990* und deutschen Norm *DIN 28879:1991* beschrieben.

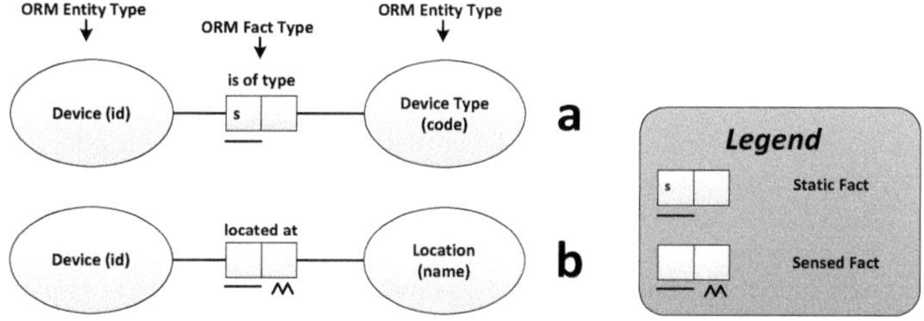

Abbildung 2.1: Beispiel eines ORM-Kontextmodells nach (Henricksen et al., 2003): Modell (a) beschreibt einen statischen Fakt, der jedem Gerät (*Device*) ein Gerätetyp (*Device Type*) zuordnet. Modell (b) beschreibt eine durch Sensoren erfasste, dynamische Information, die beschreibt, wo sich das Gerät befindet (*Location*).

2.2.4 Objektorientierte Kontextmodelle

Mit objektorientierten Kontextmodellen werden Vorteile der objektorientierten Modellierung verwendet. Durch Datenkapselung wird erreicht, dass der Kontextermittlungsprozess für andere Komponenten nicht einsehbar und somit auch nicht störbar ist. Zusätzlich lassen sich durch Verwendung von standardisierten Schnittstellen der Zugriff auf Informationen reglementieren. Ein weiterer Vorteil dieser Schnittstellen liegt in der Austauschbarkeit einzelner Objekte. Dies wird insbesondere in verteilten Umgebungen genutzt, um einer kontextbasierten Anwendung Schnittstellen zu bieten, um Informationen von anderen Anwendungen oder von Sensoren in der Umgebung zu beziehen und nutzen zu können.

Ein Beispiel für objektorientierte Kontextmodelle findet sich in (Schmidt et al., 1999). (Schmidt et al., 1999) verwenden Kontext als situationsbeschreibende Informationen, die mithilfe von Sensoren erfasst und kontextbasierten Anwendungen zur Verfügung gestellt werden. Ein Kontext beschreibt hierbei eine Situation wie beispielsweise *„Joggen“*. Die für diese Situation relevanten Informationen werden mithilfe von *Cues*, die kontinuierliche Sensorinformationen durch eine Funktion auf einen oder mehrere diskrete Werte abbilden, erfasst. Zugriff auf Situationsinformationen erhalten kontextbasierte Anwendungen über eine Schnittstelle, die nur das Ergebnis, nicht jedoch die Art und Weise der Datenverarbeitung offenbart. Die für einen Kontext zur Verfügung gestellten Informationen können aus unterschiedlichen Cues aggregiert werden. In dem Beispiel für *„Joggen“* können beispielsweise Cues zur Repräsentation des Wetters (Luftfeuchtigkeit, Helligkeit, Temperatur, Bewölkung, Niederschlag, etc.) oder zur Repräsentation von biometrischen Daten (Puls, Laufgeschwindigkeit, usw.) kombiniert werden.

2.2.5 Logikbasierte Kontextmodelle

Mithilfe von logikbasierten Modellen lassen sich Bedingungen definieren, unter denen ein Ausdruck oder ein Fakt aus einer Menge von Ausdrücken oder Fakten abgeleitet werden kann. Diese Bedingungen werden durch Regeln eines formalen Systems beschrieben. Logikbasierte Kontextmodelle enthalten Kontextinformationen, die mithilfe von Fakten, Ausdrücken und Regeln repräsentiert und weiter abgeleitet werden können. Änderungen eines Kontextmodells erfolgen somit durch Hinzufügen, Ändern oder Löschen von Regeln oder Fakten aus dem Regelsystem. Obwohl logikbasierte Modelle einen hohen Formalisierungsgrad aufweisen, werden sie in der Praxis selten eingesetzt. Der hohe Formalisierungsgrad erschwert Menschen das Lesen und Nachvollziehen des repräsentierten Wissens.

(Mccarthy, 1993; Mccarthy and Buvac, 1997) versuchen, mehrdeutige Ausdrücke unter Verwendung von Kontexten aufzulösen. Zu diesem Zweck definieren sie eine Relation *is(c,p)*, die sicherstellt, dass die Proposition[8] p immer wahr ist, wenn ein bestimmter Kontext c vorliegt. So kann ein Axiom definiert werden, wie *a: is(context-of(„Sherlock Holmes Geschichten“), „Holmes arbeitet mit Dr. Watson.“)*, welches beschreibt, dass im Kontext von *„Sherlock Holmes Geschichten“* die Aussage *„Holmes arbeitet mit Dr. Watson.“* immer wahr ist. Für dieselbe Aussage lassen sich unterschiedliche Kontexte definieren, in denen die Aussage immer wahr ist - beispielsweise könnte im Krankenhaus ein Arzt namens „Watson“ einen Kollegen namens „Holmes“ haben. Neben der *is*-Relation verwenden sie eine weitere Relation *value(c,e)*, um einem Term e für einen Kontext c einen Wert zuzuordnen. (Guha and McCarthy, 2003) erweitern dieses Modell und definieren eine Reihe von Kontexten, die es erlauben, die Propositionen zu vereinfachen.

(Ghidini and Giunchiglia, 2001) konzentrieren sich auf die Verwendung von Kontext für die Wissensableitung[9] mithilfe von Axiomen und Regeln der Logik. Dazu stellen sie eine Semantik namens *Local Models Semantics* vor. Local Models Semantics basieren auf zwei Annahmen:

1. Kontexte sind individuell verschieden und hängen von der jeweiligen Perspektive ab.
2. Kontexte sind zueinander kompatibel.

Ein Beispiel für Kontexte, die die Perspektive mit einbeziehen:
Zwei Personen P_1 und P_2 stehen sich gegenüber. Ein Ball liegt zwischen den beiden Personen, auf der linken Seite von P_1. Folglich liegt der Ball auf der rechten Seite von P_2.

In diesem Beispiel sind die Kontexte der beiden Personen verschieden, da jede Person in seinem Blickfeld eine andere Person sieht und zusätzlich einen Ball auf einer der beiden Seiten. Trotzdem sind die beiden Kontexte zueinander kompatibel, da beide Personen denselben Ball sehen. Jede Person kann mithilfe seines Wissens und zusätzlichen Annahmen (beispielsweise: *Wenn P_1 von P_2 gesehen wird, dann sieht P_2 auch P_1.*) den fremden Kontext in den eigenen Kontext umwandeln (und vice

[8] Eine *Proposition* repräsentiert in der Logik eine Aussage.
[9] Frei übersetzt aus dem Englischen für *„Reasoning“*.

versa). Local Models Semantics ermöglichen die Wissensableitung durch Einbeziehung von Annahmen und Sichtweisen. Einen ähnlichen Ansatz verfolgt (Giunchiglia, 1993). Giunchiglia geht von der Annahme aus, dass Kontext eine Untermenge des vollständigen Zustandes einer Entität darstellt und für die Wissensableitung genutzt werden kann. Kontext stellt in diesem Fall eine partielle Theorie der Welt dar, die die aktuelle Perspektive auf sie beschreibt.

2.2.6 Ontologiebasierte Kontextmodelle

Ontologien sind besonders geeignet, um Informationen aus dem alltäglichen Leben in einer für den Computer verständlichen Datenstruktur zu speichern. Einer der ersten Ansätze, der Kontext mithilfe von Ontologien modelliert, stammt von (Öztürk, 1999). (Öztürk, 1999) unterscheidet in seinem Modell unterschiedliche Kontexttypen, die für eine fallbasierte, medizinische Diagnose genutzt werden. Zu diesem Zweck unterscheidet (Öztürk, 1999) zwischen *internen* und *externen* Kontexten: Ein interner Kontext beschreibt Faktoren, die für den Problemlösungsprozess relevant sind. Ein externer Kontext beschreibt grundlegende Fakten, die in einer Situation vorhanden sind. Zusätzlich wird zwischen *unabhängigen* und *interaktiven* Kontexttypen unterschieden. Unabhängige Kontexttypen beschreiben Faktoren, die für die Diagnose nicht relevant sind (beispielsweise, was der Patient an Kleidung trägt). Interaktive Kontexte hingegen sind für die Diagnose sehr wichtig: Wenn sich ein Patient in einer Therapie befindet, können auftretende Symptome durch die Therapie hervorgerufen oder verfälscht werden. Diese müssen für eine korrekte Diagnose berücksichtigt werden. (Öztürk, 1999) identifiziert *Relevanz* und *Fokus* als wichtige Faktoren für die Verwendung von Kontexten. Hierbei nutzt (Öztürk, 1999) die Faktoren jedoch nicht für die Ermittlung von Kontexten, sondern für den Prozess der Problemlösung. Nur relevante Kontexte sollen für den Prozess genutzt werden. Die Auswahl relevanter Kontexte geschieht mithilfe des Fokus.

Einen anderen Ansatz verwendet das CoBrA-System von (Chen et al., 2003). Das CoBrA-System beschreibt eine agentenbasierte Broker-Architektur, um zur Laufzeit Unterstützung für kontextbasierte Systeme in einem intelligenten Besprechungsraum zu bieten. Sie verwenden eine CoBrA-Ontologie, um Entitäten wie Personen, Orte und andere Arten von Objekten und Beziehungen zwischen ihnen als Kontext zu modellieren. Der Kontext repräsentiert die Situation, in der sich ein Agent befindet. (Durán et al., 2010) nutzen ein benutzerspezifisches, ontologiebasiertes Meta-Modell für ein kontextbasiertes Empfehlungssystem. Sie argumentieren, dass benutzerspezifische Präferenzen in üblichen Empfehlungssystemen statisch sind und nicht den Kontext, in dem eine Präferenz geäußert wurde, berücksichtigen. Aus diesem Grund kombinieren sie in ihrem Meta-Modell das Benutzermodell mit Kontextinformationen, um die Qualität ihrer Empfehlungen zu verbessern.

Weitere ontologiebasierte Kontextmodelle finden sich in den Arbeiten von (Kaltz et al., 2005), (Hussein et al., 2007) und (Haake et al., 2010). In diesen Systemen werden Ontologien verwendet, um das Domänenwissen a priori zu modellieren. Das CATWALK-Framework von (Kaltz et al., 2005) verwendet eine Domänenontologie, die mit Kontext-Ontologien verknüpft ist. Die Kontext-Ontologien modellieren Aspekte einer Situation, wie beispielsweise die Zeit, das Wetter oder den Ort. Das CAT-

WALK-Framework wird für einen webbasierten, kontextbasierten Webshop verwendet, um Seiten-Navigation und Inhalte anzupassen. Einen ähnlichen Ansatz verfolgen (Hussein et al., 2007) in ihrem Webshop. Deren Ansatz nutzt ein ähnliches Ontologie-Modell, jedoch wird dieses mit *Spreading Activation*[10] und Benutzerprofilen kombiniert. Spreading Activation wird hierbei verwendet, um Empfehlungen auf Basis des Benutzerkontextes und des Benutzerprofils zu generieren.

(Haake et al., 2010) beschreiben ein abstraktes Framework, um Kontext zu ermitteln. Hierbei kombinieren sie eine Ontologie für das Domänenwissen mit Inferenzregeln und Wissenskonzepten. Sie unterscheiden zwischen abstraktem Wissen (beispielsweise: *„Ein Chat ist ein Kommunikationsmittel.“*) und konkretem Wissen (*„Alice chattet mit Bob.“*). Die Kombination dieser Konzepte wird in ein graphbasiertes Modell transformiert und mithilfe von Sensoren um situationsspezifische Informationen angereichert. Der Kontext wird mithilfe eines Fokus ermittelt, der die Informationen über die Situation und die Domäne umfasst, die für einen Benutzer oder für ein System relevant sind.

2.2.7 Fazit der Kontextmodelle-Übersicht

Die betrachteten Kontextmodelle haben gemeinsam, dass sie Kontext mit den durch Sensoren erfassten Situationsinformationen gleichsetzen. Diese Limitierung der zur Verfügung stehenden Informationen ist für viele kontextbasierte Anwendungen (vergleiche hierfür auch Kapitel 2.3) ausreichend. Wenn jedoch Anwendungen für höherwertige Wissensableitungen zusätzlich kontextuell relevantes Domänenwissen und/oder Benutzerprofile benötigen, dann sind diese Kontextmodelle nicht ausreichend.

Zusätzlich haben die Kontextmodelle gemeinsam, dass sie starre Modelle repräsentieren und sich zur Laufzeit kaum anpassen lassen: Die Entscheidung, was Kontext ist und in welcher Relation Kontextinformationen zu Entitäten stehen, muss bereits beim Systemdesign erfolgen.

Ein weiterer Nachteil dieser Modelle ist, dass sie als kontextbasierte Anwendungen für einzelne Benutzer konzipiert sind. Eine Ausnahme stellt das in (Haake et al., 2010) vorgestellte mehrschichtige Kontextmodell dar. Ihr Modell ist sowohl für Einzelbenutzeranwendungen wie auch für Gruppenanwendungen nutzbar.

2.3 Kontextbasierte Systeme

In der Informatik wird *„Kontext“* für die Entwicklung von kontextbasierten[11] Anwendungen genutzt und in exemplarischen Anwendungsfällen untersucht. Neben konkreten Anwendungsfällen existieren ebenso eine Reihe von Architekturen und Frameworks für die Entwicklung von kontextbasierten Anwendungen und Middleware-Systemen, die für die Ermittlung von Kontexten und Verteilung von Informationen an kontextbasierte Anwendungen in verteilten Systemen konzipiert sind.

[10] *Spreading Activation* wird detailliert im Kapitel 3.6 beschrieben.

[11] Der Begriff *„kontextbasiert“* steht hier Synonym für zahlreiche bedeutungsgleiche Begriffe wie beispielsweise *kontextsensitiv*, *kontextadaptiv* oder *kontextreaktiv*.

2.3.1 Kontextbasierte Anwendungen

Eine der ersten kontextbasierten Anwendungen stammt von (Schilit et al., 1994). (Schilit et al., 1994) verwenden ein mobiles Gerät mit Infrarot-Schnittstelle, um in einem *Ubiquitous Computing*[12] Szenario in Räumen mit unterschiedlicher technischer Ausstattung (beispielsweise unterschiedliche Optionen bei Ausgabegeräten wie Drucker oder Bildschirme) das System anzupassen. Das System konzentriert sich auf die Nutzung von Ortsinformationen, um nahe Personen und Ressourcen zu selektieren oder Aktionen auszuführen. So kann beispielsweise bei einem Raumwechsel von einem Büro in einen Besprechungsraum sowohl die Art der dargestellten Informationen wie auch das Ausgabegerät angepasst werden (beispielsweise von einem Dokument auf dem Computer im Büro hin zu einer Präsentation für eine Besprechung auf einem Beamer).

(Pascoe, 1998) verwendet Ortsinformationen, um kontextbasierte Anwendungen für Feldforschungen auf einem *Personal Digital Assistant (PDA)* zu realisieren. Die Anwendungen unterstützen regelmäßige Aufgaben der Feldforscher (beispielsweise Beobachtung des Fressverhaltens und die Positionsbestimmung von einzelnen Tieren oder die Markierung interessanter Positionen) durch automatisches Hinzufügen kontextueller Informationen, so dass der Forscher nur den Inhalt eingeben muss. Die Anwendungen sind an einen *Context Information Service* angebunden, der zentral Zugriff auf Kontextinformationen und gespeicherte Informationen erlaubt.

Das *a CAPella*-System von (Dey et al., 2004) verwendet annotierte Sensorinformationen, um mithilfe von Machine-Learning-Algorithmen kontextbasiertes Verhalten zu erlernen. Der Ansatz, der von (Dey et al., 2004) verfolgt wird, stellt den Endbenutzer in den Mittelpunkt der Systemprogrammierung. Durch exemplarisches Vorführen von Aktionen oder gewünschtem Verhalten des Systems kann der Endbenutzer das System trainieren. Sensoren (beispielsweise Mikrophone, Kameras, o.ä.) zeichnen die vorgeführten Aktivitäten auf, detektieren Ereignisse zwecks Annotation der Daten, die dem Benutzer präsentiert werden. Mithilfe der annotierten Daten wird das System durch Machine-Learning-Algorithmen trainiert und durch stetige Wiederholung der Aktionen des Benutzers iterativ verbessert. Ein Klassifikator erkennt auf Basis der Sensorinformationen den jeweiligen Kontext wieder und führt die gewünschten Aktionen, bzw. das gewünschte Verhalten automatisch aus. Abbildung 2.2 zeigt exemplarisch den Prozessablauf zum Training des a CAPella-Systems. Ein exemplarisches Anwendungsszenario in der Arbeit von (Dey et al., 2004) ist die Überwachung von Medikamenteneinnahmen. Die Einnahme der Medikamente wird in einem medizinischen Tagebuch verzeichnet. Wenn keine Aktivitäten detektiert werden, die der Einnahme der Medikamente entsprechen, dann wird ein Erinnerungsalarm ausgelöst.

SPREADR von (Hussein et al., 2007) ist der formalen Beschreibung mittels Ontologien dem CATWALK-Framework (Kaltz et al., 2005; Lohmann et al., 2006; Kaltz, 2007) sehr ähnlich. SPREADR verwendet ebenfalls Ontologien für situations-

[12] *Ubiquitous Computing* (frei übersetzt als *Rechnerallgegenwart* oder *allgegenwärtiges Rechnen*) wird zumeist in verteilten Systemen genutzt. Jeder Computer (jeder Gegenstand soll im Rahmen des „Internet der Dinge“ potentiell internetfähig sein) kommuniziert mit anderen Computern über ein Ad-hoc-Netzwerk. Auf eine ausführlichere Thematisierung des Forschungsgebiets wird im Rahmen dieser Arbeit verzichtet.

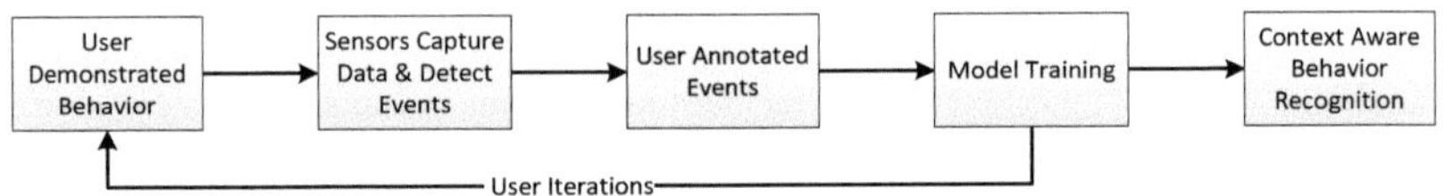

Abbildung 2.2: Trainingsschritte des a CAPella-Systems von (Dey et al., 2004): Benutzer demonstrieren a CAPella ein gewünschtes Verhalten durch Vorführen. Sensoren erfassen die durchgeführten Aktionen und ermöglichen dem Benutzer, die erfassten Sensordaten zu annotieren. Das System wird mit den neugewonnenen Daten trainiert und kann durch den Benutzer iterativ erweitert werden. Das trainierte System kann auf Basis der Sensorinformationen das gewünschte Verhalten erkennen.

beschreibende Aspekte (Zeit, Ort, Geräte, Benutzer und Aufgaben) und verknüpft diese durch Kontextrelationen mit einem Domänenmodell. Die Kontextrelationen werden gewichtet, und anschließend werden mithilfe von *Spreading Activation*[13] relevante Entitäten des Domänenmodells ermittelt, die als potentiell kontextuell relevante Empfehlungen in Frage kommen. Die Gewichtungen der Kontextrelationen können im Fall von SPREADR durch Benutzerfeedback (beispielsweise Klick auf eine Empfehlung) modifiziert werden, um so eine zusätzliche Anpassung der Empfehlungen an den Benutzer zu erreichen.

Das *Nexus*[14]-Projekt konzentriert sich auf die Erforschung von mobilen kontextbasierten Systemen, die maßgeblich Informationen über Lokalisationen und der jeweiligen Umgebung als Kontext verwenden. Die Systeme verwenden eine serverbasierte Architektur (Nicklas et al., 2001; Lehmann et al., 2004; Wieland and Nicklas, 2006). Die Architektur besteht aus drei Schichten: Anwendungsschicht, Föderationsschicht und Serviceschicht. Nexus-Anwendungen kommunizieren mit Nexus-Knoten in der Förderationsschicht. Jeder Nexus-Knoten entspricht hierbei einer Kommunikationsschnittstelle. Der Nexus-Knoten sucht nach einer virtuellen Repräsentation einer Lokalisation und der Umgebung und zerlegt eine Anfrage der Nexus-Anwendung in kleinere Anfragen, die an Dienste der Serviceschicht weitergeleitet werden. Die Ergebnise werden aggregiert und an die Nexus-Anwendung zurückgegeben. Exemplarische Anwendungen umfassen beispielsweise kontextabhängige Webanwendungen wie *NexusWeb* (Brodt and Cipriani, 2009) oder lokalisationskontextabhängige Browsergames *TreasureCache* und *TicTacToe in Teams* (Brodt and Stach, 2009). NexusWeb stellt ein Machbarkeitsnachweis der Nexus-Architektur dar. NexusWeb trackt die aktuelle Position eines Benutzers durch Aggregation unterschiedlicher Datenquellen (insbesondere GPS-Daten des mobilen Geräts) und steuert so die Anzeige der Umgebung. TreasureCache ist ein an Geocaching[15] angelehntes, lokalisa-

[13] Der *Spreading-Activation-Algorithmus* wird im Kapitel 3.6 ausführlich vorgestellt.

[14] DfG Sonderforschungsbereich 627, siehe http://www.nexus.uni-stuttgart.de (Stand: 24. November 2014).

[15] Als *Geocaching* wird eine elektronische Schnitzeljagd bezeichnet, bei der die Suchenden mithilfe

tionsabhängiges Suchspiel für Facebook. Spieler können Herausforderungen mithilfe eines Editors (beispielsweise Rätsel) für bestimmte Lokalisationen anlegen und über Facebook Freunde oder Bekannte herausfordern, am definitierten Ort die Rätsel zu lösen. TicTacToe in Teams überträgt das bekannte TicTacToe-Spiel[16] in die reale Welt: Spieler einer Region - meistens einer Stadt oder eines Stadtteils - werden zufällig auf zwei Teams aufgeteilt. Beide Teams bewegen sich abwechselnd durch das Spielfeld - einer Projektion des bekannten TicTacToe-Rasters auf die Region -, um Felder in Besitz zu nehmen oder die Inbesitznahme von Feldern durch das gegnerische Team zu verhindern, bis eines der Teams gewinnt.

2.3.2 Kontextbasierte Frameworks

Die *Context Broker Architecture (CoBrA)* von (Chen et al., 2003, 2004) ist eine agentenbasierte Systemarchitektur für intelligente, verteilte Umgebungen. Das Datenmodell des Brokers basiert auf einer Ontologie, um Kontext zu repräsentieren. Durch Abbildung eingehender Informationen von virtuellen Agenten, externen Datendiensten, Sensoren, mobilen Geräten oder anderen fest eingebauten Geräten einer intelligenten Umgebung auf die Kontextontologie wird ein Datenaustausch zwischen virtuellen Agenten und externen Geräten ermöglicht. Die verwandte CoBrA-Ontologie beschreibt formal Lokalisationen, Benutzer, virtuelle Agenten und Aktivitäten. Zusätzlich wird die Ontologie genutzt, um von der aggregierten Wissensbasis neue Fakten abzuleiten und den Agenten für Adaptionen und Entscheidungsprozesse zur Verfügung zu stellen. Ein exemplarisches Szenario aus den Arbeiten von (Chen et al., 2003, 2004) konzentriert sich auf die intelligente Unterstützung von Personen in exemplarischen Aktivitäten auf einem Universitätscampus. Sensoren in einem Raum detektieren ein neues, mobiles Gerät. Durch den Abgleich der bekannten Informationen lässt sich so feststellen, welche Person den Raum betreten hat (in diesem Beispiel: Alice). Alices Softwareagenten (beispielsweise auf dem mobilen Gerät) werden über die aktuelle Lokalisation informiert und versuchen anschließend herauszufinden, warum Alice in diesem Raum ist. Durch Abgleich mit einem Terminkalender stellen sie fest, dass Alice in diesem Raum einen Vortrag halten soll. Der Agent erfasst diese Information und informiert den Context Broker, der wiederum andere Agenten über die erhaltenen Informationen in Kenntnis setzt. So kann beispielsweise ein Dimmer-Agent für den Raum das Licht herunterregeln, ein Präsentationsagent den Beamer anschalten und die aktuellen Folien für den Vortrag herunterladen und anzeigen lassen.

Die Besonderheit des CoBrA-Systems liegt in der Umsetzung von Datenschutzrichtlinien. Jeder Benutzer kann mithilfe von Regeln festlegen, welche Art von Kontextinformationen anderen Benutzern oder Agenten zur Verfügung gestellt werden dürfen. In Abhängigkeit dieser Regeln werden Adaptionsmöglichkeiten eingeschränkt oder ganz verhindert. Auch Inferenzmechanismen werden durch diesen Mechanismus reglementiert: Wenn der Benutzer nicht möchte, dass seine/ihre Telefonnummer an andere Personen weitergegeben werden soll, darf ein Inferenzmechanismus Informa-

von Hinweisen und GPS-Koordinaten Verstecke (sogenannte *Geocaches*) finden müssen. Für weitere Informationen siehe auch http://www.geocaching.com/ (Stand: 24. November 2014).

[16] Siehe für eine Erklärung des Spielprinzips auch http://de.wikipedia.org/wiki/Tic_Tac_Toe (Stand: 24. November 2014).

tionen, die durch einen externen Dienst (Telefonbuch) gesammelt werden können und diese Regel betreffen, nicht berücksichtigen.

Das *CATWALK*-Framework (Kaltz et al., 2005; Lohmann et al., 2006; Kaltz, 2007) wird für die kontextbasierte Anpassung von Webanwendungen verwendet. In CATWALK werden unterschiedliche, ontologische Modelle miteinander mit dem Ziel verknüpft, kontextbasierte Anpassungen von Navigation, Inhalten und der Darstellung von Inhalten zu ermöglichen. Zu diesem Zweck wird im CATWALK-Framework zwischen einem anwendungsspezifischen, ontologischen Domänenmodell und Kontext-Ontologien unterschieden. Kontext-Ontologien beschreiben situationsbeschreibende Informationen wie Zeit, Lokalisation, Geräte, Aufgaben oder Benutzer. Diese Ontologien beschreiben Konzepte, Instanzen und Relationen von Anwendungskontexten, die für die Adaption der Anwendung relevant sind. Die Domänenontologie wird mit den Kontextontologien zu einem "Relevanz-Raum" kombiniert, der kontextuelle Einflüsse durch gewichtete Relationen zwischen Entitäten der Domänenontologie und den Kontextontologien repräsentiert. Diese Kontextrelationen werden für Adaptionsregeln benötigt, die beschreiben, wie das System sich an den vorliegenden Kontext anpassen soll. Die Adaptionsregeln sind wiederum Teil weiterer Modelle für Naviation, View und Präsentation der Webanwendung. In (Kaltz, 2007) wird mithilfe des CATWALK-Frameworks ein exemplarischer Webshop für Sportbekleidung vorgestellt, in dem die Navigationsstruktur auf Basis der Lokalisation (vorgestellte Geschäfte) und Saison (Sportbekleidung passend für Winter oder Sommer) adaptiert wird. Zusätzlich werden auf derselben Basis auch Empfehlungen generiert.

Ein Framework für die Kommunikation zwischen Geräten stellt das *Java Context Awareness Framework (JCAF)* von (Bardram, 2005) dar. JCAF ist ein auf Java basiertes Framework für Ubiquitous Computing, um kontextbasierte Anwendungen zu entwickeln. JCAF besteht aus einer Reihe von Kontextdiensten, die untereinander über ein Peer-to-Peer-Netzwerk kommunizieren und Kontextinformationen austauschen können. Jeder Kontextdienst speichert Kontextinformationen in Form von Schlüssel-Wertpaaren und ermöglicht mithilfe von Kontext-Transformern die Aggregation und Übersetzung von gespeicherten Informationen. Clients erfassen selbsttätig Kontextinformationen und übertragen diese an die Kontextdienste. Für die Entwicklung von kontextbasierten Anwendungen stehen eine Reihe von abstrakten Schnittstellen zur Verfügung, die es erlauben, von Kontextdiensten Kontextinformationen zu entnehmen oder zu speichern.

Auch für intelligente Wohnumgebungen wird Kontext verwendet, um die Qualität der automatisierten Funktionen zu verbessern. (Gu et al., 2004b, 2005) beschreiben in ihren Arbeiten eine service-orientierte Architektur für die Entwicklung von kontextbasierten Diensten für intelligente Wohnumgebungen. Die *Service-Oriented Context-Aware Middleware (SOCAM)* verwendet Prädikatenlogik, um Kontextinformationen zu speichern. Externen Sensoren (beispielsweise Kameras in einer Wohnumgebung) ermitteln *direkten Kontext*, der die aktuelle Situation beschreibt (beispielsweise: *Alice ist unter der Dusche.*). Diese Informationen werden durch Services, sogenannte *Context-Provider*, ermittelt und in ontologische Informationen transformiert. Auf Basis von konzeptuellen Ontologien und Kontext-Ontologien, die dynamisch miteinander durch Prädikate verknüpft werden, wird durch *Context-*

Interpreter indirekter Kontext durch Inferenzmechanismen auf Basis vorliegender Informationen ermittelt (beispielsweise durch Ableitung von individuellen Präferenzen einzelner Familienmitglieder beim Essen zu einer generalisierten Aussage bezüglich der Familienpräferenz). SOCAM ermöglicht die Repräsentation von Unsicherheit in Kontexten durch spezielle Prädikate (vergleiche auch (Gu et al., 2004a)), um Unsicherheiten durch Sensorerfassung und Interpretation zu repräsentieren.

2.3.3 Kontextbasierte Middleware-Systeme und System-Architekturen

Das *Kimura*-System (MacIntyre et al., 2001; Voida et al., 2002) kombiniert virtuellen und physikalischen Kontext, um Benutzer in Wissensprozessen durch Awareness-Funktionen zu unterstützen. In einer Büroumgebung werden Computer, externe Geräte (wie beispielsweise ein Drucker), Sensoren und Großdisplays von Smartboards dazu verwendet, den aktuellen Kontext eines Benutzers aufzuzeichnen und für andere Benutzer sichtbar zu machen. Jedem Benutzer steht für jede Aufgabe ein individueller Desktop zur Verfügung, der beim Wechsel einer Tätigkeit ausgetauscht wird. Alle Desktops werden auf einem Großdisplay dargestellt, um den aktuellen Stand jeder Aufgabe zu visualisieren. Jeder Desktop enthält Screenshots der zuletzt genutzten Programme, Kalender für die Visualisierung von Terminen oder Hinweise auf zu druckende oder gedruckte Dokumente. Die Überwachung der Desktops geschieht durch Überwachung der einzelnen Anwendungsfenster einer Windows-Umgebung: Nach Benutzereingaben wird ein Screenshot gemacht, der den Arbeitsfortschritt repräsentiert. Das System erfasst die Position anderer Benutzer und ermöglicht so durch Awareness-Funktionalitäten die Verbesserung der Kommunikation. Die Autoren illustrieren dies mit einem Beispiel, in dem ein Benutzer beim Schreiben einer Antwort auf eine Email eines Arbeitskollegen darauf aufmerksam gemacht wird, dass dieser Kollege sich in unmittelbarer Nähe (beispielsweise im Pausenraum) befindet, und somit eine direkte - anstelle einer asychronen - Kommunikation möglich wäre.

Eine weiteres System zur Arbeitsunterstützung mithilfe von Awareness-Funktionen findet sich in (Bardram and Hansen, 2010). (Bardram and Hansen, 2010) erfassen Kontextinformationen über Ort, Art der Tätigkeit, zeitliche Einordnung der Tätigkeiten des Operationspersonals in einem Krankenhaus, bereiten die erfassten Informationen auf und präsentieren sie durch Awareness-Funktionen anderen Mitarbeitern mit dem Zweck, Planung von Operationen und die Handhabung kritischer Situationen zu verbessern. Zu diesem Zweck wurde eine *AWARE-Architektur* entwickelt, die zentral alle Informationen sammelt, aggregiert und an angemeldete Geräte oder Anwendungen verteilt. Das *AwarePhone* ist eine exemplarische Anwendung, die mit der AWARE-Architektur kommuniziert. Das AwarePhone erlaubt es Mitarbeitern, ihre aktuelle Aktivität und ihren Status (beispielsweise: in einer Operation, frei, etc.) zu selektieren. Die Lokalisation der Person wird automatisch erfasst. Eine zentrale Awareness-Anwendung ist *AwareMedia*, die zur Darstellung der Informationen genutzt wird. AwareMedia zeigt die Lokalisation und Tätigkeiten des erfassten Personals an und verknüpft diese Informationen mit geplanten und gerade durchgeführten Operationsterminen. Zusätzliche Livestreams aus den Operationssälen erlauben es Fachärzten, effizienter die Operationen zu kontrollieren und Gefahrensituationen einzuschätzen.

(Chen et al., 2006) stellen in ihrer Arbeit eine kontextbasierte service-orientierte Architektur *CA-SOA*[17] vor. Sie betrachten Kontext aus zwei Perspektiven: von Seiten des Clients, der Serviceanfragen stellt, und von Seiten des Services, der Serviceanfragen beantwortet. Aus Sicht des Clients umfasst Kontext die Umgebung, die den Zugriff auf Services beeinflussen kann (beispielsweise Benutzerpräferenzen, Netzwerkumgebung und Geräte). Kontext aus Sicht des Services beschreibt die Umgebung, die die Ausführung und den Datenfluss der Dienste beeinflussen kann (beispielsweise das Serviceprofil, Netzwerkprotokolle oder die Serverhardware). (Chen et al., 2006) nutzen das Kontextmodell, um kontextbasierte Dienste als parametrisierte, abstrakte Maschinen zu modellieren. Hierbei wird die abstrakte Maschine durch eine Menge von statischen und dynamischen Zuständen beschrieben. Kontextinformationen werden als Funktionen beschrieben, die den Zustand des Services verändern können. Die unterschiedlichen Kontextbeschreibungen von Client und Service werden durch zwei unterschiedliche Ontologien gewährleistet. Durch einen Kontexterfassungsprozess ermitteln Service und Client Werte für die in den Ontologien abgebildeten Eigenschaften. Zuerst werden Kontextinformationen wie Lokalisation, Umgebung und Geräteprofile zur Laufzeit analyisiert und mit Privatsphäreneinstellungen kombiniert. Im nächsten Schritt werden Kontextinformationen auf Basis der Benutzerprofile ermittelt. Zunächst werden Standardwerte und Informationen aus dem Benutzerprofil auf Werte der Ontologie abgebildet. Anschließend werden soziale Komponente (beispielsweise der Kalender oder Informationen über Arbeitskollegen) mit integriert. CA-SOA verwendet den so ermittelten Kontext, um für Client und Benutzer passende Dienste zu selektieren.

Das *Akogrimo*-Projekt (Osland et al., 2006) verwendet Lokalisations- und Umgebungsinformationen, um mobilen Anwendungen diese Informationen als Kontextinformationen zur Verfügung zu stellen. Akogrimo verwendet einen Kontextmanager als zentrale Komponente. Dieser Kontextmanager erfasst Sensorinformationen, speichert diese Daten und stellt kontextkonsumierenden Anwendungen die Kontextinformationen über eine Schnittstelle zur Verfügung.

Mit *Omnipresent* präsentieren (De Almeida et al., 2006) eine kontextbasierte serviceorientierte Architektur für webbasierte und mobile Anwendungen. Kontextinformationen werden mithilfe eines ontologischen Modells gespeichert. Zentrale Kategorien dieses Modells sind Benutzerinformationen (persönliche Informationen, Informationen über Arbeitstätigkeiten und soziale Informationen), Aufgaben, Termine, Physiologie (beispielsweise Herzschlag, Blutdruck) und der emotionale Status des Benutzers. In Omnipresent kann der Benutzer kontextabhängige Regeln definieren, die bei Eintreten des Kontexts Aktionen auslösen sollen. So kann beispielsweise ein Notruf abgesetzt werden, wenn der überwachte Gesundheitsstatus Unregelmäßigkeiten anzeigt, oder es kann ein Elternteil darüber informiert werden, dass das Kind die Schule verlässt. Dem Benutzer von Omnipresent stehen jedoch nur wenige Dienste für die Verwaltung von Kontextinformationen - und somit für die Definition von

[17] *CA-SOA* steht als Abkürzung für die englische Bezeichnung *Context Aware Service Oriented Architecture*.

Regeln - zur Verfügung: Lokalisationsinformationen, emotionale und physiologische Daten von Benutzern, Produkten und Routen zwischen Lokalisationen.

Kontext wird auch in kollaborativen Anwendungen wie im *ECOSPACE*-Projekt (Prinz et al., 2006; Martinez-Carreras et al., 2007) verwendet. Synchrone und asynchrone Anwendungen kommunizieren mit einer mehrschichtigen service-orientierten Architektur, die es erlaubt, über Grenzen von Anwendungen hinaus, Informationen auszutauschen. Informationsartefakte (beispielsweise Dokumente) werden hierbei zusätzlich um Kontextinformationen ergänzt. Das Projekt hat eine Verbesserung von kollaborativen Arbeitsprozessen zum Ziel, in denen Benutzer nicht unterschiedliche technische Funktionen von Anwendungen (wie das Hochladen einer Datei in einen Arbeitsbereich) erlernen müssen, sondern stattdessen kollaborative Aktionen (wie das Senden einer Datei an einen oder mehrere Empfänger) vereinfacht und plattformübergreifend ermöglicht. Neben kontextuellen Informationen sollen auch Benutzerprofile erlernt und für ad-hoc identifizierte Gruppen von Personen mit ähnlichen Tätigkeiten und Problemen genutzt werden.

(Veiel et al., 2009, 2011) beschreiben in ihren Arbeiten die kontextbasierte Anpassung von kollaborativen Anwendungen und Arbeitsumgebungen mithilfe eines *Context and Adaptation Frameworks (CAF)*. Das Ziel von (Veiel et al., 2009, 2011) ist es, kooperative Aktivitäten in kollaborativen Arbeitsumgebungen zu unterstützen. Zu diesem Zweck wird ein ontologisches Kontextmodell verwendet, welches auf kooperative Aktiväten zugeschnitten ist: es enthält unter anderem Personen, Rollen, Teams, Aktionen, Artefakte, Dienste und Anwendungen. Mithilfe ihres Frameworks können automatisierte Adaptionen an der Benutzeroberfläche von Anwendungen, Modifikation von Anwendungslogik, Änderung von Diensten oder Anpassungen des Kontextmodells realisiert werden. Für diese Anpassungen werden Adaptionsregeln in Abhängigkeit des jeweiligen Arbeitskontexts benötigt. Adaptionsregeln bestehen aus drei Komponenten: einer Priorität, einem Bedingungsteil und einem Aktionsteil. Listing 2.1 zeigt eine exemplarische Adaptionsregel für folgendes kollaboratives Szenario: Wenn *Bob* in seinem Arbeitsbereich ein Dokument (hier als *Artefakt* bezeichnet) öffnet, so wird überprüft, ob andere Personen auf das gleiche Dokument zugreifen. Wenn andere Personen auf das Dokument zugreifen, dann wird ein synchrones Kommunikationsmittel - beispielsweise ein Chat - für alle beteiligten Personen gestartet, damit alle beteiligten Personen sich im Rahmen ihrer kooperativen Tätigkeit (Schreiben oder Editieren des Dokuments) austauschen und selbsttätig organisieren können. Durch CAF können auch nicht-kontextadaptive Anwendungen im Rahmen von Adaptionsregeln kontextadaptiv gesteuert werden. Adaptionsregeln werden üblicherweise durch einen Koordinator der kooperativen Tätigkeit angelegt und gepflegt.

Es existieren zudem eine Reihe von Kommunikations-Middlewares für kontextbasierte Anwendungen, die den Austausch relevanter (Kontext-)Informationen zwischen Geräten und Anwendungen verbessern sollen.

Listing 2.1: Beispiel einer Adaptionsregel nach (Veiel et al., 2009, 2011) für das Öffnen eines synchronen Kommunikationstools bei gleichzeitigem Zugriff auf ein Dokument durch mehrere Benutzer.

```
rule "open synchronous communication channel"
 priority: high
 when
     artifacts:getArtifactsInContext("OpenWorkspace:bob")
   actors:getActorsInContext(artifacts)
   comms:getApplicationsInContext(actors,
                     "SynchronousCommunication"')
   selectedApplication:selectFirst(comms)
 then
   openForAll(selectedApplication,actors)
end
```

(Yau and Karim, 2004) verwenden eine Middleware namens *Reconfigurable Context-Sensitive Middleware (RCSM)*, um mobile Anwendungen in existierende Netzwerkinfrastrukturen dynamisch zu integrieren. Sie bezeichnen ihr System als kontextsensitiv, da Resourcen an einer Lokalisation erfasst, sich mit ihrem Netzwerk verbinden und Aktionen ausgelöst werden können. RCSM erlaubt zusätzlich die Einschränkung von Aktionen auf vordefinierte Kontexte (hier: Zeit und Ort). So kann ein PDA auf anderen Geräten Informationen in Abhängigkeit der Lokalisation, an der sich der Benutzer befindet, anzeigen: In einem Konferenzraum, in dem viele andere Personen anwesend sind, mag es nicht sinnvoll sein, dass das Ergebnis einer Analyse oder Berechnung automatisch auf einem Großdisplay im Raum angezeigt wird. Im eigenen Büro hingegen wäre dies eine sinnvolle Aktion.

GAIA ist eine CORBA[18]-basierte Middleware für kontextbasierte Anwendungen (Román et al., 2002). GAIA verwendet *Active Spaces* als Repräsentation von Tätigkeiten in Umgebungen, in denen Benutzer mit unterschiedlichen Geräten und Diensten gleichzeitig interagieren können. Eine Session stellt sicher, dass für jeden Benutzer persönliche Informationen und Anwendungen über verschiedene Active Spaces zur Verfügung stehen, damit der Benutzer überall auf seine Daten und Anwendungen zugreifen kann. Kontextuelle Informationen werden Anwendungen über einen Kontextdienst zur Verfügung gestellt. Der Kontextdienst aggregiert und verwaltet multiple Informationsquellen (beispielsweise Sensoren). Mithilfe von prädikatenlogikbasierten Regeln ist es möglich, Kontextinformationen mit Situationen zu verknüpfen: Wenn sich in einem Raum mehr als vier Personen befinden und die Anwendung „Powerpoint" gestartet ist, dann findet in diesem Raum eine Präsentation statt. Mithilfe dieser Regeln ist es zusätzlich möglich, „höherwertige" Kontextinformationen zu inferieren und sie Anwendungen zur Verfügung zu stellen. Dateien können in GAIA mit Kontextinformationen kombiniert und in Kontextverzeichnissen gespeichert werden. Über Kontextverzeichnisse ist es dann möglich, den Arbeitskontext zu rekonstruieren oder zu einem vorliegenden Kontext eines Benutzers relevante Dateien zu ermitteln.

[18] CORBA steht für *Common Request Broker Architecture* und ist eine Spezifikation für objektorientierte Middleware.

Die *inContext*-Platform von (Truong et al., 2008) spezialisiert sich auf die Unterstützung von Gruppenarbeiten. Sie kombinieren unterschiedliche Ontologien, wie beispielsweise *Friend of a Friend (FOAF)*[19] oder *Basic Geo* [20], um Benutzerprofile, Lokalisationsinformationen, Aktivitäten, Resourcen, Aktionen und Informationen über das Team als Kontext zu beschreiben. Die Kontextinformationen werden mithilfe von Softwaresensoren erfasst und gespeichert. inContext verwendet für die Verwaltung der Kontextinformationen kein zentrales Repository, sondern verteilt das Speichern und den Zugang zu Kontextinformationen auf verteilte Dienste. Neben der Bereitstellung von Kontextinformationen ermöglicht inContext die Ermittlung von Interaktionsmustern zwischen Diensten, zwischen Menschen und zwischen Menschen und Diensten. Auf Basis von Kontextinformationen, Interaktionsmustern, Benutzerprofilen und Metainformationen von Diensten werden für die aktuelle Kollaborationssituation passende Dienste und Kollaborationstools ausgewählt.

Die *AREA*-Platform von (Fuchs, 1999) stellt eine Plattform für Benachrichtungsfunktionen für Benutzeraktivitäten in Arbeitssituationen zur Verfügung. AREA bietet Awareness-Funktionen für kollaborative Umgebungen an. Hierbei wird eine Client-Server-Architektur verwendet, bei der ein Server über unterschiedliche kollaborative Anwendungen geteilte Kontextinformationen verwaltet und Clients über Ereignisse automatisch informiert. Client-Anwendungen können auf Benutzermodelle zugreifen oder Ereignisse erzeugen und übermitteln. Eingehende Ereignisse werden zentral am Server gesammelt, der nur jene Client-Awendungen informiert, für die das Ereignis relevant ist. Um zu entscheiden, welche Anwendungen informiert werden sollen, verwendet AREA semantische Modelle der Client-Anwendungen und Benutzermodelle. Somit ist die Entscheidung von benutzerspezifischen Präferenzen, aber auch von Privatsphäreneinstellungen abhängig: Benutzer A wird über Aktivitäten eines anderen Benutzers B informiert, wenn das Benutzermodell von Benutzer A ein Interesse an den Aktivitäten besitzt und die Privatsphäreneinstellungen von Benutzer B nicht die Benachrichtigung über die Aktivitäten verhindert. Das Anwendungsmodell basiert auf vier Komponenten: Benutzer der Anwendungen, Artefakte, an denen Aktionen ausgeführt werden, Ereignisse, die Aktionen an einem Artefakt beschreiben, und Relationen, die kollaborative Abhängigkeiten in den Anwendungsdomänen zwischen Artefakten beschreiben. Das Benutzermodell enthält eine Reihe von Spezifikationen zu Benutzerinteressen und Privatsphäreneinstellungen.

Das *QoSDREAM*-Framework von (Naguib et al., 2001) ist ein weiteres Beispiel für ein Middleware-Framework für kontextbasierte Anwendungen. QoSDREAM ist spezialisiert auf die Verarbeitung von Lokalisationsinformationen aus unterschiedlichen Datenquellen zu Umgebungsmodellen, die dann multimedialen Anwendungen zur Verfügung gestellt werden können. Durch ein Event-System werden Anwendungen über neue oder veränderte Lokalisationsinformationen benachrichtigt.

Das *CoWSAMI*-System ist eine weitere Middleware für intelligente Umgebungssysteme (Athanasopoulos et al., 2008). Das CoWSAMI-System zielt auf die dynamischen Integration von Kontextinformationen in intelligenten Umgebungen ab.

[19] Für Details der Spezifikation siehe http://xmlns.com/foaf/spec/ (Stand: 24. November 2014).

[20] Für Details der Spezifikation siehe http://www.w3.org/2003/01/geo/ (Stand: 24. November 2014).

Die Middleware offeriert Schnittstellen, um unterschiedliche Geräte als Kontextdienste zu integrieren, die dann zur Erfassung von Kontextinformationen benutzt werden. Benutzer in einer durch CoWSAMI unterstützten, intelligenten Umgebung definieren selbsttätig ihren jeweiligen benötigten Kontext durch Festlegung relevanter Attribute und Regeln. Attribute in CoWSAMI repräsentieren Tupel von Informationen, die über Kontextdienste ermittelbar sind. Die vom Benutzer als relevant deklarierten Informationen werden in eine SQL-ähnliche Syntax konvertiert und von CoWSAMI mithilfe von spezialisierten Kontextaggregatoren ermittelt. Kontextaggregatoren suchen hierfür aus der Menge der registrierten Kontextdienste für die Query passende Dienste aus und verarbeiten die Ergebnisse der Anfragen an die Kontextdienste.

2.3.4 Fazit der vorgestellten kontextbasierten Systeme

Die vorgestellten Arbeiten verwenden Kontext als situationsbeschreibende Informationen - und dies mit einem sehr starken Fokus auf Lokalisationsinformationen. Obwohl in einigen Fällen eine Interpretation der observierten Informationen mithilfe von semantischen Modellen stattfindet, sind diese inferierten Informationen kein unmittelbarer Bestandteil des Kontexts. Nur wenige Anwendungen verwenden zusätzliche Informationsquellen über den Systemzustand oder die Benutzer (beispielsweise durch Benutzerprofile). Insbesondere die Middlewares beschränken sich auf die Aufgabe, Kommunikation zwischen kontextbasierten Anwendungen zu ermöglichen und Kontextinformationen auszutauschen. Eine Integration von Relationen, die auf Basis subjektiver Eindrücke erstellt wurden, findet nicht statt.

Ebenso konzentrieren sich die vorgestellten Ansätze auf die Unterstützung von einzelnen Benutzern. Die Unterstützung von Benutzergruppen beschränkt sich auf die zentrale Verwaltung von Kontextinformationen und berücksichtigt weder Benutzerprofile, persönliche Kontexte, noch dynamisch veränderliche Gruppenkonstellationen. Einzig ECOSPACE und CAF versuchen, Benutzergruppen in kollaborativen Situationen zu unterstützen. Jedoch erfolgen die Anpassungen der jeweiligen Arbeitsumgebungen auf Benutzerebene. Es erfolgt keine Anpassung an den Gruppenkontext.

2.4 Erkennung von Tätigkeiten

Tätigkeiten, die ein Benutzer im Rahmen einer Aufgabe bei der Interaktion mit einem System durchführt, können einen wichtigen Aspekt für die Ermittlung von Kontext darstellen. Komplexe Tätigkeiten oder einzelne Aktionen können relevante Situationsbeschreibungen darstellen. Diese Aktionen müssen in den jeweiligen Anwendungskontext - die Situation und/oder eine zu erledigende Aufgabe - eingeordnet werden. Diese Einordnung kann manuell durch den Benutzer einer Anwendung oder automatisiert - mithilfe von Erkennungssystemen - erfolgen. Die so detektierten Tätigkeiten können als zusätzliche situationsbeschreibende Informationen mit in den Kontextermittlungsprozess einfließen.

Im Rahmen dieser Arbeit wird die Erkennung von Tätigkeiten nicht näher thematisiert, so dass an dieser Stelle nur ein kurzer Überblick gängiger Verfahren gegeben wird.

Aktionen sind elementar: *„Kai öffnet den Browser.“ oder „Tim klickt auf den Link.“* Aktionsfolgen reihen sich zu komplexen Tätigkeiten im Rahmen von Aufgaben zusammen. Die Aktionsfolge:
„Sven loggt sich bei einem Webshop ein. Er sucht nach 'Tablet PC'. Er klickt auf den Link zum iPad. Er liest die Produktinformationen. Er legt ein Exemplar des iPads in den Warenkorb. Er gibt die Bestellung auf.“
beschreibt einen Bestellvorgang für einen Webshop. Ebenso kann diese Aktionsfolge die Aufgabe *„Kauf ein iPad.“* beschreiben.

Die Detektion von Tätigkeiten und Aufgaben erfolgt häufig mithilfe von Machine-Learning-Verfahren (Granitzer et al., 2008). Die für das Training dieser Verfahren benötigten Daten werden für Desktop- und Webanwendungen durch Logs und Monitorsysteme ermittelt. *TaskTracer* von (Dragunov et al., 2005) ist ein exemplarisches Monitorsystem, welches Microsoft Desktopanwendungen wie Microsoft Office, Visual Studio oder Internet Explorer überwacht und loggt. *TaskPredictor* (Shen et al., 2006) nutzt TaskTracer, um Aufgaben durch Desktopaktivitäten und Email-Mitteilungen zu ermitteln. Zu diesem Zweck wird ein naiver Bayes-Klassifikator mit einer Support Vector Maschine kombiniert. (Shen et al., 2007) erweitern den TaskPredictor, um den Wechsel zwischen Aufgaben zu detektieren. (Dredze et al., 2006) verwenden ebenfalls einen naiven Bayes-Klassifikator, um auf Basis von Emailaktivitäten Aufgaben zu detektieren. (Kushmerick and Lau, 2005; Kushmerick et al., 2006) nutzen hingegen Clustering-Verfahren für denselben Anwendungsfall. *SWISH* von (Oliver et al., 2006) überwacht Benutzer in einer Windows-Desktopumgebung und verwendet Logs, Prozessinformationen und Fenstertitel für eine Aufgabenerkennung. Für den Klassifikationsprozess verwenden sie Clusteringverfahren. (Lowd and Kushmerick, 2009) verwenden einen naiven Bayes-Klassifikator, um Desktopaktivitäten über die Zeit mit Ressourcen (Dokumenten, Dateien, Emails, etc.) zu verknüpfen und Projekten zuzuordnen. (Rath et al., 2009, 2010) verwenden eine Aufgabendetektion auf Basis eines ontologiebasierten Modells namens *User Interaction Context Ontology (UICO)*. UICO erlaubt die Repräsentation des Interaktionskontexts von Benutzeraktivitäten in Desktopumgebungen. Die Aufgabendetektion erfolgt mithilfe des Machine Learning Toolits WEKA (Witten and Frank, 2005). Das *ARGUNAUT*-Projekt (Hever et al., 2007) verwendet Log-Informationen aus E-Learning-Umgebungen wie FreeStyler (Gaßner, 2003) oder Synergo (Avouris et al., 2004), um wiederkehrende Aktionsmuster von Benutzern zu identifizieren (Harrer et al., 2005, 2007) oder um mithilfe von Machine-Learning-Verfahren Aktionen auf Basis von textuellen Benutzerbeiträgen in der E-Learning-Umgebung zu erkennen (McLaren et al., 2007).

(Kellar and Watters, 2006) verwenden in Studien gesammelte Informationen über Benutzerinteraktionen mit Webbrowsern während der Erfüllung von Aufgaben (siehe (Kellar et al., 2007) für eine detaillierte Präsentation der Studienergebnisse), um mithilfe von Entscheidungsbäumen eine Klassifikation der Aufgaben zu erreichen. (Wang et al., 2011) versuchen, Online-Benutzeraktionen mithilfe von Onlinehistorien und Verhaltensmodellen vorherzusagen. (Ji et al., 2011) erstellen einen aufgabenorientierten Graphen, um Suchanfragen und Webseiten Aufgaben zuzuordnen und so die Aktivitäten eines Benutzers zu identifizieren.

Die automatische Detektion von Aktivitäten ist jedoch nicht auf Desktop- oder Softwareumgebungen beschränkt: So verwenden (Brdiczka et al., 2005) ein *Hidden Markov Modell*[21] (HMM), um Gruppen von Sprechern auf Basis von Audiodaten - erfasst in intelligenten Wohnumgebungen - zu ermitteln. Hierbei gehen sie von der These aus, dass, wenn zwei Personen gleichzeitig sprechen, sie nicht zur selben Gruppe gehören. (Dey et al., 2011) detektieren neben Gesprächsaktivitäten zusätzlich die Aufmerksamkeit von Personen in multimodalen Interaktionsumgebungen. Für die Detektion der Gesprächsaktivitäten verwenden sie einen Lippendetektor zur Auswertung von Videostreams. Die Aufmerksamkeit detektieren sie mithilfe eines Gesichtserkennungssystems. (Buettner et al., 2009) verwenden *RFID*[22]-Tags, um Aktivitäten im alltäglichen Leben durch Training eines HMMs zu identifizieren.

Allen Ansätzen ist gemein, dass sie auf Machine-Learning-Verfahren basieren. Das Training dieser Verfahren erfolgt immer spezifisch für die vorgegebenen Anwendungsfälle auf Basis der erfassten Informationen. Hierbei ist es jedoch unerheblich, ob eine Softwareumgebung oder eine Umgebung in der realen Welt überwacht wird. (Granitzer et al., 2008) heben in ihrer Arbeit hervor, dass die Klassifikation mit hoher Präzision erfolgen muss. Aktivitäts- und Aufgabendetektionen sind somit nicht an spezifische Umgebungen gebunden und für zahlreiche Anwendungsfälle nutzbar. Aktivitäten und Aufgaben können für die Beschreibung von Situationen oder als Indikator von Ereignissen erfasst und somit für die Ermittlung von Kontextinformationen genutzt werden.

2.5 Zusammenfassung

Dieses Kapitel präsentierte und diskutierte Kontextdefinitionen in unterschiedlichen Forschungsgebieten. Für die Informatik wurde der Stand der Forschung für Kontextmodelle und Frameworks für kontextbasierte Systeme, Middlewaresysteme und exemplarische kontextbasierte Anwendungen vorgestellt.

Kontextbasierte Anwendungen versuchen, sich der jeweils aktuellen Situation anzupassen. Das Wissen über die Situation wird mithilfe von unterschiedlichen Hardware- und Softwaresensoren ermittelt. Obwohl Kontext sehr generisch definiert wird (vergleiche die generischen Kontextdefinitionen von (Abowd et al., 1999) oder (Dey, 2001), in denen alle Informationen über eine Situation als Kontext verwendet werden können), beschränken sich Anwendungen typischerweise auf wenige sensorisch erfasste Informationen. Üblicherweise verwendete Situationsinformationen sind Lokalisation, Zeit, Benutzeridentitäten und Geräteresourcen. Diese Limitierung möglicher Informationsquellen zur Beschreibung einer Situation ist ebenfalls in Kontextmodellen erkennbar. Obwohl mehrere unterschiedliche Kontextmodellierungen verwendet werden, sind diese nur auf einige wenige Informationsquellen ausgelegt und stark auf

[21] Das *Hidden Markov Modell* ist ein stochastisches Modell, welches eine Markov-Kette mit unbeobachteten (hidden) Zuständen beschreibt.

[22] *RFID* steht für *radio-frequency identification*.

die jeweiligen Anwendungsdomänen zugeschnitten. Kontextmodelle stellen entweder ein Speichermedium für Situationsinformationen dar (beispielsweise Key-Value-Paare oder Markup-Schema-Repräsentationen), in denen eine kontextbasierte Anwendung nach Informationen suchen kann, oder sie stellen ein stark formalisiertes Modell dar, welches für einfache Wissensableitungen genutzt werden kann (beispielsweise logikbasierte Modelle oder Ontologien). Eine explizite Integration von Benutzerprofilen in die vorgestellten Modelle findet üblicherweise nicht statt. Ebenso sind die Modelle auf das Wiedergeben von Situationsinformationen und das Ableiten einfacher Fakten aus formalen Beschreibungen beschränkt. Diese Ableitungen setzen einzelne Konzepte auf Basis formaler Definitionen miteinander in Beziehung. Diese Art von Beziehungen finden sich beispielsweise in semantischen Netzwerken, die üblicherweise zwischen einzelnen Konzepten statische Beziehungen abbilden, wieder. Neben diesen sind jedoch auch dynamische Beziehungen interessant, bei denen die Stärke der Beziehung veränderlich ist. Diese Form der Beziehungen (im Folgenden als *Assoziationen* bezeichnet) basiert auf subjektiven Eindrücken des Benutzers und ähnelt dem beim Menschen bekannten *Priming*, bei dem die kognitive Verarbeitung eines Reizes durch vorangegangene Reize (und daraus resultierende Aktivierungen von Gedächtnisinhalten) beeinflusst (verstärkt bzw. beschleunigt) wird (Meyer and Schvaneveldt, 1971b; Schvaneveldt, 1973; Collins and Loftus, 1975).

Ein weiterer Nachteil der vorgestellten Kontextmodelle ist, dass Kontext häufig nur aus observierten Informationen besteht. (Wissens-)Konzepte, die mithilfe von Assoziationen zwischen unterschiedlichen, zusammenhängenden Wissenskonzepten ermittelt werden können, werden als Kontextinformationen nicht verwendet. Außerdem sind die vorgestellten Modelle für einzelne Benutzer und nicht für Benutzergruppen geeignet (bis auf die Ausnahme des in (Haake et al., 2010) vorgestellten Kontextmodells).

Die beschriebenen Einschränkungen lassen sich auch in den vorgestellten Anwendungen wiederfinden: Kontextbasierte Anwendungen in der Forschung beschränken sich nur auf wenige Anwendungsszenarien. Besonders häufig werden hierbei Szenarien aus dem *Ubiquitous Computing* (beispielsweise (Schilit et al., 1994) oder (Chen et al., 2003, 2004)) und für mobile Anwendungen (siehe auch (Osland et al., 2006) oder das Nexus-Projekt (Brodt and Cipriani, 2009; Wieland and Nicklas, 2006)) verwendet. Diese Anwendungen benutzen Lokalisationsinformationen als zentrale Kontextinformation, um Datenaustausch mit Geräten und Resourcen vor Ort durchzuführen (vergleiche beispielsweise (Bardram and Hansen, 2010; Chen et al., 2003, 2004)). Diese Informationen werden zur Visualisierung der aktuellen Situation einer Person, des Arbeitskontextes oder für die Steuerung von Resourcen in der unmittelbaren Umgebung des Benutzers verwendet. Die Austauschbarkeit der Kontextmodelle zwischen Anwendungsszenarien ist kaum möglich, da kein generalisiertes Modell als Grundlage benutzt wird. Außerdem findet eine Anpassung der Anwendungsinhalte in *Ubiquitous Computing* üblicherweise nicht statt. Eine solche Art der Anpassung kann in kontextadaptiven Anwendungen (beispielsweise (Kaltz et al., 2005; Lohmann et al., 2006; Kaltz, 2007)) gefunden werden, die auf Basis modellierter und observierter Situationsinformationen Anpassungen in der Anwendung vornehmen. Obwohl Anwendungen auf kollaborative Anwendungsszenarien abzielen (Veiel et al., 2009, 2011; Truong et al., 2008), werden Benutzergruppen kaum berücksichtigt (ausgenommen: (Haake et al., 2010)). In diesen Anwendungen steht die Unterstüzung eines einzelnen Benutzers beim kollaborativen Arbeiten im Vordergrund. Zwischen dem Kontext eines Benutzers und dem Kontext einer ganzen Benutzergruppe wird jedoch nicht unterschieden.

Ein weiteres Manko bisheriger Ansätze ist, dass nur wenige Publikationen sich mit benutzerspezifischen Anpassungen beschäftigen oder aus Aktionen und observierten Situationen lernen können. Von den aufgezählten Anwendungen unterstützen nur aCAPella (Dey et al., 2004) und SPREADR (Hussein et al., 2007) Lernmechanismen, um so Feedback des Benutzers bei der Kontextermittlung einbeziehen zu können. Diese Mechanismen sind jedoch stark eingeschränkt. Für aCAPella werden mithilfe von Machine-Learning Sensordaten erlernt und mit Aktionen verknüpft, während SPREADR die Modifikation von Gewichtung vormodellierter Verbindungen erlaubt. Dies ermöglicht zwar eine rudimentäre Personalisierung des Kontexts, bietet jedoch keine Möglichkeiten für indirekte, nicht vormodellierte Verknüpfungen zwischen Kontextinformationen, situationsabhängigen Personalisierungen oder dynamischen Erweiterungen des Kontextmodells.

Zusammenfassend lässt sich festhalten:

- Kontext ist überwiegend auf wenige situationsbeschreibende Informationen beschränkt. Hierbei stehen zumeist Lokalisationsinformationen im Vordergrund.
- Kontext ist meist auf direkt observierbare Informationen beschränkt. Informationen, die indirekt durch Relationen oder Assoziationen mit observierten Situationsinformationen in Beziehung stehen, werden als Kontext nicht berücksichtigt.
- Nur wenige Verfahren zur Ermittlung von Kontext integrieren Benutzerprofile. Situationsspezifische Einflüsse des Benutzerprofils werden ebenfalls kaum berücksichtigt.
- Dynamische Erweiterungen des Kontextmodells sind häufig nicht möglich.
- Kontextmodelle sind meist speziell auf Anwendungsfälle zugeschnitten. Ein Austausch von Modellen oder Anwendungen ist nur mit großem Aufwand möglich, da sie auf keinem generalisierten Modell basieren.
- Kontext ist in den meisten Anwendungen gleichzusetzen mit wenigen situationsbeschreibenden Informationen wie Lokalisation oder Zeit.
- Kontextbasierte Anwendungen berücksichtigen den Kontext eines einzelnen Benutzers. Der Kontext von Benutzergruppen wird zumeist nicht berücksichtigt.

Das Kontextverständnis für diese Arbeit soll Situationsinformationen, Gruppenrepräsentationen und Assoziationen umfassen. Das Modell muss folglich für unterschiedliche Anwendungsszenarien anpassbar und erweiterbar sein.

Im folgenden Kapitel wird die für diese Arbeit genutzte Kontextdefinition, Anforderungen an ein Kontextmodell und schließlich ein formales Kontextmodell, das sowohl einzelne Benutzer wie auch Benutzergruppen unterstützt, vorgestellt.

3 Definition und methodische Ermittlung von Kontext auf Basis von Zustandsgraphen als Kontextmodell

Obwohl bestehende Definitionen von *Kontext* in der Informatik voneinander abweichen, besitzen sie doch eine Gemeinsamkeit: Kontext umfasst Aspekte der Situation. Diese Definition limitiert die Art der Kontextinformationen auf jene, die mithilfe von Sensoren erfasst werden können. Dies zeigt sich auch durch zahlreiche kontextbasierte Anwendungen, die auf Lokalisationsinformationen, Personeninformationen (Wer ist vor dem Rechner?), Hardware-Ressourcen oder Informationen - wie Zeit oder Wetter - beschränkt sind (vergleiche Kapitel 2).

Ein Aspekt von Kontext, den Menschen natürlich und intuitiv erfassen, wird bei den bisherigen Definitionen und Kontextmodellen nicht mit einbezogen: die Assoziation neuer Informationen aus observierten Informationen und bekanntem Wissen mittels subjektiver, benutzerspezifischer Einflüsse und Verknüpfungen. Im Kapitel 3.1 wird daher zunächst das Kontextverständnis dieser Arbeit beschrieben, welches diesen Aspekt mit einbezieht und eine neue Kontextdefinition präsentiert. Anschließend werden Anforderungen an das Kontextmodell im Kapitel 3.2 erläutert, bevor ein graphbasiertes Kontextmodell - *Zustandsgraph* genannt - formal definiert wird (Kapitel 3.3 bis 3.5).

Weiterhin werden in diesem Kapitel der Vorgang der Ermittlung von Kontext auf Basis von Zustandsgraphen - *Kontextualisierung* genannt - erläutert (Kapitel 3.6) und die Bildung von Personengraphen für Gruppenidentifikationsverfahren (Kapitel 3.7) vorgestellt. Zuletzt werden Gruppenrepräsentationen von Zustandsgraphen beschrieben: einerseits das Konzept von benutzerspezifischen Sichten auf einen gemeinsamen generalisierten Graphen (Kapitel 3.8), und andererseits die Generierung von Zustandsgraphen für Benutzergruppen aus personalisierten Benutzerzustandsgraphen (Kapitel 3.9 bis 3.10).

3.1 Das Kontextverständnis in dieser Arbeit

Wie bereits in Kapitel 2.1 dargestellt, definiert (Dey, 2001) *Kontext* als *„alle Informationen, die die Situation einer Entität oder eines Objektes charakterisieren"*. Diese Definition beschränkt nicht die Art der Informationen, die Teil vom Kontext sind, konzentriert sich jedoch auf die Situationsbeschreibung einer Entität. Das bedeutet, dass Kontext auf observierte, situative Informationen beschränkt ist. Somit werden Informationen, die auf Basis von Hintergrundwissen oder persönlichen Vorlieben abgeleitet oder mit der aktuellen Situation oder Entitäten assoziiert werden können, nicht mit eingeschlossen.

Folgendes Beispiel verdeutlicht die Kontextdefinition von (Dey, 2001):
Für einen Routenplaner stehen Sensoren, die Zugriff auf Informationen wie Zeit, Lokalisation (z.B. durch GPS) und Zustand eines Automobils (beschrieben durch Informationen wie Geschwindigkeit, Tankinhalt, Insassen, usw.) ermöglichen, zur Verfügung. Für die Beschreibung der Situation:

„Alice fährt mittags in einem offenen Cabrio auf der Autobahn nach Köln und hört dabei Radio.“

wären somit für den Routenplaner beispielsweise folgende situationsbeschreibende Informationen durch Sensoren als Kontext erfassbar:

- Es ist Mittag (Zeitsensor).
- Alice fährt im einem Cabrio (Lokalisationssensor für Objekt-Personen-Lokalisationen).
- Alice hört Radio.
- Alice - und somit das Cabrio - befindet sich auf der Autobahn in Richtung Köln (Lokalisationssensor erfasst Positionsdaten).
- Der Tank des Cabrios ist halbvoll. (Tanksensor im Cabrio).

Eine kontextbasierte Anwendung ist somit in der Lage, die vorliegenden Sensorinformationen (Dey'scher Kontext) zu nutzen, um sich oder dargestellte Informationen anzupassen. So erlauben beispielsweise:

- die erfassten Lokalisationsinformationen die ständige Aktualisierung der Position auf der angezeigten Karte,
- Informationen über den Tankinhalt zusammen mit Lokalisationsinformationen die Anzeige von nahe gelegenen Tankstellen auf der Karte, wenn der Tank fast leer ist, oder
- eine Personenerkennung und ein gespeichertes Benutzerprofil die Selektion von Alices präferierten Radiosendern.

Eine weitergehende Interpretation der Situationsbeschreibung wird jedoch nicht durchgeführt. Zu diesem Zweck wird zusätzliches Wissen benötigt, welches entweder aus Hintergrundwissen oder aus personalisierten Profilen gewonnen werden kann. So lassen sich im Fall des obigen Beispiels durch Inferenzmechanismen weitere Aspekte ermitteln, die potentiell für die vorliegende Situation - und somit für eine kontextbasierte Anwendung - relevant sein können:

- Da es Mittag ist und das Carbio offen gefahren wird, ist das Wetter sehr wahrscheinlich sonnig.
- Alice besitzt kein Cabrio.
- Bob ist die einzige Person im Freundeskreis von Alice, die ein Cabrio besitzt. Daher fährt Alice vermutlich mit Bobs Wagen.

Für die Ermittlung von Kontext muss zwischen folgenden Konzepten unterschieden werden:

- der Situation,
- einem *Systemzustand*, der Informationen über die *Anwendungsdomäne*, das *Benutzerprofil* und weitere im Systemzustand abgebildete Konzepte enthält,
- *Sensoren*, die die Situation erfassen und in den Systemzustandsgraphen abbilden,
- dem *Fokus*, der als Ausgangspunkt eines Entscheidungsprozesses für die Ermittlung von Kontext genutzt wird, und
- dem Kontextualisierungsprozess, bei dem für das definierte Ziel mithilfe des Fokus die kontextuell relevanten Informationen ermittelt werden.

Der Zusammenhang zwischen diesen Konzepten wird exemplarisch in Abbildung 3.1 dargestellt.

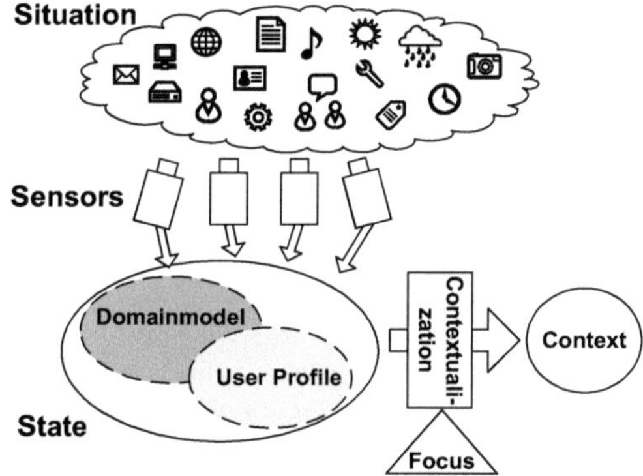

Abbildung 3.1: Zusammenhang zwischen Situation, Sensoren, Zustand und Kontext für kontextbasierte Systeme: Mithilfe von Hardware- oder Sonftwaresensoren (*Sensors*) können Informationen über die aktuelle Situation (*Situation*) erfasst und auf den Zustand (*State*) abgebildet werden. Der Zustand besteht unter anderem aus einem Domänenmodell (*Domainmodel*), das die Anwendungsdomäne repräsentiert, und einem benutzerspezifischen Profil (*User Profile*), in dem Vorlieben und Abneigungen an Konzepten, die im Zustand abgebildet sind, gespeichert sind. Durch Verwendung eines Fokus (*Focus*), als Start eines Entscheidungsprozesses, wird mithilfe eines Kontextualisierungsvorgangs (*Contextualization*) entschieden, welche Elemente des Zustands für die aktuelle Situation relevant sind - dem Kontext (*Context*).

Die *Situation* beschreibt eine Menge von Ereignissen oder Konzepten, die in der realen physikalischen Welt oder in einer virtuellen Umgebung observiert werden können. Die Observation der situationsbeschreibenden Informationen geschieht mithilfe von *Sensoren* (*Sensors*). Die von den Sensoren erfassten Informationen über die Situation werden in den *Systemzustand* (*State*) abgebildet.

Der Systemzustand besteht aus mehreren Komponenten: dem *Domänenmodell* (*Domainmodel*), dem benutzerspezifischen Profil (*User Profile*), Situationsrepräsentationen und weiteren Konzepten (beispielsweise dynamisch zur Laufzeit hinzugefügte Informationen). Das Domänenmodell repräsentiert das vormodellierte Wissen über die Anwendungsdomäne und definiert die semantischen Zusammenhänge zwischen im Systemzustand abgebildeten Konzepten. Das Benutzerprofil wird für die Personalisierung des Systemzustands verwendet und repräsentiert Präferenzen des Benutzers - beispielsweise Vorlieben oder Abneigungen. Durch Sensoren abgebildete Situationsrepräsentationen werden im Systemzustand durch Gewichtung von Beziehungen zwischen Konzepten oder als Aktivierung von Konzepten repräsentiert. Der Einfluss, den das Benutzerprofil auf den Systemzustand ausübt, wird ebenfalls durch Gewichtungen und Aktivierungen repräsentiert. Der Systemzustand enthält somit die Menge von modelliertem Wissen über die Anwendungsdomäne, zur Laufzeit dynamisch hinzugefügter Konzepte und Beziehungen, Situationsrepräsentationen und wird zusätzlich angereichert um Präferenzen des Benutzers durch das Benutzerprofil.

Die große Menge an Informationen, die in einem Systemzustand abgebildet wird, wird für die Ermittlung des *Kontexts* mithilfe von Nebenbedingungen (beispielsweise Schwellenwerten) auf jene Informationen reduziert, die für eine Situation kontextuell relevant sind. Dieser Prozess wird *Kontextualisierung* (*Contextualization*) genannt.

Durch die Abbildung von unterschiedlichen Sensorinformationen im Systemzustand können jedoch auch zu viele oder teilweise widersprüchliche Daten abgebildet werden. Zur Verdeutlichung dieser Problematik betrachten wir folgendes Beispiel:
Eine kontextbasierte Anwendung präsentiert Empfehlungen für Kleidung in einem Webshop. Ein Benutzer ruft den Webshop auf, während es draußen bei 30°C heftig regnet. Sensoren erfassen die Wetterinformationen und bilden sie auf Konzepte im Systemzustand ab. Die kontextbasierte Anwendung kann nur auf Basis der abgebildeten Situationsbeschreibungen keine Entscheidung treffen, was für Empfehlungen generiert werden sollen. Was ist ausschlaggebend? Der Regen oder die Temperatur?

Die Lösung dieser Problematik lässt sich vom Vorgang der kognitiven Verarbeitung des Menschen - der *selektiven Wahrnehmung* - ableiten. Selektive Wahrnehmung beschreibt ein psychologisches Phänomen, bei dem - bis auf wenige bestimmte Wahrnehmungen - alle anderen Aspekte ausgeblendet werden (für weitere Informationen siehe (Hastorf, 1954) oder (Pronin, 2007)). Nur die Aspekte einer Situation, auf die besonders geachtet wird, sind kontextuell relevant und somit Teil des *Kontexts*.

Bezogen auf den Kontextualisierungsprozess bedeutet dies, dass das System eine Entscheidung bezüglich des Adaptionsziels treffen muss: Sollen Kleidungsstücke für warmes Wetter (beispielsweise kurze Hosen) oder für Regenwetter (schwere Regenmäntel) angezeigt werden? Dieses Ziel wird als Ausgangspunkt des Kontextermittlungsprozesses verwendet und wird als *Fokus* (*Focus*) bezeichnet. Der Fokus wird in der Regel in Abhängigkeit des Nutzerziels definiert. Für das obige Beispiel kann dies bedeuten, dass der Benutzer die Kategorie „Sommerkleidung“ ausgewählt hat und erwartet, Sommerkleidung zu sehen. Schwere Regenmäntel, die vor allem für kältere und regnerische Herbsttage gedacht sind, wären kontextuell unpassend.

Ausgehend von der Definition von (Dey, 2001) wird für diese Arbeit *Kontext* folgendermaßen definiert:
„Kontext umfasst alle Informationen, die für das Erreichen eines Adaptionsziels in einer vorliegenden Situation relevant sind. Der Entscheidungsprozess, der definiert, welche Informationen kontextuell relevant sind, wird Kontextualisierung genannt. Der Kontextualisierungsprozess ordnet in Abhängigkeit der Zielsetzung jedem bekannten Konzept (Domänenwissen, Situationsbeschreibungen, Benutzerprofil oder beliebige bekannte Konzepte und Artefakte) einen Nutzen für die vorliegende Situation zu. Relevanter Kontext wird durch das Setzen eines Fokus im Kontextualisierungsprozess ermittelt. Der Fokus ist abhängig vom aktuellen Adaptionsziel.“

Der so ermittelte Kontext ist nicht zwangsläufig für den Benutzer einer Anwendung nachvollziehbar und wird dem Benutzer üblicherweise auch nicht präsentiert. Der Kontext ist vielmehr die Ausgangsbasis der Entscheidung der Anwendung, was für eine Adaption durchgeführt werden soll. Somit verwendet eine kontextbasierte Anwendung die ermittelten relevanten Informationen in einer vorliegenden Situation (den Kontext), um für das System, die Anwendung oder dem Benutzer Anpassungen durchzuführen.

3.2 Anforderungen an das Kontextmodell

Die im Kapitel 3.1 vorgestellte Kontextdefinition unterscheidet zwischen der Situation und dem mithilfe des Kontextualisierungsprozesses ermittelten Kontext. Der Kontextualisierungsprozess entspricht einer Selektion von kontextuell relevanten Informationen, die einen hohen Nutzen für ein definiertes Nutzerziel - dem Fokus - in einer Situation haben.

Ein für die vorgestellte Kontextdefinition geeignetes Kontextmodell sollte

- eine flexible Struktur besitzen, um verschiedene Arten von Informationen darin abbilden zu können.
- ausdrucksstark sein, um verschiedenartige Wissenskonzepte und Kontextinformationen unterscheiden zu können.
- personalisierbar sein, damit es sich an Benutzer möglichst optimal anpassen kann.
- generalisiert sein, um unterschiedliche Verfahren zur Ermittlung von Kontext zu unterstützen.

Zusätzlich lassen sich weitere Anforderungen an ein generalisiertes Kontextmodell stellen, nämlich dass es

- dynamisch erweiterbar sei, um zur Anwendungslaufzeit Wissenskonzepte hinzufügen zu können.
- strukturiert sein soll, um Erweiterungen und Anpassungen korrekt durchführen und steuern zu können.

- vergleichbar sein soll, um Mengen von personalisierten Kontextmodellen miteinander vergleichen zu können.

Flexibilität und Ausdrucksstärke sind erforderlich, damit im Kontextmodell eine Reihe von unterschiedlichen Informationen abgebildet werden können. Im Modell müssen zwischen Situationsbeschreibungen, Fokus, Domänenwissen, Informationen aus dem Benutzerprofil und zur Laufzeit dynamisch hinzugefügten Konzepten unterschieden werden. Domänenwissen und Informationen aus dem Benutzerprofil stellen eine persistente Art von Informationen dar und werden selten verändert. Situationsbeschreibungen und Fokus verändern sich hingegen stetig von Situation zu Situation.

Personalisierbarkeit ist erforderlich, damit das System Vorlieben und Interessen des Benutzers speichern (oder erlernen) kann. Diese persönlichen Informationen können dazu genutzt werden, den zu ermittelnden Kontext besser auf Bedürfnisse und Interessen des Benutzers zuschneiden zu können.

Grundsätzlich soll das Kontextmodell generalisierbar sein, damit das Kontextmodell nicht auf nur einige wenige Kontextermittlungsverfahren beschränkt ist. Außerdem soll das Kontextmodell nicht auf wenige Situationsbeschreibungen oder Anwendungsszenarien beschränkt sein.

Ausdrucksstärke und Strukturierung werden bei der dynamischen Erweiterung des Modells benötigt. Damit neue Informationskonzepte in das Kontextmodell in einer verständlichen Form abgebildet werden können, muss eine Einordnung der neuen Informationen auf Basis von im Modell abgebildeten, abstrakten Wissenskonzepten erfolgen. Abstrakte Wissenskonzepte beschreiben hierbei Klassen von Informationskonzepten, Regeln und Beziehungen, die zwischen Wissenskonzepten auftreten können.

Basierend auf den vorgestellten abstrakten Anforderungen an das Kontextmodell lassen sich konkrete Anforderungen ableiten: Das Hintergrundwissen - im Folgenden als *Domänenmodell* bezeichnet - soll eine Mischung von konkreten Wissensinhalten und abstrakten Wissenskonzepten mit Klassen, Regeln und Beziehungen repräsentieren. Diese strukturierte Form findet sich beispielsweise in Ontologien wieder.

Ontologien repräsentieren eine Menge von Begriffen. Zusätzlich beschreiben sie zwischen den Begriffen bestehende Beziehungen. Ontologien beschränken sich hierbei auf einen bestimmten Gegenstandsbereich und enthalten zusätzlich Inferenz- und Integritätsregeln, die zu Schlussfolgerungsprozessen und für die Überprüfung der Gültigkeit des repräsentierten Wissens genutzt werden können. Eine Ontologie besteht aus folgenden Elementen:

- *Instanzen*, die Objekte der Ontologie und somit das zur Verfügung stehende Wissen darstellen. Diese werden durch vorher definierte Begriffe erzeugt (beispielsweise *„Köln“* als Instanz von *„Stadt“*).
- *Klassen*, die Objekttypen, Mengen oder Konzepte repräsentieren (beispielsweise *„Stadt“* als Typ der Instanz *„Köln“*). Klassen können strukturell in Unter- und Überklassen unterteilt werden.

- *Relationen*, die beschreiben, wie Instanzen und Klassen miteinander in Beziehung stehen können (beispielsweise: die Stadt *„Köln“* liegt im Land *„Deutschland“*).
- *Axiome* sind Aussagen innerhalb der Ontologie, die wahr sind. Axiome werden zur Repräsentation von Wissen, das nicht aus anderen Begriffen und Relationen abgeleitet werden kann, verwendet (z.B. „Zwischen Europa und Amerika existiert keine Zugverbindung.“).

Ontologien lassen sich mithilfe der *Web Ontology Language* (OWL[23]) oder mithilfe von RDF[24] beschreiben. Ein Großteil der in Ontologien beschriebenen Beziehungen lassen sich in Form von Tripeln von *Subjekt*, *Prädikat* und *Objekt* darstellen und repräsentieren Elementaraussagen (beispielsweise: *„Deutschland ist ein Land.“*).

Ein Benutzerprofil stellt eine Repräsentation von benutzerspezischen Präferenzen dar. Der Benutzer speichert in seinem Profil, welche Art von Informationen für ihn interessant sind, und welche nicht. Um das Benutzerprofil im Kontextmodell einzubeziehen, muss zunächst zwischen statischen und dynamischen Präferenzen unterschieden werden. Statische Präferenzen werden von Benutzern gesetzt oder können von einem System detektiert werden. Statische Präferenzen entsprechen einem Interesse an abgebildeten Konzepten. Wenn der Benutzer eine Bewertung von *Pizza* vornimmt, entspricht dies einer statischen Präferenz: der Benutzer gibt an, wie gerne er *Pizza* mag. Dynamische Präferenzen beschreiben ein Interesse oder eine Präferenz in Abhängigkeit von vorliegenden situationsbeschreibenden Faktoren. Eine Aussage des Benutzers *„In Köln esse ich nicht gerne Pizza, sondern lieber Pasta.“* entspricht zwei dynamischen Präferenzen - einer Vorliebe und einer Abneigung: zum einen mag der Benutzer in Köln keine Pizza essen, zum anderen isst er in Köln gerne Pasta. Da das Benutzerprofil durch Aktionen des Benutzers stetig angepasst werden kann, muss auch im Kontextmodell sichergestellt werden, dass nicht nur im Profil enthaltenen Informationen abgebildet werden, sondern diese auch dynamisch hinzugefügt oder verändert werden können.

Weitere wichtige Aspekte, die im Kontextmodell abgebildet werden müssen, sind *Situationsbeschreibungen* und *Fokus*. Situationsbeschreibungen werden üblicherweise durch Sensoren, Klassifikationssysteme oder durch benutzerspezifische Aktionen (beispielsweise Feedback durch abgegebene Bewertungen oder durch Definitionen in Systemeinstellungen) erfasst und verändern sich stetig. Sensoren verarbeiten kontinuierlich erfasste Daten aus der physikalischen oder digitalen Welt und bilden die erfassten Daten auf einen oder mehrere diskrete Werte ab. Für das Kontextmodell ist es unpraktisch, kontinuierlich Rohdaten abbilden zu müssen. Stattdessen sollen nur diskrete Messergebnisse im Kontextmodell abgebildet werden. Diese Werte sind jedoch nicht immer eindeutig und können mitunter widersprüchlich sein oder kein konkretes Ergebnis liefern. Wenn beispielsweise ein Lokalisationssensor anzeigt, dass eine Person sich sowohl in *Düsseldorf* wie auch in *Neuss* befindet, obwohl diese Person sich an der Grenze zwischen beiden Städten befindet, dann besitzen diese

[23] Für eine ausführlichere Beschreibung von OWL siehe *http://www.w3.org/TR/2004/REC-owl-guide-20040210/*. Stand 24. November 2014

[24] *RDF* steht für *Resource Description Framework*. RDF wird für die Formulierung von logischen Aussagen über Ressourcen (Dinge) genutzt. Für eine ausführliche Beschreibung von RDF siehe *http://www.w3.org/TR/2004/REC-rdf-mt-20040210/*. Stand 24. November 2014.

Informationen keine Eindeutigkeit. In solchen Fällen ist es hilfreicher, wenn das Sensorergebnis als mit Wahrscheinlichkeit behaftet interpretiert wird. Im obigen Beispiel kann dies bedeuten, dass der Sensor sicherer ist (beispielsweise repräsentiert durch eine hohe Wahrscheinlichkeit > 0.5), dass der Benutzer in Düsseldorf ist, statt in Neuss (Wahrscheinlichkeit < 0.5).

Der Fokus stellt den Ausgangspunkt des Entscheidungsverfahrens dar, bei dem kontextuell relevante von irrelevanten Informationen getrennt werden. Der Vorgang dieses Entscheidungsverfahrens wird als *Kontextualisierung* bezeichnet. Der Fokus entspricht der Entscheidung des Adaptionsmechanismus hinsichtlich der Zielsetzung in einer Situation: Wenn Alice am Computer arbeitet und einen Projektplan erstellen muss, verfolgt sie ein anderes Ziel, als wenn sie an einer Anwendung programmiert, obwohl ihre Situation (sie befindet sich in ihrem Büro, an ihrem Rechner, hat die gleichen Programme auf, usw.) gleich ist. Der Fokus kann automatisiert vom System erfasst (beispielsweise durch Sensoren oder Klassifikationssysteme), kann jedoch auch vom Benutzer gewählt werden. Das Kontextmodell muss in der Lage sein, Situationsbeschreibungen und Fokus abzubilden. Situationsbeschreibungen und Fokus müssen stetig aktualisierbar sein. Zusätzlich muss das Kontextmodell durch geeignete Verfahren kontextualisierbar sein.

Ein Kontextmodell, das bereits zahlreiche der Anforderungen beinhaltet, wurde unter Mitwirkung des Autors in (Haake et al., 2009) entwickelt. Das konzeptuelle Kontextmodell für kollaborativen Einsatz von (Haake et al., 2009) unterscheidet zwischen Hintergrundinformationen, Sensorinformationen, die die Situation beschreiben, Kontextualisierungsregeln und Anpassungsregeln. Zu diesem Zweck wird zwischen vier Schichten unterschieden:

1. einer *Wissensschicht*, die Faktenwissen und Wissen über Konzepte der Anwendungsdomäne beinhaltet. Diese neutrale Schicht ist benutzer- und situationsunabhängig und enthält nur Infomationen über die Anwendungsdomäne, die sich selten oder nie ändern. Die Informationen der Anwendungsdomäne verwendet Typen, Instanzen, Klassen, Relationen und Relationstypen. Das Wissen über die Anwendungsdomäne wird in *abstraktes Wissen* (beispielsweise: *Ein Land hat eine Hauptstadt.*) und *konkretes Wissen* (beipielsweise: *Berlin ist die Hauptstadt von Deutschland.*) unterschieden.
2. einer *Zustandsschicht*, die Informationen über die Situation, Resourcen, Umgebung und Benutzer enthält. Mithilfe von Sensoren und Sensorregeln können systeminterne und externe Informationsquellen berücksichtigt und Benutzerverhalten (beispielsweise ein Benutzer klickt auf einen Link) überwacht werden. Der Zustand wird durch einen gerichteten Graphen mit Knoten und Kanten repräsentiert. Dieser *Zustandsgraph* weist jeder Relation einen *„Wahrheitswert“* zwischen 0 und 1 als Kantenstärke zu.
3. einer *Kontextualisierungsschicht*, die mithilfe von Kontextualisierungsregeln eine für einen gegebenen Fokus relevante Untermenge des Zustandsgraphen ermitteln kann. In dieser Schicht wird der Zustand interpretiert, um kontextuell relevante Informationen zu erhalten. Als exemplarische Verfahren dieses

Filterungsprozesses werden Wenn-Dann-Regeln oder *SPARQL*[25] vorgeschlagen.

4. einer *Anpassungsschicht*, in der Regeln auf Basis des in der Kontextualisierungsschicht ermittelten Kontext selektiert werden. Als Anpassungsregeln werden Wenn-Dann-Regeln vorgeschlagen, um Aktionen auszulösen, wie beispielsweise: *Wenn Dokument A wichtig ist, dann zeige Dokument A.*

Das mehrschichtige Kontextmodell aus (Haake et al., 2009) ist sehr gut dazu geeignet, um einen Großteil der vorgestellten Anforderungen an das Kontextmodell zu repräsentieren.

Zusätzlich zu den bisher beschriebenen Anforderungen sollen im Rahmen dieser Arbeit weitere gruppenspezifische Anforderungen berücksichtigt werden. In einer Gruppe aus mehreren Benutzern kann nicht immer davon ausgegangen werden, dass sich jedes Gruppenmitglied in derselben Situation befindet, den gleichen Fokus hat oder dieselben Präferenzen im Benutzerprofil besitzt. Dies gilt insbesondere dann, wenn beispielsweise in verteilten Teams an unterschiedlichen Orten Benutzer an einem gemeinsamen Ziel arbeiten: Wenn der Benutzer *Alice* in *Berlin* ist und mit dem Benutzer *Bob* in *New York* zusammen an einem Projekt arbeitet, so unterscheiden sich Situationsbeschreibungen, wie beispielsweise Uhrzeit und Ort, aber möglicherweise auch Aufgaben und Ziele voneinander. Für ein *Gruppenkontextmodell* bedeutet dies, dass entweder ein Modell für die gesamte Gruppe genutzt, oder für jeden Benutzer ein eigenes benutzerspezifische Kontextmodell verwendet wird.

Um das Kontextmodell auch für Personengruppen verwenden zu können, muss es zusätzlich in der Lage sein

- Personen und Beziehungen zwischen Personen und Entitäten zu repräsentieren,
- Benutzergruppen abzubilden und
- personalisierte, benutzerspezifische Kontextmodelle zu einem Gruppenkontextmodell zu vereinigen.

Die Herausforderung besteht nun darin, die beschriebenen Anforderungen mit dem in (Haake et al., 2009) präsentiertem Kontextmodell zu vereinen. Zusammenfassend muss das Kontextmodell in der Lage sein, folgende Informationen zu beschreiben:

- Situationsbeschreibungen,
- Hintergrundwissen, bestehend aus Domänenmodell und Benutzerprofil,
- Relationen zwischen Situationsbeschreibungen und Wissensrepräsentationen des Hintergrundwissens,
- Relationen zwischen Situationsbeschreibungen oder zwischen Hintergrundwissen,
- einen Bezugspunkt (Fokus) für die Selektion des Kontexts,
- Unterstützung des Merging von Kontextmodellen.

Im Kapitel 3.3 wird das graphbasierte Zustandsmodell des Kontextmodells - im Folgenden als *Zustandsgraph* bezeichnet - formal definiert.

[25] SPARQL steht für SPARQL Protocol And RDF Query Language und ist eine graphbasierte Abfragesprache für RDF-Abfragen. Für weitere Informationen siehe auch: http://www.w3.org/TR/sparql11-overview/ (Stand: 24. November 2014)

3.3 Formale Definition des Kontextmodells auf Basis von Graphen

Um die im Kapitel 3.2 beschriebenen Anforderungen an das Kontextmodell in einem Graphen abbilden zu können, müssen für die Abbildung der jeweiligen Informationskonzepte geeignete Repräsentationen gewählt werden. Zur Verfügung stehen in einem Graphen neben Knoten und Kanten noch weitere Attribute, um beispielsweise Bezeichner (Label), Aktivierungen an Knoten oder Gewichtungen an Kanten repräsentieren zu können.

Es werden folgende Designentscheidungen getroffen:

- Das Domänenmodell soll formal durch eine Ontologie repräsentiert werden. Der Informationsgehalt der Ontologie kann in einem gerichteten Graphen mithilfe von Knoten und Kanten und Bezeichnern (Label) beschrieben werden. Eine Typisierung in Klassen und Instanzen von Knoten erfolgt mithilfe von Labeln.
- Das Benutzerprofil wird durch Knoten und Kanten im Graphen abgebildet. Eine Präferenz, die für ein im Benutzerprofil abgebildetes Interesse an einem Konzept steht, kann durch eine Aktivierung an dem Knoten abgebildet werden, der das Konzept repräsentiert. Präferenzen werden überlichweise durch Aktionen von Benutzern gesetzt. Konditionale Präferenzen zwischen Situationsbeschreibungen und Wissenskonzepten werden durch Gewichtungen an Kanten, die die Knoten verbinden, repräsentiert.
- Situationsbeschreibungen werden durch Knoten in einem Graphen abgebildet. Ihr jeweiliger Einfluss auf die Situation wird durch Aktivierungen an den Knoten oder durch Gewichtungen an Kanten repräsentiert.
- Regeln, die beschreiben, welche Art von Relationen zwischen Wissenskonzepten und/oder Situationsbeschreibungen bestehen können, können bereits im Domänenmodell definiert werden. Im Kontextmodell werden sie durch Kanten zwischen Klassenknoten repräsentiert.
- Relationen, die zwischen Wissenskonzepten und/oder Situationsbeschreibungen bestehen, werden durch Kanten im Graphen repräsentiert.
- Personen werden als Knoten im Graphen abgebildet.
- Der Fokus des Benutzers auf Wissenskonzepte (Knoten) wird durch eine Aktivierung an den im Fokus stehenden Knoten repräsentiert.

Für das Domänenmodell muss eine Beschreibungssprache gewählt werden, die die vorliegenden Designentscheidungen unterstützt. Für Ontologien wird häufig OWL als Beschreibungssprache gewählt. OWL unterscheidet zwischen drei Varianten: *OWL Lite*, *OWL DL* und *OWL Full*. OWL Lite soll insbesondere für einfache Klassifikationen und Taxonomien verwendet werden und stellt daher nur wenige Sprachkonstrukte und Einschränkungen zur Verfügung. OWL Lite ist als Beschreibungssprache für das Domänenmodell nicht geeignet. Grundsätzlich kann davon ausgegangen werden, dass zwei Konzepte durch mehrere Beziehungen miteinander verbunden sein können. Während OWL DL und OWL Full solche Beziehungen abbilden können, ist dies in OWL Lite nicht möglich. OWL DL erweitert OWL Lite um weitere Sprachkonzepte. OWL DL ermöglicht die Abbildung von Beschreibungslogik (daher auch der Zusatz *DL* für *description logic*) und ermöglicht mehrere Beziehungen zwischen Konzepten.

OWL Full wird für eine maximale syntaktische Freiheit und Ausdrucksmöglichkeit verwendet. Daher verzichtet OWL Full auf Einschränkungen, die für OWL DL gelten (beispielsweise sind in OWL Full Klassen auch als Instanzen nutzbar). Als Repräsentation des Domänenmodells wird daher in dieser Arbeit OWL DL als Beschreibungssprache gewählt[26].

Das graphbasierte Kontextmodell basiert zunächst auf einem *gerichteten Graphen* G_{dir}. Der gerichtete Graph wird dann erweitert, um das Modell der Anwendungsdomäne abbilden zu können. Der resultierende Graph wird *Graph des Domänenmodells* G_{dom} genannt. Ausgehend vom Graph des Domänenmodells wird dann das eigentliche graphbasierte Kontextmodell - der *Zustandsgraph* - definiert. Abbildung 3.2 illustriert die Abhängigkeit der formalen Definitionen der Graphen voneinander.

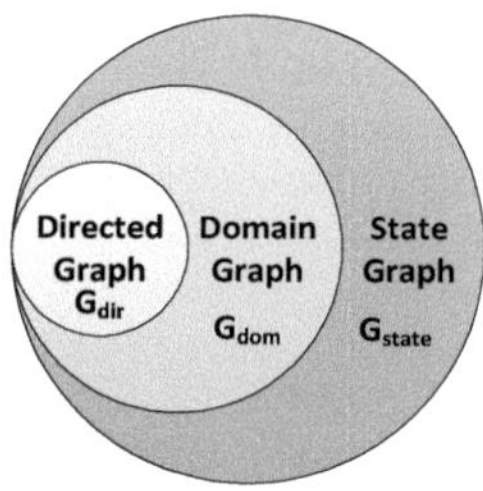

Abbildung 3.2: Abhängigkeit der formalen Graph-Definitionen voneinander: Auf Basis eines *gerichteten Graphen* G_{dir} (*directed graph*) wird zunächst der *Graph des Domänenmodells* (*domain graph*) G_{dom}, und dann auf Basis von diesem der *Zustandsgraph* G_{state} (*state graph*) definiert.

Das Merging von Zustandsgraphen zur Generierung von Kontext für Benutzergruppen wird im Kapitel 3.9 erläutert.

3.3.1 Formale Definition eines gerichteten Graphen

Ein gerichteter Graph G_{dir} besteht aus Knoten N und Kanten E. Jeder Kante $e_{ij} \in E$ wird durch Zuordnungsfunktionen src und tgt jeweils ein Knoten $n_i \in N$ als Ursprungs- und ein Knoten $n_j \in N$ als Zielknoten zugeordnet. Der Graph G_{dir} wird definiert als Tupel:

$$G_{dir} = (N, E, src, tgt) \tag{3.1}$$

mit der Ursprungsfunktion src für Kanten E:

$$src : E \to N \tag{3.2}$$

und der Zielfunktion tgt für Kanten E:

$$tgt : E \to N \tag{3.3}$$

[26] Eine Übersicht über die Sprachkonstrukte und unterschiedliche Varianten von OWL findet sich unter: http://www.w3.org/TR/owl-ref/ (Stand: 24. November 2014)

3.3.2 Formale Definition eines gerichteten, gewichteten Graphen zur Repräsentation des Domänenmodells

Für die Repräsentation eines OWL-basierten Domänenmodells in einem Graphen G_{dom} reicht ein gerichteter Graph G_{dir} nicht aus. Der gerichtete Graph G_{dir} muss zusätzlich um Attribute erweitert werden, um so eine Knotentypisierung und die Bezeichnung (Labels) von Kanten und Knoten zu ermöglichen. Der resultierende gerichtete und attributierte Graph als Repräsentation des Domänenmodells wird Graph des Domänenmodells G_{dom} genannt.

Die Typisierung der Knoten N des Graphen des Domänenmodells G_{dom} erfolgt durch eine Zuordnungsfunktion ψ, die jedem Knoten eindeutig einen Knotentyp aus $\Psi = \{Class, Instance\}$ zuordnet.

$$\psi : N \to \Psi \tag{3.4}$$

Durch die Knotentypisierung teilt sich die Menge aller Knoten N des Graphen G_{dom} in Instanzknoten $N_I \subseteq N$ und Klassenknoten $N_C \subseteq N$ und repräsentiert so die Unterscheidung von Klassen und Instanzen im Domänenmodell. Es gilt:

$$N = N_C \cup N_I \quad \text{mit} \quad N_C \cap N_I = \emptyset \tag{3.5}$$

Jedem Instanzknoten $n_i \in N_I$ wird durch eine Kante $e_{ij} \in E$ mindestens ein Klassenknoten $n_j \in N$ zugeordnet.

Es gilt:

$$\begin{aligned} \forall n_i \in N_I \exists n_j \in N_c : \quad \exists e_{ij} \in E : \quad & (src(e_{ij}) = n_i \quad \wedge \quad tgt(e_{ij}) = n_j) \quad \vee \\ & (src(e_{ij}) = n_j \quad \wedge \quad tgt(e_{ij}) = n_i) \end{aligned} \tag{3.6}$$

Relationen des Domänenmodells werden durch Bezeichner L_E, Klassen und Instanzen werden durch eindeutige Bezeichner L_N identifiziert. Die Zuordnung von Knoten- und Kantenlabels in G_{dom} erfolgt durch Zuordnungsfunktionen (im Folgenden *Labelfunktionen* genannt): Knoten $n_i \in N$ werden mithilfe einer bijektiven Labelfunktion λ_N Bezeichnern $l_k \in L_N$ eineindeutig zugeordnet; Kanten $e_j \in E$ werden durch eine surjektive Labelfunktion λ_E einem Bezeichner $l_m \in L^E$ zugeordnet. Es gilt:

$$\lambda_N : N \to L_N \tag{3.7}$$

$$\lambda_E : E \to L_E \tag{3.8}$$

Durch Verwendung von Labelfunktionen und Knotentypisierung lässt sich der Graph des Domänenmodells G_{dom} somit als Tupel

$$G_{dom} = (N, E, src, tgt, \Psi, \psi, L_N, \lambda_N, L_E, \lambda_E) \tag{3.9}$$

definieren.

3.3.3 Formale Definition von Zustandsgraphen

Zustandsgraphen erweitern den Graphen des Domänenmodells zusätzlich um Kantengewichte und Knotenaktivierungen, um so situative Informationen (Situationsbeschreibungen, Fokus und benutzerspezifische Präferenzen aus dem Benutzerprofil) zu repräsentieren (vergleiche Kapitel 3.2).

Situative Informationen werden üblicherweise durch externe (z.B. GPS[27] für Lokalisationsinformationen) oder interne Sensoren (beispielsweise Erfassung von geöffneten Anwendungen oder Dokumenten) erfasst. Die ermittelten Daten lassen sich jedoch häufig nicht direkt in einen Zustandsgraphen G_{state} übertragen. Es ist unpraktisch, jede mögliche numerisch erfassbare Temperatur durch einen eigenen Knoten im Graphen abbilden zu lassen. Daher wird zur Vereinfachung eine nominale Menge von Temperaturen (heiß, kalt, etc.) verwendet. Dies bedeutet, dass die Daten zunächst interpretiert und dann auf Knoten des Zustandsgraphen abgebildet werden müssen (der Ablauf dieses Abbildungsvorgangs wird im Kapitel 5.4 detailliert vorgestellt). Diese Knoten $N_K \subseteq N$ repräsentieren Situationsbeschreibungen. Die Abbildung der Sensordaten auf Knoten $n_i \in N$ des Zustandsgraphen zu einem Zeitpunkt $t \in T$ wird *situative Aktivierung* $a_k^t \in A^t$ genannt. Situative Aktivierungen beschreiben einen Erfüllungsgrad der Informationen, die durch Knoten als Situationsbeschreibungen $N_K \subseteq N$ im Zustandsgraphen repräsentiert werden. Zu diesem Zweck wird eine *Aktivierungsfunktion* μ verwendet, die jedem Knoten $n_i \in N$ zu jedem Zeitpunkt $t \in T$ einen Wert des Werteintervalls $[0;1]$ als Aktivierung $a_i^t = \mu(n_i, t)$ zuordnet. Es gilt:

$$\mu : N \times T \rightarrow [0;1] \tag{3.10}$$

Der Fokus F^t zu einem Zeitpunkt $t \in T$ wird entweder manuell durch Benutzer gesetzt oder automatisch mithilfe von Sensoren ermittelt (beispielsweise durch Verfolgung des Klickverhaltens auf einer Webseite). Der Fokus wird für den Kontextualisierungsvorgang benötigt, um kontextuell relevante Informationen im Kontextmodell zu identifizieren. Die Repräsentation des Fokus im Zustandsgraphen G_{state} erfolgt mithilfe einer *Fokusfunktion* ν, die zu einem Zeitpunkt t Knoten $n_i \in N$ einen Wert von $\{0;1\}$ zuordnet[28]. Der Wert des Fokus $f_i^t \in F^t, f_i^t = \nu(n_i, t)$ für einen Knoten $n_i \in N$ repräsentiert hierbei das Adaptionsziel des Systems.

$$\nu : N \times T \rightarrow \{0;1\} \tag{3.11}$$

Kanten eines Zustandsgraphen beschreiben Beziehungen zwischen den abgebildeten Konzepten. Kanten E lassen sich in Domänenkanten E_D und situative Kanten E_K mit $E_D \subseteq E, E_K \subseteq E, E_K \cap E_D = \emptyset$ unterscheiden. Domänenkanten beschreiben Beziehungen, die durch das Domänenmodell spezifiziert werden. Hierzu gehören Beziehungen zwischen Klassen, sowie Fakten (beispielsweise die Aussage *„Berlin ist die Hauptstadt von Deutschland.“*). Die unterschiedlichen Arten von Kanten des Zustandsgraphen werden mithilfe einer Typisierungsfunktion θ unterschieden. Es gilt:

$$\theta : E \rightarrow \Theta, \quad mit \quad \Theta = \{Domain, Situative\} \tag{3.12}$$

[27] Global Positioning System

[28] Grundsätzlich wäre auch die probabilistische Verteilung des Fokus denkbar. Dies wird im Rahmen dieser Arbeit jedoch nicht weiter thematisiert.

Mithilfe einer Gewichtungsfunktion σ lässt sich jeder Kante $e_i \in E$ des Zustandsgraphen zu einem Zeitpunkt $t \in T$ ein Kantengewicht $w_i^t \in W, w_i^t \in [-1; 1]$ zuordnen. Es gilt:

$$\sigma : E \times T \rightarrow [-1; 1] \tag{3.13}$$

Die Bedeutung des Kantengewichts $w_i^t = \sigma(e_i, t)$ unterscheidet sich bei Domänenkanten und situativen Kanten. Domänenkanten beschreiben optional den Wahrheitsgehalt einer im Domänenmodell abgebildeten Aussage oder Regel und werden explizit modelliert. Situative Kanten beschreiben hingegen eine situationsabhängige, konditionale Präferenz des Benutzers.

Domänenkanten beschreiben Wissensaussagen oder Regeln, die entweder wahr (Kantengewicht von $w_i = 1$) oder falsch sind (Kantengewicht von $w_i = 0$). Situative Kanten des Zustandsgraphen beschreiben von der Situation abhängige Präferenzen des Benutzers. Situative Kanten repräsentieren meist Wenn-Dann-Regeln wie *„Wenn ich in Bonn bin, dann esse ich häufig Pizza.“* (Kantengewicht $w_i^t \approx 0.8$). Situative Kanten können in Abhängigkeit des Kantentyps unterschiedliche, semantische Bedeutung der Aussage repräsentieren, wie beispielsweise

- Häufigkeiten: *„Wenn ich in Bonn bin, dann esse ich häufig Pizza.“*
- bedingte Wahrscheinlichkeiten: *„Wenn ich in Bonn bin, dann esse ich mit großer Wahrscheinlichkeit Pizza.“*
- Präferenzen: *„Wenn ich in Bonn bin, dann esse ich gerne Pizza.“* oder
- konditionalen Aktivierungsfluss: *„Wenn ich Bonn, dann Pizza.“*

Ein positives Kantengewicht $w_i^t > 0$ repräsentiert beispielsweise eine Vorliebe, während ein negatives Kantengewicht $w_i^t < 0$ eine Abneigung des Benutzers abbildet. Situative Kanten werden entweder auf Basis von explizitem Feedback durch den Benutzer, durch Auswertung des Benutzerprofils oder mithilfe von Lernmechanismen, die das Benutzerverhalten aufzeichnen und auswerten, erstellt. Das Erlernen von situativen Kanten hat jedoch den Nachteil, dass viele Daten (beispielsweise Pfade, die bei der Kontextualisierung durchlaufen werden) gespeichert und kontinuierlich ausgewertet werden müssen, so dass diese Anwendungen durch fehlende Skalierbarkeit beschränkt sind. Eine situative Kante kann nur dann erstellt werden, wenn im Domänenmodell eine Kante zwischen Klassen des Domänenmodells deklariert worden ist. Nur dann kann eine Kante zwischen Instanzen dieser Klassen eingefügt werden. Die Erstellung von situativen Kanten wird von der jeweiligen kontextbasierten Anwendung aus gesteuert und wird im Rahmen dieser Arbeit nicht weiter thematisiert.

Abbildung 3.3 zeigt den Unterschied zwischen Domänenkanten und situativen Kanten. Während die Domänenkante aus dem Modell die Aussage *„Berlin ist die Hauptstadt von Deutschland.“* (*„Berlin isCapitalOf Germany.“*) als Fakt aus dem Domänenmodell festhält, ist eine von der Situation abhängige Präferenz zwischen der Situationsbeschreibung *Berlin* und *Pizza* gegeben (*„In Berlin esse ich Pizza.“* - *„Berlin Eating Pizza.“*).

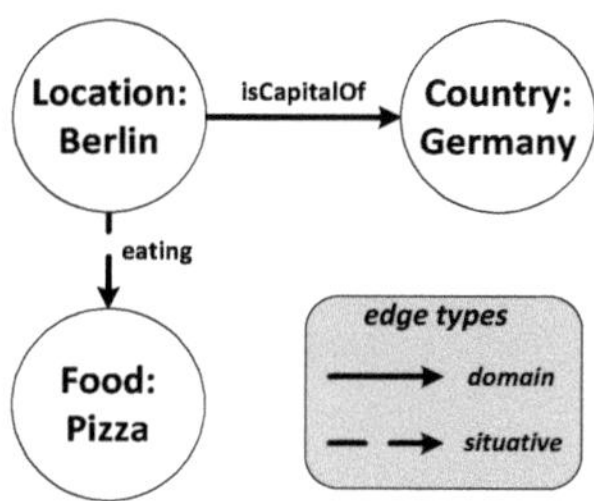

Abbildung 3.3: Exemplarischer Auszug aus einem Zustandsgraphen mit der Kantentyp-Unterscheidung zwischen Domänenkanten und situativen Kanten. Die Domänenkante *isCapitalOf* zwischen den Knoten *Berlin* und *Germany* beschreibt die Information aus dem Domänenmodell, dass Berlin die Hauptstadt von Deutschland ist, die situative Kante *eating* hingegen die Präferenz eines Benutzers, in Berlin Pizza zu essen.

Neben dynamischen Präferenzen eines Benutzers (repräsentiert durch Kantengewichte an situativen Kanten) lassen sich ebenfalls statische Präferenzen des Benutzerprofils abbilden. Statische Präferenzen entsprechen einem gespeicherten Interesse an einem Konzept (Klasse) oder Information (Instanz) und können somit an Knoten N des Zustandsgraphen durch ein Attribut repräsentiert werden. Das Interesse $i_k^t \in I^t$ eines Benutzers an einer durch einen Knoten $n_k \in N$ repräsentierten Entität zu einem Zeitpunkt $t \in T$ wird mithilfe einer *Interessenfunktion* ι auf einen Wert des Intervalls $[-1; 1]$ abgebildet. Es gilt:

$$\iota : N \times T \rightarrow [-1; 1] \tag{3.14}$$

Abbildung 3.4 zeigt einen Auszug des Zustandsgraphen eines Benutzers *Bob* mit situativen und statischen Präferenzen. *Bob* schaut sehr gerne den Film *Matrix* (repräsentiert durch $i_{Matrix} = 0.8$), jedoch mag er den Film *21 Dresses* nicht ($i_{21Dresses} = -0.1$). Diese Präferenzen können jedoch variieren, wenn weitere Faktoren einen Einfluss ausüben. Wenn *Bob* mit seinem Freund *Charly* zusammen einen Film sieht, dann wird der Film *Matrix* eher selten geschaut. Der Grund für diese Präferenz mag in einer Abneigung von Charly zu diesem Film ($w = 0.3$) begründet sein. Schaut *Bob* jedoch mit seiner Freundin *Alice* einen Film, so mag er ihr zuliebe den Film *21 Dresses* ($w = 0.9$) präferieren. Auf *Matrix* verzichtet er hier bewusst ($w = -1.0$), da er weiß, dass *Alice* den Film überhaupt nicht mag.

Ein Zustandsgraph G_{state} wird somit definiert als Tupel

$$G_{state} = (N, E, src, tgt, \Psi, \psi, L_N, \lambda_N, L_E, \lambda_E, \Theta, \theta, \iota, \mu, \nu, \sigma) \tag{3.15}$$

von Knoten N und Kanten E, Ursprungs- und Zielfunktion src und tgt für Kanten E, Knotentypisierungsfunktion ψ, die jedem Knoten $n \in N$ einen Knotentyp in Ψ zuordnet, Kantentypisierungsfunktion θ, die jeder Kante $e \in E$ einen Kantentyp Θ zuordnet, Labelfunktionen λ_N und λ_E, die jedem Knoten $n \in N$ bzw.

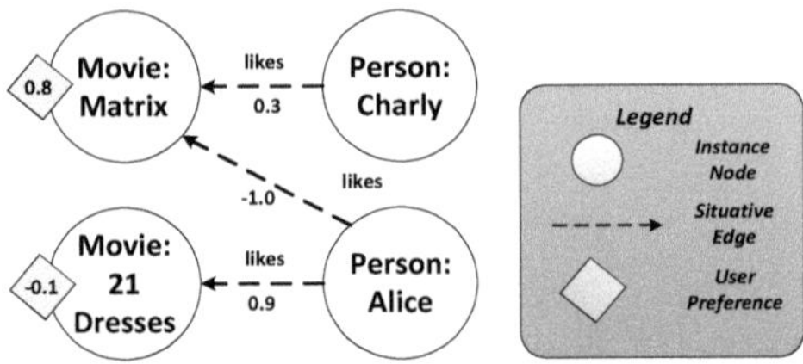

Abbildung 3.4: Auszug des Zustandsgraphen eines Benutzers *Bob* mit gespeicherten Interessen. Während Bob den Film *Matrix* sehr gerne mag ($i_{Matrix} = 0.8$), ist der Film *21 Dresses* für ihn nicht interessant und eigentlich eher langweilig (repräsentiert durch den Wert $i_{21Dresses} = -0.1$). Die Präferenzen können sich jedoch in Abhängigkeit der Situation - hier: mit der Person, mit der zusammen ein Film geschaut werden soll - verändern. Mit seinem Freund *Bob* schaut er eher selten *Matrix* ($w = 0.3$), da dieser kein Fan von dem Film ist. Mit seiner Freundin *Alice* hingegen schaut er nie ($w = -1.0$) *Matrix* (sie hasst ihn womöglich), sondern schaut mit ihr zusammen *21 Dresses* ($w = 0.9$), da *Alice* der Film gefällt und ihm eigentlich nicht.

Kante $e \in E$ ein Label in L_N bzw. L_E zuordnet und Gewichtungsfunktionen ι, μ und ν für Interessenwerte, situative Aktivierungen und Fokuswerte an Knoten und σ für Kantengewichtungen und beschreibt ein auf einem Domänenmodell basierendes, personalisiertes Kontextmodell. Im Folgenden wird der Zustandsgraph G_{state} vereinfacht mit G bezeichnet.

3.4 Relationen zwischen Zustandsgraphen

Da im weiteren Verlauf dieser Arbeit auch das Zusammenführen einzelner Modelle zu einem Gruppenmodell betrachtet wird (vergleiche auch Kapitel 3.9), ist es notwendig, Unterschiede in Relation zwischen Zustandsgraphen aufzuzeigen. In Abhängigkeit der Relationen der zusammenzuführenden Modelle ergeben sich Unterschiede bei den Verfahren.

In Abhängigkeit des Domänenmodells und des Anwendungsszenarios unterscheiden sich Benutzerzustandsgraphen nicht nur in ihren situativen Aktivierungen, Präferenzen und Fokus, sondern zusätzlich noch in der Struktur der Graphen. Zwei Zustandsgraphen können

- strukturell zueinander identisch sein (*Zustandsgraphen mit identischer Graphenstruktur*),
- partiell strukturell identisch sein (*Zustandsgraphen mit partiell identischer Graphenstruktur*) oder
- strukturell vollkommen unterschiedlich sein (*Zustandsgraphen mit unterschiedlicher Graphenstruktur*).

Im Folgenden wird das Konzept der Relationen zwischen Zustandsgraphen eingeführt. Jede der drei Relationen ermöglicht durch unterschiedliche Verfahren die Abbildung von einem Zustandsgraphen auf einen anderen Zustandsgraphen.

3.4.1 Zustandsgraphen mit identischer Graphenstruktur

Zustandsgraphen mit identischer Graphenstruktur basieren auf dem gleichen Domänenmodell, unterscheiden sich nicht im strukturellen Aufbau, sondern nur in Kantengewichtungen, Fokus und Aktivierungen. Ein Zustandsgraph G^1 ist zu einem anderen Zustandsgraphen G^2 ein Zustandsgraph mit identischer Graphenstruktur, wenn eine Projektion $\mathfrak{A}$ existiert, die G^1 und G^2 auf einen gemeinsamen Graphen des Domänenmodells G_{dom} projiziert und die Struktur der Graphen G^1 und G^2 (Knoten, Kanten und Labels) identisch ist. Dies bedeutet, dass

$$\mathfrak{A}(G^1) = \mathfrak{A}(G^2) = G_{dom} \tag{3.16}$$

unter der Bedingung, dass

$$\begin{aligned} &\mathfrak{A}(N, E, src, tgt, \Psi, \psi, L_N, \lambda_N, L_E, \lambda_E, \Theta, \theta, \iota, \mu, \nu, \sigma) = \\ &(N_{dom}, E_{dom}, src_{dom}, tgt_{dom}, \Psi_{dom}, \psi_{dom}, L_N^{dom}, \lambda_N^{dom}, L_E^{dom}, \lambda_E^{dom}, \Theta^{dom}, \theta^{dom}) \end{aligned} \tag{3.17}$$

Abbildung 3.5 zeigt zwei Zustandsgraphen mit identischer Graphenstruktur, die sich nur in ihren situativen Aktivierungen (Lokalisationsunterschiede: einmal in der Stadt Essen, einmal in der Stadt Duisburg) und dem jeweiligen Fokus unterscheiden.

Zustandsgraphen mit identischer Graphenstruktur werden immer dann verwendet, wenn ein Domänenmodell vollständig vorgegeben wird und das System zur Laufzeit nicht mehr erweitert wird. So eignen sich Zustandsgraphen mit identischer Graphenstruktur z.B. für Entscheidungssysteme, KI-Systeme oder für zentralisierte Services. Auch für vollständig abgeschlossene Empfehlungssysteme eignen sie sich, da für jeden Benutzer Zustandsgraphen mit unterschiedlichen Gewichtungen und Aktivierungen erstellt werden können, um so personalisierte, kontextbasierte Empfehlungen generieren zu können.

3.4.2 Zustandsgraphen mit partiell identischer Graphenstruktur

Zustandsgraphen mit partiell identischer Graphenstruktur basieren - wie Zustandsgraphen mit identischer Graphenstruktur auch - auf dem gleichen Graphen des Domänenmodells G_{dom}, und unterscheiden sich durch individuelle Ausprägungen von Kantengewichtungen, situativen Aktivierungen und statischen Präferenzen. Zustandsgraphen mit partiell identischen Graphenstrukturen unterscheiden sich untereinander in ihrer Graphenstruktur. Zwei Zustandsgraphen, die zueinander eine identische Graphenstruktur besitzen, besitzen zueinander auch eine partiell identische Graphenstruktur.

Entsprechend der Anforderungen oder in Abhängigkeit der abgebildeten Informationen können sich Zustandsgraphen mit partiell identischer Graphenstruktur in Instanzknoten N_I und Kanten E unterscheiden. Klassenknoten N_C sind bei Zustandsgraphen mit partiell identischer Graphenstruktur immer identisch. Instanzknoten

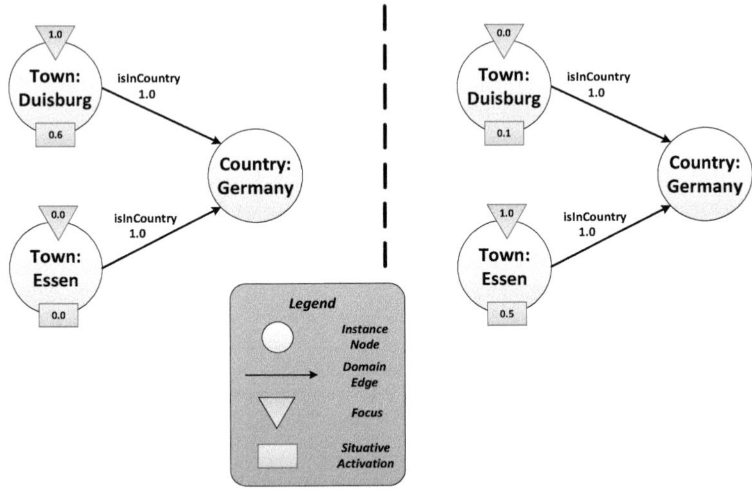

Abbildung 3.5: Zwei Zustandsgraphen mit identischer Graphenstruktur, die sich nur in Aktivierungen und Fokus unterscheiden. Struktur und Bezeichnungen sind identisch.

besitzen häufig semantische Kanten, wie beispielsweise *isA*, die sie mit Klassenknoten verbinden.

Zwei Zustandsgraphen G^1 und G^2 sind zueinander partiell strukturell identisch, wenn sie sich mithilfe einer Projektion $\mathfrak{A}'$ auf den gleichen Graphen des Domänenmodells G_{dom} abbilden lassen. Es gilt:

$$\mathfrak{A}'(G^1) = \mathfrak{A}'(G^2) = G_{dom} \tag{3.18}$$

mit

$$G_{dom} = (N_{dom}, E_{dom}, src_{dom}, tgt_{dom}, \Psi_{dom}, \psi_{dom}, L_N^{dom}, \lambda_N^{dom}, L_E^{dom}, \lambda_E^{dom}, \Theta^{dom}, \theta^{dom}) \tag{3.19}$$

und

$$\begin{gathered}\mathfrak{A}'(N, E, src, tgt, \Psi, \psi, L_N, \lambda_N, L_E, \lambda_E, \Theta, \theta, \iota, \mu, \nu, \sigma) = \\ (N_{dom}, E_{dom}, src_{dom}, tgt_{dom}, \Psi_{dom}, \psi_{dom}, L_N^{dom}, \lambda_N^{dom}, L_E^{dom}, \lambda_E^{dom}, \Theta^{dom}, \theta^{dom})\end{gathered} \tag{3.20}$$

unter den Bedingungen, dass

$$
\begin{aligned}
N_{dom} = \{n \in N^1 \quad | \quad \theta(n) = Class\} \subseteq N^1 \quad \wedge \\
E_{dom} = \{e \in E^1 \quad | \quad src(e) \in N_{dom} \wedge tgt(e) \in N_{dom}\} \subseteq E^1 \quad \wedge \\
L_N^{dom} = \{\lambda_N(n) \quad | \quad n \in N_{dom}\} \subseteq L_N^1 \quad \wedge \\
L_E^{dom} = \{\lambda_E(n) \quad | \quad e \in E_{dom}\} \subseteq L_E^1 \quad \wedge \\
\psi_{dom} = \psi|_{N_{dom}} \quad \wedge \quad \Psi_{dom} = \{\psi(n) \quad | \quad n \in N_{dom}\} \quad \wedge \\
\theta^{dom} = \theta|_{E_{dom}} \quad \wedge \quad \Theta^{dom} = \{\theta(e) \quad | \quad e \in E\}
\end{aligned}
$$

Die Zustandsgraphen in Abbildung 3.6 zeigen Auszüge aus zwei Zustandsgraphen mit partiell identischer Graphenstruktur. Das Domänenmodell beschreibt die Beziehung zwischen Autoren (*Class:Author*) und Dokumenten (*Class:Dokument*): Autoren schreiben Dokumente. In beiden Zustandsgraphen ist das Domänenmodell gleich. Die Zustandsgraphen unterscheiden sich darin, dass unterschiedliche Dokumente (*DocA* bzw. *DocB*) mit verschiedenen Autoren (*Alice* oder *Bob*) abgebildet sind. Der linke Zustandsgraph enthält das Dokument *DocA*, das von *Alice* geschrieben worden ist. Der rechte Zustandsgraph enthält hingegen einen neuen Autor namens *Bob*, der das Dokument *DocB* geschrieben hat.

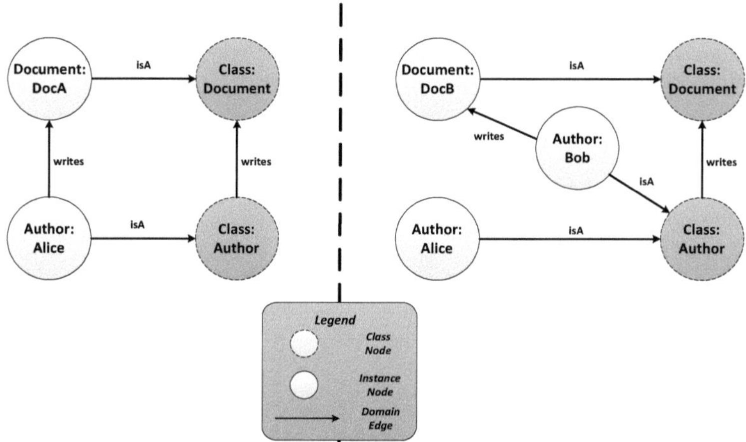

Abbildung 3.6: Zwei Zustandsgraphen mit zueinander partiell identischer Graphenstruktur die auf dem gleichen Domänenmodell (dunkelgraue Knoten) basieren. Unterschiede existieren nur bei Instanzknoten und Kanten.

Zustandsgraphen mit partiell identischer Graphenstruktur treten häufig dann auf, wenn dezentrale Anwendungssysteme kontinuierlich mit Daten von Benutzern erweitert werden. Obwohl die Systeme initial nur Zustandsgraphen mit identischer Graphenstruktur enthalten, wachsen die Zustandsgraphen über die Zeit mit unterschiedlichen Informationen und werden zunehmend durch den Benutzer und durch abgebildete Informationen personalisiert. Mögliche Anwendungsbereiche für Zustandsgraphen mit partiell identischer Graphenstruktur finden sich beispielsweise bei Dokumentenverwaltungssystemen oder bei Suchmaschinen.

3.4.3 Zustandsgraphen mit unterschiedlicher Graphenstruktur

Zustandsgraphen mit unterschiedlicher Graphenstruktur besitzen unterschiedliche Domänenmodelle und unterscheiden sich sowohl in ihrer Struktur, den Knoten, Kanten, Bezeichnungen, Gewichtungen und Aktivierungen. Zwei vollkommen unterschiedliche Zustandsgraphen G^1 und G^2 lassen sich durch keine gemeinsame Projektion $\mathfrak{C} : G \rightarrow G_{dom}$ auf einen gemeinsamen Graphen des Domänenmodells G_{dom} abbilden. Sie können nur mithilfe von unterschiedlichen Projektionen $\mathfrak{C}^1$ und $\mathfrak{C}^2$ auf jeweils unterschiedliche Graphen des Domänenmodells abgebildet werden: G^1_{dom} für den Zustandsgraphen G^1 und G^2_{dom} für den Zustandsgraphen G^2.

Abbildung 3.7 zeigt zwei Zustandsgraphen mit unterschiedlicher Graphenstruktur, die ähnliche Konzepte abbilden, jedoch auf unterschiedlichen Domänenmodellen beruhen. Während im linken Zustandsgraphen die Stadt *Duisburg* als Instanz der Klasse *Town* abgebildet ist, wird der gleiche Sachverhalt im rechten Zustandsgraphen als Instanz der Klasse *City* abgebildet. Die Zustandsgraphen unterscheiden sich zusätzlich in den weiteren Informationen, die in den Zustandsgraphen abgebildet wurden: Während im linken Zustandsgraphen der Fakt, dass Duisburg einen Zoo hat, abgebildet ist, ist im rechten Zustandsgraphen die Information, dass Duisburg einen Hafen besitzt, abgebildet.

Um einen Zustandsgraphen in einen anderen Zustandsgraphen mit anderer Graphenstruktur zu überführen oder zu matchen, werden komplexe Funktionen Ξ aus dem Bereich des Graph[29]- und Ontologie-Matchings und -Mergings[30] benötigt, so dass gilt:

$$\Xi^1(G^1) = G^2 \quad \vee \quad \Xi^2(G^2) = G^1 \tag{3.21}$$

Die komplexen Funktionen Ξ ermöglichen die Transformation eines Zustandsgraphen, der auf einem Domänenmodell basiert, in einen Zustandsgraphen, der auf einem

[29] Graph-Matching wird insbesondere bei Mustererkennungsverfahren angewandt und ordnet Knoten und Kanten eines Graphen G_1 Knoten und Kanten einem Graphen G_2 zu. Hierbei wird zwischen *exakten* und *inexakten* Matching-Verfahren für vollständige Graphen oder Subgraphen unterschieden: exaktes Matching erfordert eine vollständige 1-zu-1-bijektive Abbildung zwischen den Graphen, inexaktes Matching versucht, den *Best Match* mit möglichst großer Übereinstimmung zu erreichen. Inexaktes Matching wird zusätzlich häufig für Ähnlichkeitsermittlung zwischen Graphen genutzt. Für eine Übersicht der genutzten Verfahren siehe (Conte et al., 2004).

[30] Ontologien beschreiben mithilfe ihrer Struktur, ihrem spezifischen Vokabular und ihrer Semantik Domänenwissen. Wenn zwei unterschiedliche Ontologien miteinander vereint (Merging) oder aufeinander abgebildet (Matching) werden sollen, dann werden Verfahren aus den Bereichen des Graph-Matching und Schema-Matching mit Thesauri, Synonymsuchen und weiteren linguistischen Methoden kombiniert. Für eine Übersicht aktueller Ontologie-Matching-Verfahren siehe beispielsweise (Shvaiko and Euzenat, 2005; Choi et al., 2006; Euzenat and Shvaiko, 2007; Pavel and Euzenat, 2011).

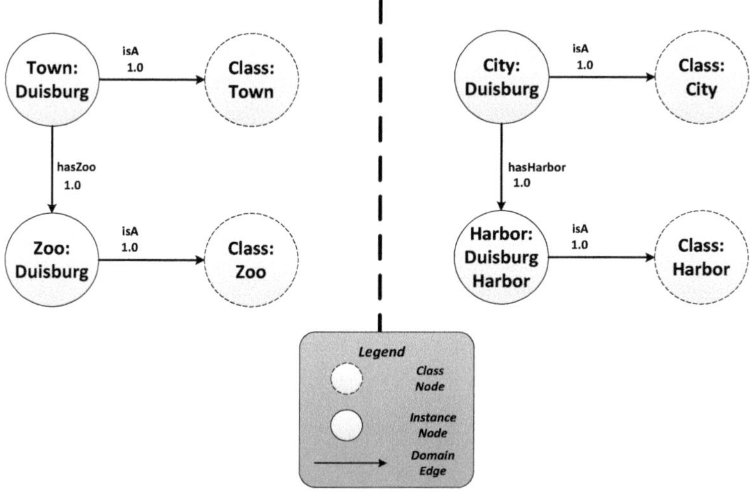

Abbildung 3.7: Zwei Zustandsgraphen mit unterschiedlicher Graphenstruktur basierend auf unterschiedlichen Domänenmodellen. Während der linke Zustandsgraph Städte als *City* abgebildet hat, verwendet der rechte Zustandsgraph ein Synonym *Town*. Zusätzlich unterscheiden sich die Zustandsgraphen in Art der abgebildeten Informationen (Zoo und Hafen).

anderen Domänenmodell basiert. Mithilfe von Ξ lassen sich zwei Zustandsgraphen mit unterschiedlicher Graphenstruktur in Relation setzen.

Zustandsgraphen mit unterschiedlicher Graphenstruktur finden sich immer dann, wenn verschiedene Anwendungssysteme miteinander verglichen werden. Das Matching von Zustandsgraphen mit unterschiedlicher Graphenstruktur durch Graph- und Ontologie-Matching wird im Rahmen dieser Arbeit nicht weiter verfolgt.

3.5 Anwendungsfelder von Zustandsgraphen

Zustandsgraphen können sich nicht nur in der Relationen zueinander und somit sich in ihrer Struktur unterscheiden, sondern sie unterscheiden sich auch je nach Anwendungsfeld, für das Zustandsgraphen eingesetzt werden sollen.

Zustandsgraphen lassen sich entweder für vollständige Softwaresysteme, einzelne Benutzer oder Benutzergruppen modellieren. Der Verwendungszweck des Anwendungssystems definiert somit, was für ein Zustandsgraph benötigt wird. Es wird zwischen *Systemzustandsgraphen*, *Benutzerzustandsgraphen* und *Gruppenzustandsgraphen* unterschieden.

3.5.1 Systemzustandsgraphen

Systemzustandsgraphen G_s repräsentieren ein vollständiges Anwendungssystem und die Situation, in der das System zu einem Zeitpunkt genutzt wird. Das Domänenmodell umfasst in der Regel eine Reihe von Systemeigenschaften, Prozessen, Aktionen oder Daten. Systemzustandsgraphen eignen sich somit für das Treffen von kontextuellen Entscheidungen, um an die aktuelle Situation angepasste Informationen anzuzeigen, das System anzupassen oder Prozesse zu starten. Wenn Benutzer im System mit abgebildet werden, dann entsprechen sie Personeninstanzen und werden in Form von Knoten im Zustandsgraphen repräsentiert. Nachteilig an dieser Repräsentation ist, dass Personen nicht mit persönlichen Vorlieben und ihren vorliegenden, heterogenen Situationen abgebildet werden können, da nur die Situation des Systems beachtet wird. Dafür ist es dem System jedoch möglich, sich selbsttätig (durch *überwachtes* oder *unüberwachtes* Lernen) den Anforderungen der vorliegenden Situation anzupassen: situative Kanten können angelegt und Gewichtungen und Aktivierungen angepasst werden. Regeln, die steuern, welche Kanten zwischen Benutzern und/oder Konzepten der Anwendungsdomäne erstellt werden können, werden durch vordefinierte, typisierte Kanten zwischen Klassenknoten beschrieben.

Abbildung 3.8 zeigt einen Auszug aus einem Systemzustandsgraphen für ein System, das bei Detektion einer Person in einem der abgebildeten Räume Aktionen durchführt. Ob sich eine beliebige Person in einem Raum befindet, wird durch Sensoren erkannt und durch eine Aktivierung des Knotens im Zustandsgraphen repräsentiert. Wenn sich eine Person in *Raum 289* befindet, dann soll der dort befindliche Bildschirm und das Telefon aktiviert werden (repräsentiert durch die Kantengewichte von 0.9 bzw. 0.8, die vom System erlernt wurden). Wird hingegen eine Person in *Raum 231* detektiert, wird nicht das Telefon aktiviert, sondern stattdessen der Computer (beispielsweise, wenn der *Raum 231* ein Computer-Arbeitsraum ist). Die erlernten Kantengewichte repräsentieren hier die Sicherheit des Systems, bei Detektion einer Person in einem der Räume, eine bestimmte Aktion durchzuführen.

3.5.2 Benutzerzustandsgraphen

Systemzustandsgraphen sind nicht dazu geeignet, individuelle Vorlieben und unterschiedliche Situationen von Benutzern eines Systems abzubilden. Zu diesem Zweck werden Benutzerzustandsgraphen benötigt. Für jeden Benutzer u eines Systems existiert ein eigener Benutzerzustandsgraph G_u, der persönliche Präferenzen, situative Vorlieben und den aktuellen Fokus des Benutzers abbildet.

Benutzerzustandsgraphen können je nach Anwendung Zustandsgraphen mit identischer Graphenstruktur oder Zustandsgraphen mit partiell identischer Graphenstruktur sein. Zustandsgraphen mit partiell identischer Graphenstruktur unterschieden sich durch die im Benutzerzustandsgraphen abgebildeten Informationen, während Zustandsgraphen mit identischer Graphenstruktur in ihrem Aufbau zueinander vollständig identisch sind. Zustandsgraphen mit unterschiedlicher Graphenstruktur treten in unterschiedlichen Anwendungen mit unterschiedlichen Domänenmodellen auf.

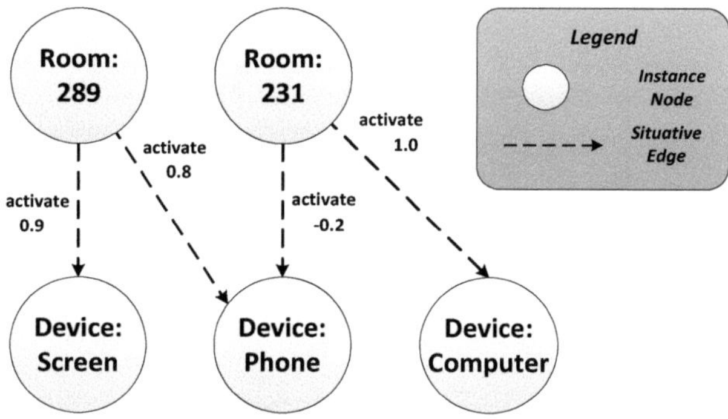

Abbildung 3.8: Auszug aus einem Systemzustandsgraphen mit Räumen als Situationsbeschreibungen. Kantengewichte repräsentieren erlernte situative Präferenzen. Sie beschreiben, wie sicher das System ist, bei Detektion einer Person in einem der Räume eine bestimmte Aktion durchzuführen. Das System erkennt, ob sich jeweils wenigstens eine Person in den Räumen befindet. Für eine genauere, auf bestimmte Personen zugeschnittene Unterstützung müssen im Systemzustandsgraphen zusätzlich Personenrepräsentationen mit abgebildet werden.

Abbildung 3.9 zeigt zwei Benutzerzustandsgraphen mit partiell identischer Graphenstruktur, die sich in ihrer Struktur aufgrund desselben semantischen Modells gleichen, jedoch unterschiedliche Informationen und situative Kanten enthalten. Im gezeigten Beispiel ist beiden Benutzern das Dokument *Document:DocA* und das Projekt *Project:ProjA* bekannt. Während der linke Zustandsgraph eine hohe situative Präferenz für *Document:DocA* während der Arbeit an *Project:ProjA* besitzt (Kantengewicht von 0.7), ist dies im rechten Zustandsgraphen nicht der Fall (Kantengewicht von 0.2). Zusätzlich unterscheiden sich die Zustandsgraphen in den abgebildeten Informationen. Während der Besitzer des linken Zustandsgraphen zusätzlich das Dokument *Document:DocB* kennt, ist dieses dem Besitzer des rechten Zustandsgraphen nicht bekannt. Dafür ist im rechten Zustandsgraphen ein weiteres Dokument *Document:DocC* und ein weiteres Projekt *Project:ProjB* bekannt, die beide wiederum nicht im linken Zustandsgraphen abgebildet sind.

Benutzerzustandsgraphen werden in personalisierbaren Anwendungen, benutzeradaptiven Systemen oder personalisierten Empfehlungssystemen verwendet.

3.5.3 Gruppenzustandsgraphen

Gruppenzustandsgraphen G_b repräsentieren Interessen, situative Vorlieben und Vorlieben einer Benutzergruppe. Hierbei wird stark vereinfacht. Es gibt innerhalb der Gruppe nur eine Situation, die für jedes Gruppenmitglied gleich ist. Auch der Fokus der Benutzergruppe ist vereinheitlicht.

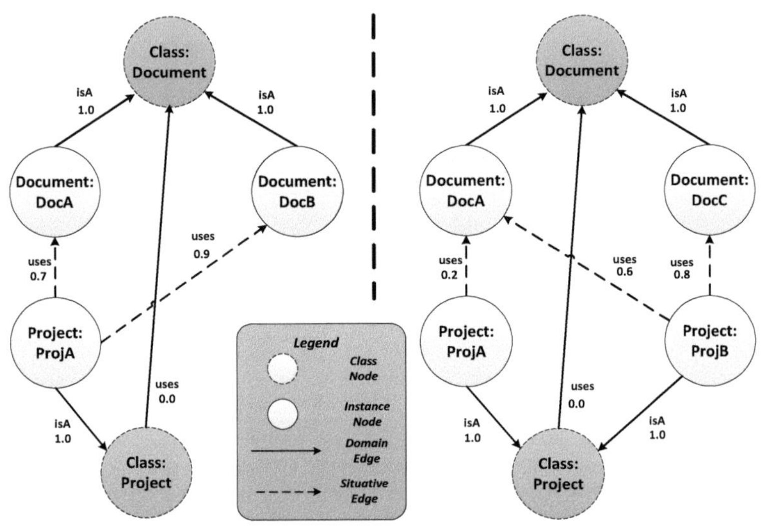

Abbildung 3.9: Zwei Benutzerzustandsgraphen, die auf dem gleichen semantischen Modell (graue Knoten) basieren. Die Zustandsgraphen enthalten unterschiedliche Informationen (Dokumente und Projekte) und unterscheiden sich zusätzlich in den situativen Kanten.

Gruppenzustandsgraphen werden für feststehende Gruppen erstellt, da sich durch das Ausscheiden eines Gruppenmitglieds aus der Gruppe gruppenspezifische situative Präferenzen und Interessen verändern können. Wenn beispielsweise in einer Gruppe von drei Personen der Einzige, der *Sushi* mag, die Gruppe verlässt, ändern sich folglich in der Gruppe die Präferenz für *Sushi*. Dies macht es erforderlich, einen neuen Gruppenzustandsgraphen zu erstellen oder bestehende Gruppenzustandsgraphen kontinuierlich zu aktualisieren. Sobald jedoch eine Person mehreren Gruppen zugeordnet werden kann, muss für jede Gruppe ein eigener Gruppenzustandsgraph generiert und verwaltet werden. Veränderungen der Aktivierungen und Gewichtungen des Graphen werden für die gesamte Gruppe auf Basis von Feedback oder durch Lernmechanismen durchgeführt. Den Einfluss, den jedes Gruppenmitglied auf die gruppenspezifischen Präferenzen einbringt, kann beispielsweise durch Mergingfunktionen (Mergingfunktionen werden detailliert im Kapitel 3.10 vorgestellt) ermittelt werden.

Abbildung 3.10 zeigt einen exemplarischen Gruppenzustandsgraphen, der sich in Form und Struktur nicht von einem System- oder Benutzerzustandsgraphen unterscheidet, jedoch repräsentativ für eine Benutzergruppe ist. In dem gezeigten Beispiel werden situative Präferenzen der Benutzergruppe zur Essenswahl abgebildet. Es existiert eine deutliche Präferenz, in *Location:Solingen Food:Pizza* statt

Food:Sushi zu essen (Kantengewicht $w_{Solingen,Pizza} = 0.7$ gegenüber $w_{Solingen,Sushi} = 0.3$), während es in *Köln* (*Location:Cologne*) egal ist, ob *Food:Sushi* oder *Food:Pizza* gegessen wird (beide Kantengewichte auf 0.5). Die situativen Kanten zwischen Lokalisationen und Essen werden auf Basis der Kante *isst* (*inTownEating*), die *Lokalisation* (*Class: Location*) und *Essen* (*Class: Food*) miteinander verbindet, abgeleitet. Das Gewicht an der Kante repräsentiert einen vordefinierten Standardwert in der Anwendungsdomäne. Der Gruppenzustandsgraph unterscheidet sich im Aufbau nicht von benutzerspezifischen Zustandsgraphen. Er steht repräsentativ für eine feste Benutzergruppe.

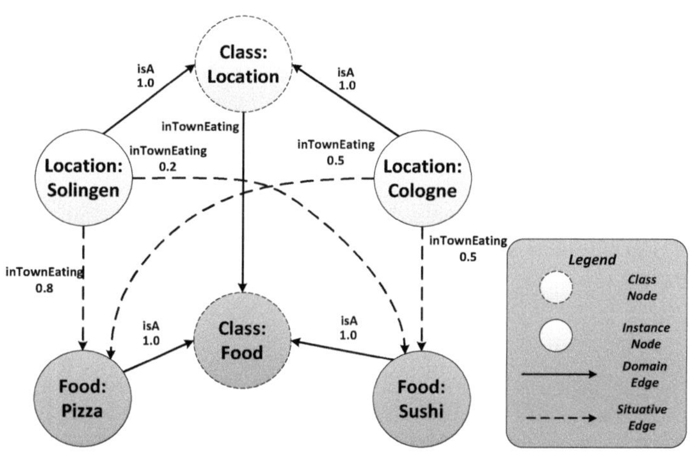

Abbildung 3.10: Beispiel eines Gruppenzustandsgraphen. Wenn die Gruppe sich in *Solingen* befindet, dann wird das Essen *Pizza* präferiert, da das Kantengewicht $w_{Solingen,Pizza}$ mit einem Wert von 0.8 größer ist, als das Kantengewicht $w_{Solingen,Sushi} = 0.2$. Wenn die Gruppe hingegen in *Cologne* ist, dann gibt es keine Präferenz (beide Kantengewichte auf 0.5). Die situativen Kanten zwischen den Instanzknoten sind möglich, da eine Kante *inTownEating* zwischen den Klassenknoten *Class: Location* und *Class: Food* existiert. Das Kantengewicht 0.5 repräsentiert hier einen vordefinierten Standardwert in der Anwendungsdomäne.

Ein Gruppenzustandsgraph einer Benutzergruppe U von $|U| = 1$ Person entspricht einem Benutzerzustandsgraphen. Die Generierung von Gruppenzustandsgraphen aus Benutzerzustandsgraphen wird im Kapitel 3.9 erläutert.

3.6 Kontextualisierung von Zustandsgraphen

Die Selektion von kontextuell relevanten Informationen zu einer vorgegebenen (und im Zustandsgraphen abgebildeten) Situation und dem aktuellen Fokus wird *Kontex-*

tualisierung genannt. Beim Kontextualisierungsvorgang wird der Subgraph G_K - im Folgenden *Kontextgraph* genannt - ermittelt, der alle kontextuell relevanten Knoten und Kanten umfasst.

Während des Kontextualisierungsvorgangs zu einem Zeitpunkt $t \in T$ wird für jeden Knoten $n_i \in N$ eine *kontextuelle Aktivierung* $k_i \in \mathbb{R}$ ermittelt, die die kontextuelle Bedeutung des Knotens repräsentiert. Die kontextuelle Aktivierung wird mithilfe einer *Kontextfunktion* κ ermittelt. Die Kontextfunktion wird definiert als:

$$\kappa : N \times T \rightarrow \mathbb{R} \tag{3.22}$$

Für den Kontextgraphen G_K werden nur die Knoten $n_j \in N_K$ selektiert, die eine kontextuelle Aktivierung $k_j \geq \delta$ von mindestens einem Schwellenwert $\delta \in \mathbb{R}$ besitzen. Zusätzlich werden alle Kanten, die die selektierten Knoten miteinander verbinden, selektiert. Die Menge $K = \{k_1, k_2, \ldots, k_{|N_K|}\}$ umfasst alle Aktivierungen für Knoten $n_i \in N_K$ zu einem Zeitpunkt $t \in T$. Der Kontextgraph G_K wird somit definiert als:

$$G_K = (N_K, E_K, src_K, tgt_K, \Psi, \psi, L_N^K, \lambda_N^K, L_E^K, \lambda_E^K, \Theta, \theta, \sigma_K, \kappa) \tag{3.23}$$

Der Kontextualisierungsprozess bildet zu einem Zeitpunkt $t \in T$ mithilfe einer Projektion $\mathfrak{K}$, einer Kontextualisierungsfunktion κ und einem Schwellenwert δ den Zustandsgraphen G auf den Kontextgraph G_K ab. Es gilt:

$$\mathfrak{K}(\kappa, \delta, G, t) = G_K \tag{3.24}$$

mit

$$\begin{aligned}
N_K = \{n_i \in N \quad , t \in T \quad &| \quad \kappa(n_i, t) \geq \delta\} && \wedge \\
E_K = \{e \in E \quad | \quad src(e) \in N_K \quad &\wedge \quad tgt(e) \in N_K\} && \wedge \\
src_K = src|_{E_K} \quad &\wedge \quad tgt_K = tgt|_{E_K} && \wedge \\
L_N^K = \{\lambda_N(n) \quad | \quad n \in N_K\} \quad &\wedge \quad L_E^K = \{\lambda_E(e) \quad | \quad e \in E_K\} && \wedge \\
\lambda_N^K = \lambda_N|_{N_K} : N_K \rightarrow L_N^K \quad &\wedge \quad \lambda_E^K = \lambda_E|_{E_K} : E_K \rightarrow L_E^K && \wedge \\
\sigma_K : E_K \rightarrow [-1; 1] &
\end{aligned}$$

Der Kontextgraph G_K beschreibt somit den Teil des Zustandsgraphen G, der in der vorliegenden Situation und unter Verwendung des aktuellen Fokus als kontextuell relevant erachtetet wird.

Der Kontextualisierungsprozess ist in Abbildung 3.11 dargestellt. Für Zustandsgraphen erfolgt die Kontextualisierung durch folgende Schritte zu einem Zeitpunkt $t \in T$:

1. Update der situativen Aktivierungen des Zustandsgraphen durch Sensoren.
2. Update des Fokus auf Basis von Benutzerfeedback oder durch Sensoren.
3. Anwendung der Projektion $\mathfrak{K}$ für die Kontextualisierung:
   a) Berechnung der kontextuellen Bedeutung der Knoten durch die Kontextualisierungsfunktion κ.

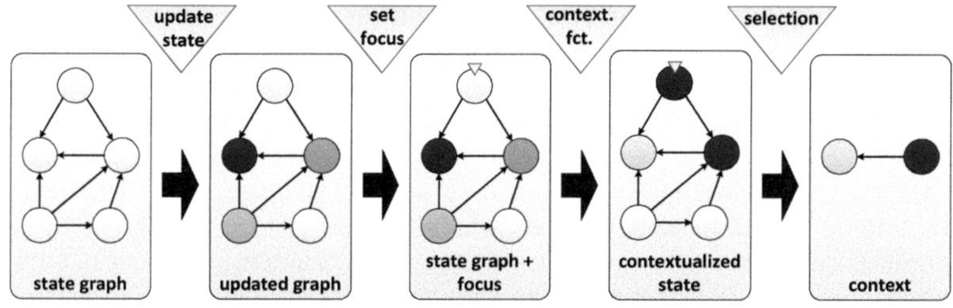

Abbildung 3.11: Kontextualisierungsprozess: Ausgehend von einem Zustandsgraphen werden Aktivierungen als Repräsentanten der aktuellen Situation und Fokusse abgebildet. Anschließend wird der Zustandsgraph kontextualisiert und jedem Knoten für die Situation eine Bedeutung (repräsentiert durch eine Aktivierung) beigemessen. Alle Knoten mit einer Aktivierung über einem Schwellenwert bilden dann den Kontext.

b) Selektion von Knoten N_K für die gilt: $\forall n_i \in N_K : \kappa(n_i, t) \geq \delta$.
c) Selektion aller Kanten E_K, die selektierte Knoten N_K miteinander verbinden: $\forall e_{ij} \in E_K : src(e_{ij}) \in N_K \quad \wedge \quad tgt(e_{ij}) \in N_I$.

Im Folgenden werden exemplarische Kontextualisierungsverfahren vorgestellt.

3.6.1 Kontextualisierung mit Spreading Activation

(Collins and Loftus, 1975) und (Anderson, 1983) stellen in ihren Arbeiten ein Konzept für semantische Gedächtnisse vor, welches mithilfe von *Spreading Activation* abgebildete Konzepte ermittelt. Ein Zustandsgraph ähnelt im Aufbau einem semantischen Gedächtnis und eignet sich aufgrund der gerichteten Graphenstruktur für Spreading Activation als Kontextualisierungstechnik. (Hussein et al., 2007) und (Haake et al., 2010) nutzen ebenfalls Spreading Activation, um aus semantischen Graphenstrukturen Kontexte zu ermitteln, die dann für weitere Adaptionen verwendet werden.

Spreading Activation ist ein iterativer Prozess. Für die Nutzung von Spreading Activation für den Kontextualisierungsprozess müssen zunächst initiale Aktivierungen der einzelnen Knoten des Netzwerks berechnet werden. Die initiale Aktivierung k_j eines Knotens $n_j \in N$ berücksichtigt für Zustandsgraphen den Fokus, situative Aktivierungen und benutzerspezifische Präferenzen. Knoten mit einem Fokus von 1 werden initial als feuerbereit markiert. Ausgehend von feuerbereiten Knoten werden dann die bestehenden Aktivierungen entlang ausgehender Kanten an benachbarte Knoten propagiert und der Aktivierung der benachbarten Knoten hinzugefügt. Die propagierte Aktivierung wird üblicherweise mithilfe eines Faktors $\vartheta \in [0; 1]$ abgeschwächt. Alle Knoten, zu denen Aktivierungen propagiert worden sind und deren

Aktivierung größer als ein Schwellwert $\varrho \in \mathbb{R}$ ist, werden für den nächsten Iterationsschritt als feuerbereit gekennzeichnet und propagieren dann wiederum ihre Aktivierungen an benachbarte Knoten. Spreading Activation terminiert üblicherweise, wenn eine maximale Anzahl an Iterationen $\varsigma \in \mathbb{N}^+$ erreicht worden ist oder alle Knoten gefeuert haben.

Das Ergebnis von Spreading Activation als Kontextualisierungsprozess ist ein kontextualisierter Zustandsgraph, bei dem jedem Knoten $n_j \in N$ eine Aktivierung k_j zugeordnet ist. Mithilfe der Projektion $\mathfrak{K}$ und einem Schwellwert δ wird dann der Subgraph des kontextualisierten Zustandsgraphen ermittelt, der den Kontext zu einem Zeitpunkt $t \in T$ repräsentiert.

Der Spreading Activation Algorithmus muss für Zustandsgraphen G angepasst werden, um im Graphen abgebildete Interessen I als exzitatorische oder inhibitorische Faktoren mit einzubeziehen. Der Algorithmus begrenzt nicht die maximale Aktivierung eines Knotens[31] n_j, so dass für die Aktivierung k_j eines Knoten n_j gilt: $k_j \in \mathbb{R}$.

Der Algorithmus lautet wie folgt:

- Parameter:
  1. $\varrho \in \mathbb{R}$ als zu erreichender Aktivierungs-Grenzwert für Knoten.
  2. $\vartheta \in [0;1]$ als Abschwächungsfaktor.
  3. $\varsigma \in \mathbb{N}^+$ als maximale Anzahl von Iterationen, die der Algorithmus durchläuft.
- Ablauf:
  1. $step = 0$
  2. Berechnung der anfänglichen Aktivierung $k_j^0 = f_j + i_j + a_j$ für alle Knoten $n_j \in N$ (vergleiche Kapitel 3.3.3).
  3. Knoten n_j mit einem Fokus $f_j = 1$ werden als feuerbereit markiert.
  4. Jeder feuerbereite Knoten n_j propagiert die Aktivierung entlang ausgehender Kanten e_{jl} an benachbarte Knoten n_l. Die neue Aktivierung k_l^{step} wird berechnet durch:
     $k_l^{step} = k_l^{step-1} + (k_i^{step-1} * w_{jl} * \vartheta)$ mit ϑ als Abschwächungsfaktor.
  5. Markiere alle Knoten, die noch nicht gefeuert haben, die in diesem Schritt eine Aktivierung erhalten und eine Aktivierung $k_j \geq \varrho$ haben, als feuerbereit. Mehrfaches Feuern ist nicht erlaubt, wenngleich Varianten des Algorithmus erneutes Feuern erlauben.
  6. $step \leftarrow step + 1$
  7. Wiederhole ab Schritt 4 bis eine Abbruchbedingung erreicht ist:
     - Die maximale Anzahl an Iterationen ist erreicht: $steps \geq \varsigma$.
     - Kein Knoten kann feuern.

Das Verhalten von Spreading Activation kann durch eine Vielzahl von Parametern, die das Feuern von Knoten (beispielsweise Knoten können mehrfach feuern, Knoten feuern nur, wenn sie eine Aktivierung größer als einen vorgegebenen Grenzwert besitzen, usw.) oder die Verwendung von Kanten (z.B.: Aktivierungen werden nur entlang

[31] Denkbar sind jedoch auch eine Begrenzung der maximalen Aktivierung eines Knotens auf 1 oder eine nach jedem Schritt des Algorithmus durchgeführte Normalisierung aller Knotenaktivierungen auf das Intervall von $[-1;1]$.

Kanten vorgegebener Kantentypen propagiert) reguliert werden. Ebenso kann das Verfahren durch eine Reihe von Abbruchkriterien (beispielsweise durch eine maximale Anzahl von Schritten, maximale Entfernung von Fokus oder von anfänglich feuernden Knoten, usw.) angepasst werden.

Aktivierungen von Knoten können auch mithilfe von unterschiedlichen Summenfunktionen der einzelnen Zustandsgraphen-Aktivierungen (Fokus, situativer Aktivierung und Präferenzen) ermittelt werden. Denkbar wären hierbei beispielsweise Spreading Activation Netzwerke, bei denen zu Beginn nur Knoten mit einer anfänglichen hohen Aktivierung eines Aktivierungstyps (beispielsweise nur Fokus) feuerbereit sind.

3.6.2 Kontextualisierung mit Wenn-Dann-Regeln

Wenn-Dann-Regeln stellen ein sehr einfaches Kontextualisierungsverfahren dar. Wenn-Dann-Regeln beschreiben einen kausalen Zusammenhang zwischen zwei oder mehreren Knoten und denen von ihnen repräsentierten Konzepten. Regeln können folgendermaßen definiert werden: Wenn ein Knoten $n_i \in N$ aktiviert ist, dann muss ein anderer Knoten $n_j \in N$ ebenfalls (mit einem vorgegebenen Wert $k_j \in \mathbb{R}$) aktiviert werden.

Wenn-Dann-Regeln können sowohl direkt miteinander verbundene Konzepte wie auch semantisch nicht direkt miteinander verknüpfte Konzepte in Beziehung setzen. Ein Beispiel für eine solche Regel kann wie folgt lauten: Wenn sich der Benutzer in Duisburg befindet (der Knoten als Repräsentant von „Duisburg“ ist aktiviert), dann sollen alle Knoten, die mit dem Repräsentaten von „Duisburg“ verbunden sind, aktiviert werden, um so alle Informationen über Duisburg als wichtig zu deklarieren. Eine Regel, die - in Abhängigkeit des Domänenmodells - nicht direkt semantisch verbundene Knoten aktiviert, kann lauten: Wenn sich der Benutzer in Duisburg befindet, dann soll der Knoten, der „Schuhe“ repräsentiert, aktiviert werden, um als Notiz daran zu erinnern, neue Schuhe einzukaufen.

Wenn-Dann-Regeln verknüpfen einzelne Aspekte eines Zustandsgraphen fest miteinander. Die Regeln können entweder mithilfe von Data-Mining oder Lernalgorithmen automatisiert ermittelt oder vom Benutzer oder Designer einer kontextbasierten Anwendung hinterlegt werden. Ein Nachteil solcher Regeln ist, dass sie sich in ihrem Wenn-Anteil immer auf aktivierte Knoten beziehen müssen. Dies bedeutet jedoch, dass andere aktivierte Knoten nicht für die Kontextualisierung berücksichtigt werden, wenn diese Knoten nicht Bestandteil eines Wenn-Anteils einer Regel sind.

3.7 Repräsentation von Personen in Zustandsgraphen

Zustandsgraphen, unabhängig von den Relationen (vergleiche Kapitel 3.4) und von ihren Anwendungsfeldern (siehe Kapitel 3.5), erlauben Personenrepräsentationen im Domänenmodell. Personen werden als Knoten im Zustandsgraphen abgebildet. Kanten, die Personenrepräsentationen mit anderen Knoten des Zustandsgraphen verknüpfen, repräsentieren die jeweilige Beziehung zwischen Person und abgebildetem Konzept. Die Kantengewichtungen dieser Kanten repräsentieren hierbei eine vom Besitzer[32] des Zustandsgraphen vermutete Beziehungsstärke zwischen den verbundenen Knoten.

Abbildung 3.12 zeigt einen exemplarischen Zustandsgraphen mit Personenrepräsentationen (*Alice* und *Bob*). Der Besitzer des Zustandsgraphen geht davon aus, dass *Alice* vermutlich gerne *Sushi* mag (repräsentiert durch das Kantengewicht $w_{Alice,Sushi} = 0.9$), während *Bob* *Sushi* nicht leiden kann (Kantengewicht $w_{Bob,Sushi} = -1.0$) und stattdessen lieber *Pizza* mag ($w_{Bob,Pizza} = 0.8$). *Alice* mag *Pizza* vermutlich ebenfalls, wenn auch nicht im gleichen Ausmaß wie *Bob* (Kantengewicht $w_{Alice,Pizza} = 0.7$).

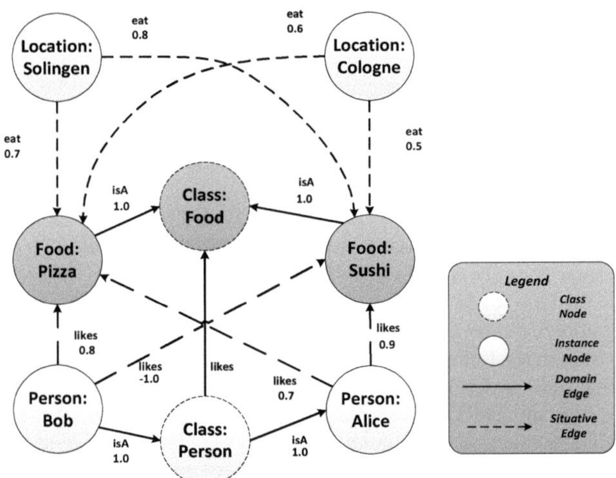

Abbildung 3.12: Beispiel eines Zustandsgraphen mit Personenrepräsentationen. Situative Beziehungen der abgebildeten Personen werden durch gewichtete Kanten abgebildet. Der Besitzer des Zustandsgraphen geht davon aus, dass *Alice Sushi* und *Pizza* gern mag (Kantengewichte 0.9 bzw. 0.7). Bei *Bob* hingegen wird vermutet, dass er *Sushi* verabscheut (Kantengewicht −1) und nur *Pizza* mag (Kantengewicht 0.8).

In diesem Beispiel repräsentieren die Kanten mit dem Label *likes* eine Beziehung zwischen einer Person und einer Essenskategorie (Pizza oder Sushi). Mithilfe von Benutzerrepräsentationen lassen sich jedoch auch situative Relationen repräsentieren. Dies erfordert jedoch eine Vielzahl von situativen Kanten, die für jede Situation ein eigenes, eindeutiges Label benötigen.

[32] Auch wenn hier von einem „Besitzer“ gesprochen wird, treffen diese Aussagen ebenfalls für eine Gruppe oder für ein System zu.

Nachteil dieses Ansatzes ist, dass mit zunehmender Laufzeit und zunehmendem abgebildeten Wissen über andere Personen die Knoten der Personenrepräsentationen an Konnektivität zunehmen. Dies wirkt sich nachteilig auf den Kontextualisierungsprozess aus: Knoten, die durch eine Vielzahl von Kanten miteinander verbunden sind, aktivieren zahlreiche weitere im Zustandsgraphen abgebildete Konzepte und lassen diese somit als potentiell kontextuell relevant erscheinen.

3.8 Benutzerspezifische Sichten auf generalisierte Graphen

Wenn viele Benutzerzustandsgraphen $\mathcal{B}$ vorliegen, ist es für die Ermittlung von Gruppenzustandsgraphen häufig nicht sinnvoll, die einzelnen Benutzerzustandsgraphen $G_u \in \mathcal{B}$ getrennt voneinander zu betrachten. Dies ist insbesondere dann der Fall, wenn die Benutzerzustandsgraphen $G_u \in \mathcal{B}$ partiell identische oder vollständig identische Graphenstrukturen besitzen. In diesem Fall lässt sich ein *generalisierter Graph* G_g ableiten, der von den Benutzerzustandsgraphen alle Kanten und Knoten beinhaltet. Da der generalisierte Graph eine Vereinigung aller Benutzerzustandsgraphen darstellt, sind sowohl Kantengewichte wie auch Fokus, Präferenzen und situative Aktivierungen nicht mit abzubilden. Der Benutzerzustandsgraph erweitert somit den Graphen des Domänenmodells G_{dom} um alle benutzerspezifischen Knoten und Kanten.

Der generalisierte Graph wird ausgehend von Benutzerzustandsgraphen $G_u = (N_u, E_u, src_u, tgt_u, \Psi_u, \psi_u, L_N^u, \lambda_N^u, L_E^u, \lambda_E^u, \Theta_u, \theta_u)$ definiert als:

$$G_g = (N_g, E_g, src_g, tgt_g, \Psi_g, \psi_g, L_N^g, \lambda_N^g, L_E^g, \lambda_E^g, \Theta_g, \theta_g) \tag{3.25}$$

mit

$$\begin{aligned}
N_g &= \bigcup_{u \in \mathcal{B}} N_u & \wedge \quad E_g &= \bigcup_{u \in \mathcal{B}} E_u \\
\wedge \quad src_g &= \bigcup_{u \in \mathcal{B}} src_u & \wedge \quad tgt_g &= \bigcup_{u \in \mathcal{B}} tgt_u \\
\wedge \quad \lambda_N^g &= \bigcup_{u \in \mathcal{B}} \lambda_N^u & \wedge \quad L_N^g &= \bigcup_{u \in \mathcal{B}} L_N^u \\
\wedge \quad \lambda_E^g &= \bigcup_{u \in \mathcal{B}} \lambda_E^u & \wedge \quad L_E^g &= \bigcup_{u \in \mathcal{B}} L_E^u \\
\wedge \quad \Psi_g &= \bigcup_{u \in \mathcal{B}} \Psi_u & \wedge \quad \psi_g &= \bigcup_{u \in \mathcal{B}} \psi_u \\
\wedge \quad \Theta_g &= \bigcup_{u \in \mathcal{B}} \Theta_u & \theta_g &= \bigcup_{u \in \mathcal{B}} \theta_u
\end{aligned}$$

unter der Bedingung, dass die Vereinigung zweier Funktionen β_1 und β_2 wiederum eine Funktion $\beta_{1,2}$ ergibt.

Es existiert eine Funktion α und eine Projektion $\mathfrak{B}$, mit denen die Menge aller Benutzerzustandsgraphen mit partiell identischer Graphenstruktur $\mathcal{B}$ auf einen generalisierten Graphen G_g abgebildet wird. Die Projektion $\mathfrak{B}$ bildet den Benutzerzustandsgraphen $G_u \in \mathcal{B}$ auf einen Graphen G'_u ab, welcher keine situative oder statische Präferenzen, Fokusse und situative Aktivierungen beinhaltet.

$$\mathfrak{B}(G_u) = G'_u \tag{3.26}$$

mit

$$G'_u = (N, E, src, tgt, \Psi, \psi, L_N, \lambda_N, L_E, \lambda_E, \Theta, \theta) \tag{3.27}$$

Die Funktion α bildet die Menge der durch die Projektion $\mathfrak{B}$ abgebildeten Benutzerzustandsgraphen $\mathcal{B} = \{G'_1, G'_2, \cdots, G'_{|\mathfrak{B}|}\}$ auf den generalisierten Graphen G_g ab. Es gilt:

$$\alpha(\mathfrak{B}(\mathcal{B})) = G_g \tag{3.28}$$

unter der Bedingung, dass eine Projektion $\mathfrak{A}$ existiert, die jeden Benutzerzustandsgraph $G_u \in \mathcal{B}$ auf den gleichen Graphen des Domänenmodells G_{dom} projiziert:

$$\forall G_u \in \mathcal{B} : \mathfrak{A}(G_u) = G_{dom} \tag{3.29}$$

Umgekehrt lässt sich aus dem generalisierten Graphen wiederum ein Benutzerzustandsgraph $G_u \in \mathcal{B}$ ermitteln. Eine Sichtenfunktion γ nutzt zu diesem Zweck eine Benutzerprojektion $\mathfrak{D}_u$ und ein Tupel von Abbildungsfunktionen $\mathcal{F}_u = (\iota, \mu, \nu, \sigma)$, um den Benutzerzustandsgraphen G_u mit dessen bekannte Knoten, Kanten und in ihm abgebildete Aktivierungen für einen Benutzer u zu ermitteln. Die Benutzerprojektion $\mathfrak{D}_u$ beschreibt hierbei die strukturelle Projektion des generalisierten Graphen auf die Struktur des Benutzerzustandsgraphen. Dies bedeutet, dass der generalisierte Graph G_g um Knoten, Kanten, Labels, etc. reduziert wird, um strukturell dem Benutzerzustandsgraphen (ohne Gewichtungen) zu entsprechen. Es gilt:

$$\mathfrak{D}(G_g) = G'_u \tag{3.30}$$

mit

$$\begin{array}{rlrlr} G'_u \subseteq G_g & \wedge & & & \\ N_g = N & \wedge & E_g = E & \wedge & src_g = src \quad \wedge \\ tgt_g = tgt & \wedge & \psi_g = \psi & \wedge & L^g_N = L_N \quad \wedge \\ \lambda^g_N = \lambda_N & \wedge & L^g_E = L_E & \wedge & \lambda^g_E = \lambda_E \end{array}$$

Die Sichtenfunktion γ wird definiert als:

$$\gamma(G_g, \mathfrak{D}_u, \mathcal{F}_u) = G_u \tag{3.31}$$

Abbildung 3.13 zeigt exemplarisch, wie ein generalisierter Graph G_g (oben) mithilfe einer Sichtenfunktion und benutzerspezifischen Konfigurationen zwei benutzerspezifische Sichten abbildet. Jede der Sichten entspricht einem Benutzerzustandsgraphen. In diesem Beispiel bildet der linke Benutzerzustandsgraph G_1 Relationen zwischen den Städten *Hamburg* und *Berlin* und Essen (*Food*) ab. Es besteht ein Interesse an

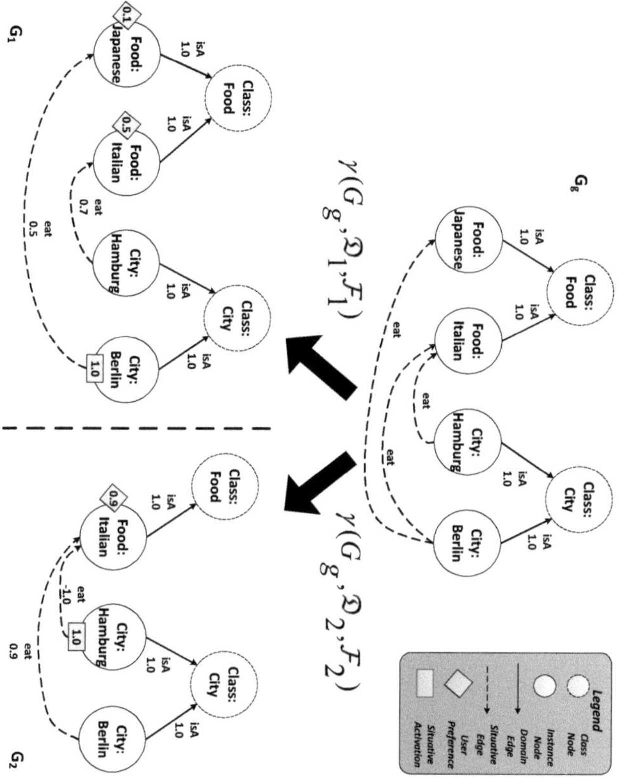

Abbildung 3.13: Beispiel zweier benutzerspezifischer Sichten (G_1 und G_2) auf einen generalisierten Graph G_g. Der generalisierte Graph enthält alle Knoten und Kanten, die jedem Benutzer bekannt sind. Im generalisierten Graph werden keine situativen Aktivierungen, Fokusse, Interessen oder situative Präferenzen gespeichert. Die jeweiligen Ausprägungen durch Gewichtungen und Aktivierungen werden nur in den jeweiligen Sichten repräsentiert.

italienischem Essen mit einem Präferenzwert von $i_{Italian} = 0.5$ und einem geringen Interesse an japanischem Essen $i_{Japanese} = 0.1$. Der Besitzer des Zustandsgraphen G_1 befindet sich derzeit in *Berlin* (repräsentiert durch eine situative Aktivierung $a_{Berlin} = 1.0$). Zusätzlich sind im Zustandsgraphen situative Präferenzen abgebildet. In *Hamburg* wird häufig italienisch gegessen (repräsentiert durch ein Kantengewicht $w_{Hamburg,Italian} = 0.7$), während in *Berlin* hin und wieder japanisch gegessen wird ($w_{Berlin,Japanese} = 0.5$) - trotz der geringen Präferenz für japanisches Essen. Der rechte Zustandsgraph G_2 unterscheidet sich von G_1 bereits durch die Struktur des Graphen: Es existiert in G_2 kein Knoten für japanisches Essen. Italienisches Essen wird vom dem Besitzer des Zustandsgraphen, der sich derzeit in *Hamburg* aufhält ($a_{Hamburg} = 1.0$), gern gegessen ($i_{Italian} = 0.9$). In *Hamburg* wird jedoch niemals italienisches Essen gegessen ($w_{Hamburg,Italian} = -1.0$), während in *Berlin* häufig italienisch gegessen wird ($w_{Berlin,Italian} = 0.9$).

Algorithmus 1 beschreibt die Generierung eines generalisierten Graphen G_g auf Basis einer Menge von Benutzerzustandsgraphen. Alle dem generalisierten Graphen G_g unbekannte Knoten und Kanten aus den Benutzerzustandsgraphen werden der Menge der Knoten und Kanten des Zustandsgraphen hinzugefügt. Interessen, situative Vorlieben, situative Aktivierungen und Fokusse werden nicht mit abgebildet.

```
G_g ← G_sem
for all user ∈ Users do
  for all node ∈ N_user do
    if (node ∉ N_g  of  G_g) then
      N_g+ = node
      L^g_N+ = λ_N(node)
      update  λ^g_N                    # update label function for nodes
      update  ψ^g                      # update type function for nodes
    end if
  end for
  for all edge ∈ E_user do
    if (edge ∉ E_g  of  G_g) then
      E_g+ = edge
      if (λ_E(edge) ∉ L^g_E) then
        L^g_E+ = λ_E(edge)
        update  λ^g_E                  # update label function for edges
      end if
      update  θ^g                      # update type function for edges
    end if
  end for
end for
```

Algorithmus 1: Algorithmus zur Abbildung von Benutzerzustandsgraphen G_u auf einen generalisierten Graphen G_g.

3.9 Generierung von Gruppenzustandsgraphen aus Benutzerzustandsgraphen

Die Verwendung von Gruppenzustandsgraphen in einem System hat zum Nachteil, dass im *worst case* bis zu $\sum_{i=2}^{|U|} \binom{|U|}{i}$ Gruppen - für mögliche Permutationen von Benutzern U eines Systems - verwaltet, aktualisiert und gespeichert werden müssen. Üblicherweise müssen zwar nur einzelne Gruppenrepräsentationen gespeichert und verwaltet werden, jedoch können sich Gruppenzusammensetzungen dynamisch verändern. Der Beitritt oder das Verlassen einer einzelnen Person macht es erforderlich, dass ein anderer Gruppenzustandsgraph verwendet werden muss. Gruppenzustandsgraphen integrieren zudem keine personalisierten Einflüsse - wie Situation oder Fokus - einzelner Gruppenmitglieder. Stattdessen werden Situation und Fokus der jeweiligen Gruppe abgebildet.

Die Generierung von dynamischen Gruppenzustandsgraphen bietet hingegen die Möglichkeit, jederzeit einen neuen, aktuellen Zustandsgraphen zu generieren, in dem die Einflüsse jedes einzelnen Gruppenmitglieds gemäß Mergingregeln (siehe auch Kapitel 3.10) mit einfließen.

Eine Menge $\mathcal{B} = \{G_1, G_2, \ldots, G_{|U|}\}$ repräsentiert $|U|$ Benutzer und ihre Benutzerzustandsgraphen G_u, die zu einer Gruppe mit einem Gruppenzustandsgraphen G_{group} *gemerged* (vereint) werden sollen. Die Vereinigung von mehreren Benutzerzustandsgraphen erfolgt in zwei Schritten: Im ersten Schritt wird eine gemeinsame Graphenstruktur durch Merging erstellt, um dann im zweiten Schritt benutzerspezifische Präferenzen, Gewichtungen und Aktivierungen zu vereinen. Mithilfe einer Abbildung $\mathfrak{G}$ wird unter Verwendung von Mergingfunktionen $\Omega = (\omega_F, \omega_A, \omega_W, \omega_I)$ für Fokus-Merging ω_F, Merging situativer Aktivierungen ω_A, Merging situativer Präferenzen ω_W und Merging von statischen Präferenzen des Benutzerprofils ω_I für Knoten und Kanten der jeweilige Wert als Gruppenrepräsentation ermittelt.

$$\mathfrak{G}(\mathcal{B}, \Omega) \rightarrow G_{group} \tag{3.32}$$

Jede Mergingfunktion bildet eine Menge von Werten $Z_i = \{z_1^i, z_2^i, \ldots, z_{|U|}^i\}$, $z_{|U|}^i \in \mathbb{R}$ zu einem Zeitpunkt t auf einen Gruppenwert $\mathfrak{z}_i \in \mathbb{R}$ ab. Die Menge Z_i repräsentiert alle diskreten Werte für Aktivierungen, Präferenzen, o.ä., die für eine Kante ($e_i \in E$) oder einen Knoten ($n_i \in N$) über alle Benutzerzustandsgraphen $G_u \in \mathfrak{B}$, die zu einem Zeitpunkt $t \in T$ im Zustandsgraphen repräsentiert sind.

$$\Omega : \begin{cases} \omega_F : Z_F^i \rightarrow \mathbb{R} \\ \omega_A : Z_A^i \rightarrow \mathbb{R} \\ \omega_I : Z_I^i \rightarrow \mathbb{R} \\ \omega_W : Z_W^i \rightarrow \mathbb{R} \end{cases} \tag{3.33}$$

mit

$$Z_F^i = \{\mu^1(n_i,t), \mu^2(n_i,t), \cdots, \mu^{|U|}(n_i,t)\}, \text{für Fokus an Knoten } n_i \in N$$
$$Z_A^i = \{\nu^1(n_i,t), \nu^2(n_i,t), \cdots, \nu^{|U|}(n_i,t)\}, \text{für situative Aktivierungen an Knoten } n_i \in N$$
$$Z_I^i = \{\iota^1(n_i,t), \iota^2(n_i,t), \cdots, \iota^{|U|}(n_i,t)\}, \text{für statische Präferenzen an Knoten } n_i \in N$$
$$Z_W^i = \{\sigma^1(e_i,t), \sigma^2(e_i,t), \cdots, \sigma^{|U|}(n_i,t)\}, \text{für Kantengewichtungen } e_i \in N$$

Zustandsgraphen mit partiell identischer Graphenstruktur unterscheiden sich in der Struktur des Zustandsgraphen und der abgebildeten Konzepte (vergleiche Kapitel 3.4). Daher kann nicht immer gewährleistet werden, dass jeder Zustandsgraph eines Gruppenmitglieds alle Knoten und Kanten der anderen Gruppenmitglieder beinhaltet. Für den Fall, dass ein Konzept - und damit der entsprechende Knoten - einem Benutzer nicht bekannt und somit nicht in dessen Zustandsgraphen repräsentiert sind, kann ein Standardwert $\mathfrak{s} \in \mathbb{R}$ (üblicherweise $\mathfrak{s} = 0.0$ - kann aber anwendungsabhängig abweichen) definiert werden, der dann für die Bildung von Z verwendet wird.

Das Merging von Benutzerzustandsgraphen ist auf Benutzerzustandsgraphen mit partiell identischer Graphenstruktur und Benutzerzustandsgraphen mit identischer Graphenstruktur beschränkt. Das Merging von Benutzerzustandsgraphen mit unterschiedlicher Graphenstruktur erfordert komplexe semantische und graphtheoretische Matching-Funktionen und wird in dieser Arbeit nicht weiter verfolgt.

$G_{group} \leftarrow G_g$ # starting off from a generalized group state from algorithmn 1
ω_A merging function for activations
ω_F merging function for focus
ω_I merging function for static preferences
ω_W merging function for situation-dependent preferences
for all $n \in N_{group}$ **do**
  calculate Z_A for n
  calculate Z_F for n
  calculate Z_I for n
  $\mathfrak{z}_A \leftarrow \omega_A(Z_A)$
  $\mathfrak{z}_F \leftarrow \omega_F(Z_F)$
  $\mathfrak{z}_I \leftarrow \omega_I(Z_I)$
  update μ_{group} : $\mu_{group}(n) \rightarrow \mathfrak{z}_A$
  update ν_{group} : $\nu_{group}(n) \rightarrow \mathfrak{z}_F$
  update ι_{group} : $\iota_{group}(n) \rightarrow \mathfrak{z}_I$
end for
for all $e \in E_{group}$ **do**
  calculate Z_W for e
  $\mathfrak{z}_W \leftarrow \omega_I(Z_I)$
  update $\sigma group$: $\sigma_{group}(e) \rightarrow \mathfrak{z}_W$
end for

Algorithmus 2: Algorithmus zur Generierung eines Gruppenzustandsgraphen G_{group} auf Basis einer Menge von Benutzern U mit Benutzerzustandsgraphen G_u.

Der Algorithmus für die Generierung von Gruppenzustandsgraphen aus Benutzerzustandsgraphen mit partiell identischer Graphenstruktur basiert auf dem Algorithmus für generalisierte Graphen G_g (vergleiche Algorithmus 1). In diesem Fall werden jedoch zusätzlich Präferenzen, Interessen und Fokus mithilfe von Mergingfunktionen abgebildet (Algorithmus 2).

Abbildung 3.14 zeigt zwei exemplarische Benutzerzustandsgraphen mit partiell identischer Graphenstruktur (oben). Diese Zustandsgraphen werden mithilfe von Mergingfunktionen $\Omega = \{\omega_A, \omega_I, \omega_F, \omega_W\}$ zu einem Gruppenzustandsgraphen G_{group} gemerged. Der Gruppenzustandsgraph besitzt das Wissen beider Benutzerzustandsgraphen, da sämtliche Kanten und Knoten beider Benutzer repräsentiert sind.

Die Wahl der Mergingfunktionen hat Auswirkungen auf die im Gruppenzustandsgraphen abgebildeten Gewichtungen (Fokus, Aktivierungen, statische Präferenzen und situative Präferenzen). Im folgenden Abschnitt werden eine Reihe von möglichen Mergingfunktionen und die Auswirkungen der Mergingfunktionen auf den Gruppenzustandsgraphen erläutert.

3.10 Mergingfunktionen

In der Arbeit von (Masthoff, 2004) werden einzelne Benutzerprofile mit Bewertungen für Fernsehprogramme genutzt, um daraus eine Sequenz von Programmen für eine Gruppe von Zuschauern zu generieren. Für das Merging der Bewertungen werden elf verschiedene Mergingstrategien vorgestellt (vergleiche Tabelle 3.1). Die vorgestellten Strategien basieren auf zwei Annahmen:

1. Benutzer geben für ihr Profil eine Reihe von Bewertungen ab, die repräsentativ für ihr Interesse an dem jeweiligen Programm sind.
2. Benutzer bewerten alle Optionen und bilden somit eine präferierte Sequenz der Programme.

Das Ziel der Strategien liegt in der Bildung von einer Sequenz von Programmen für eine kleine Gruppe von Fernsehzuschauern. Für die Bildung der Benutzerprofile, insbesondere die Generierung der Sequenzen von Programmen, ist eine hohe Interaktivität der Benutzer erforderlich. Zudem werden keine kontextuellen Einflüsse mit abgebildet. Dies würde die Komplexität der Benutzerprofile erheblich steigern und somit die Bewertung und Generierung der Programmsequenzen für die Benutzer komplizierter gestalten.

Eine Reihe der in Tabelle 3.1 vorgestellten Strategien werden in Gruppenempfehlungssystemen (beispielsweise (O'Connor et al., 2001), (Recio-Garcia et al., 2009), (Amer-Yahia et al., 2009) oder (Baltrunas et al., 2010)) verwendet[33]. Nach den Erfahrungen von (Masthoff, 2011) achten Benutzer, wenn sie Entscheidungen anstelle des Systems treffen, besonders auf Fairness und versuchen, Unzufriedenheit zu vermeiden. Daher wurden insbesondere *Average*, *Least Misery* und *Average without Misery* als Strategien verwendet, während komplexe Strategien auf Basis von Sequenzbildungen (z.B. *Borda Count* oder *Copeland Rule*) nicht verwendet wurden.

[33] Eine Einführung in die Problematik von Gruppenempfehlungen findet sich in (Jameson and Smyth, 2007).

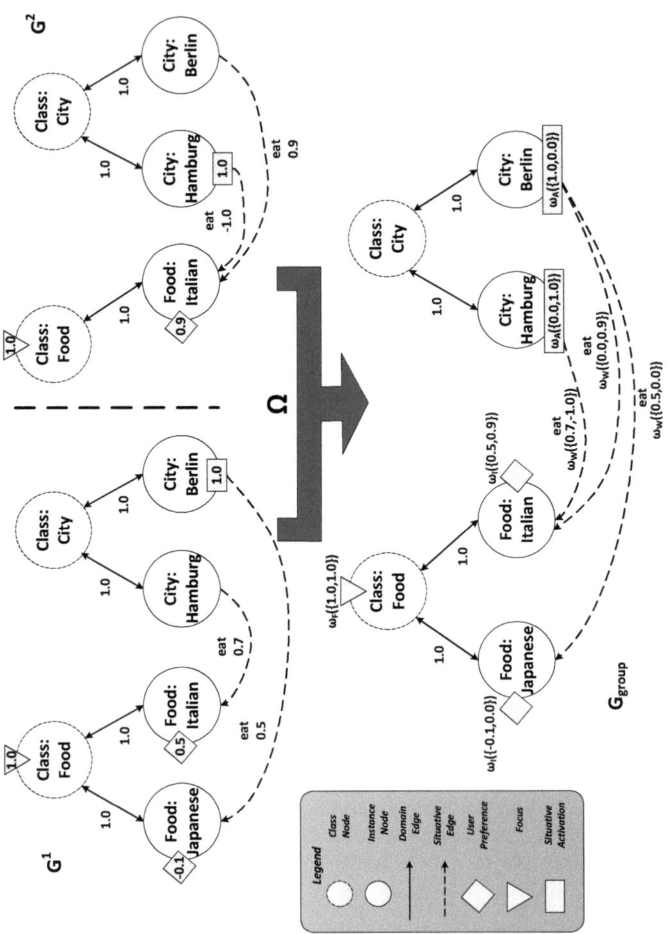

Abbildung 3.14: Beispiel des Merging zweier Benutzerzustandsgraphen G^1 und G^2 zu einem Gruppenzustandsgraphen G_{group}. Das Merging von Aktivierungen, statischen und situativen Präferenzen und Fokus erfolgt durch Mergingfunktionen. Der Übersicht halber sind alle Werte mit einem Wert von 0.0 als Standardwerte nicht abgebildet.

Strategie	**Funktionsweise**
Plurality Voting	Bildung einer Sequenz von Programmen basierend auf den Sequenzen von individuellen Bewertungen. Die Alternative, die am häufigsten gewählt wird, „gewinnt“.
Average	Durchschnittlicher Wert aller individuellen Bewertungen: Eine Gruppe von drei Personen mit den Bewertungen 4, 2, 9 besitzt die Gruppenbewertung $(4+2+9)/3=5$.
Multiplikativ	Multiplikation aller individuellen Bewertungen: Eine Gruppe mit drei Personen und den Bewertungen 4, 2, 9 besitzt eine Gruppenbewertung von $4*2*9=72$.
Borda Count	Basierend auf dem Ranking von einzelnen Benutzern wird eine Rangliste basierend auf der Position in den jeweiligen Sequenzen (mit 0 für das zuletzt ausgewählte Programm) erstellt. Eine neue Sequenz für die Gruppe wird auf Basis der Score ermittelt.
Copeland Rule	Es wird eine Bewertung auf Basis der Häufigkeit berechnet, in der ein Programm A anderen Programmen B oder C vorgezogen wird, abzüglich der Anzahl, wie häufig Programm A nicht anderen Programmen vorgezogen wird. Die ermittelte Sequenz von Programmen wird auf Basis der Bewertungen (mit absteigendem Wert) gebildet.
Approval Voting	Jeder Benutzer kann eine beliebige Menge von Programmen auswählen. Die Sequenz für die Gruppe wird aus den am häufigsten gewählten Programmen erstellt.
Least Misery	Verwendung des Minimums aller individuellen Bewertungen.
Most Pleasure	Verwendung des Maximums aller individuellen Bewertungen.
Average without Misery	Der Durchschnitt aller individuellen Bewertungen wird gebildet, wobei alle Bewertungen unterhalb eines Grenzwertes d nicht in die Berechnung einbezogen werden.
Fairness	Basierend auf individuellen Vorlieben für eine Sequenz von Programmen erhält jeder Benutzer abwechselnd die Gelegenheit, die höchstbewerteten Programme ihrer Sequenz in die Sequenz für die Gruppe zu übernehmen. Wenn Benutzer 1 als Sequenz $\{A, C, D, B\}$, Benutzer 2 $\{C, B, D, A\}$ und Benutzer 3 $\{A, B, D, C\}$ gewählt haben, wird nun abwechselnd für die Gruppe beginnend von Benutzer 1 die Sequenz $\{A, C, B, D\}$ gebildet.
Most respected Person / Dictator	Die Bewertung der am meisten respektierten Person (Diktator) wird verwendet.

Tabelle 3.1: Übersicht der in (Masthoff, 2004) vorgestellten Mergingstrategien für die Erstellung einer Sequenz von TV-Programmen.

Die Untersuchung der Zufriedenheit der Benutzer mit dem Ergebnis des Merging in (Masthoff, 2011) spiegelt sich ebenfalls in der Wahl der präferierten Strategien wider. Die *Multiplikative Strategie* wurde präferiert, da dies die einzige Strategie darstellt, die alle Gruppenmitglieder über die Sequenz zufriedenstellt. Ebenso wurden *Borda Count*, *Average*, *Average without Misery* und *Most Pleasure* Strategien als zufriedenstellend empfunden, während die verbleibenden Strategien (u.a. *Copeland Regel*, *Plurality Voting*, *Least Misery*) abgelehnt wurden, da das Ergebnis die Gruppe unzufrieden stellt.

Für die Generierung von Gruppenzustandsgraphen G_{group} aus Benutzerzustandsgraphen G_U lassen sich somit nicht alle Strategien verwenden. Strategien, die auf Basis der benutzerspezifischen Sequenzen eine Entscheidung für die Gruppe generieren, können nicht angewandt werden, da im Zustandsgraphen keine Sequenzen von Konzepten oder Situationen abgebildet werden. Somit lassen sich die Mergingstrategien *Majoritätswahl*, *Fairness-Strategie*, *Borda-Count*, *Copeland Regel* und *zustimmende Wahl* nicht für die Generierung von Gruppenzustandsgraphen verwenden. Die verbleibenden Strategien basieren hingegen auf dem Merging von Bewertungen für ein Konzept (Programme) und können somit für das Merging der jeweiligen Gewichtungen des Benutzerzustandsgraphen genutzt werden, um einen repräsentativen Wert für den Gruppenzustandsgraphen G_{group} zu erhalten.

Im Folgenden werden Attribute der Knoten und Kanten des Zustandsgraphen - wie Fokus, situative Einflüsse, statische und dynamische Präferenzen - zur Vereinfachung als *Gewichtung* bezeichnet.

3.10.1 Gleichberechtigtes (Average) Merging

In einer gleichberechtigten Gruppe sollten alle Mitglieder den gleichen Einfluss auf den Gruppenzustandsgraph besitzen. Zu diesem Zweck lässt sich summativ das arithmetische Mittel aller Gewichtungen berechnen:

$$\omega_{av}^{sum}(Z) = \frac{1}{|Z|} \sum_{i=0}^{|Z|} z_i \tag{3.34}$$

Ein Sonderfall des gleichberechtigen Merging stellt das *Average without Misery* Merging dar. Hierbei werden nicht die Gewichtungen über alle Personen zu einem Konzept in die Berechnung mit einbezogen, sondern nur jene, die größer als ein vorher definierter Schwellenwert δ sind.

$$\omega_{thresAv}(Z_\delta) = \frac{1}{|Z_\delta|} \sum_{i=0}^{|Z_\delta} z_i \tag{3.35}$$

mit

$$Z_\delta \subseteq Z \quad | \quad \forall z_i \in Z_\delta : z_i \geq \delta, \quad \delta \in \mathbb{R}$$

3.10.2 Multiplikatives Merging

Das Merging durch Multiplikation der benutzerspezifischen Gewichtungen führt dazu, dass geringe Gewichtungen schwächer und hohe Gewichtungen stärker einfließen. Es gilt:

$$\omega_{mult}(Z) = \prod_{i=0}^{|Z|} z_i \tag{3.36}$$

Ein Nachteil dieses Ansatzes liegt in dem Wertebereich der einzelnen Gewichtungen der Zustandsgraphen begründet:

$$\begin{aligned} F &\in [0;1] \\ A &\in [-1;1] \\ I &\in [-1;1] \\ W &\in [-1;1] \end{aligned}$$

Die für die Gruppe berechnete Gewichtung ist abhängig von der Anzahl negativer Werte (für alle Gewichtungen außer dem Fokus). Sobald die Anzahl negativer Werte $Z^- \subseteq Z$ gerade ($|Z^-|\ mod\ 2 = 0$ mit $\forall z_i^- \in Z^- : z_i^- < 0.0$) ist, ist das Resultat des Merging immer positiv. Sobald die Anzahl ungerade ist, ist das Resultat des Merging immer negativ. Zusätzlich ist das Resultat r der Multiplikation zweier Werten $r = a * b$ mit $a < b$ und $a, b \in [-1;1]$ immer kleiner oder gleich dem Betrag des kleineren der beiden Werte: $r \leq |a|$. Dies führt insbesondere beim Merging von Gewichtungen vieler Benutzer dazu, dass das Ergebnis für die Gruppengewichtung immer kleiner wird - und somit die abgebildeten Informationen unterrepräsentiert und beim Kontextualisierungsprozess kein Kontext ermittelt werden kann. Dieser Nachteil lässt sich jedoch beseitigen, indem vor Merging aller Gewichtungen der Gruppenzustandsgraphen die Gewichtungen global normiert werden (beispielsweise durch Verschiebung des Wertebereichs).

Ein weiterer Nachteil ist im Wertebereich der Gewichtungen begründet. Wenn eine oder mehrere Gewichtungen von Gruppenmitgliedern 0 sind, dann ist das Produkt, welches als Gruppenwert für den Gruppenzustandsgraphen übernommen werden soll, ebenfalls gleich 0. Dieser Nachteil lässt sich ebenfalls auflösen, indem für die Aggregation die Wertebereiche verschoben und anschließend das Mergingresultat in den ursprünglichen Wertebereich zurücktransformiert wird.

3.10.3 Maximal Pleasure

Das Merging nach *Maximal Pleasure* bildet die Menge Z aller Gewichtungen auf ihren maximalen Wert ab. Dies bedeutet, dass der Einfluss der Person, die die höchste Gewichtung besitzt, die Gewichtung der Gruppe festlegt.

$$\omega_{max}(Z) = max(Z) = z_{max} \Rightarrow \forall z_i \in Z : z_{max} \geq z_i \tag{3.37}$$

Nachteilig an diesem Merging ist, dass bereits ein einzelner positiver oder negativer Ausreißer aus einer sonst gleichmäßigen Menge dazu führen kann, dass der Ausreißer repräsentativ für die Gruppe angenommen wird. Dies kann Auswirkungen auf den Kontextualisierungsprozess haben:

- Knoten mit hohen statischen Präferenzwerten wirken während der Kontextualisierung verstärkend auf benachbarte Knoten. Somit können Konzepte, an denen nur einzelne Benutzer eine hohe Präferenz besitzen, und die Konzepte, die mit ihnen verbunden sind, durch die Kontextualisierung eine größere Bedeutung für die Gruppe erlangen. Dies kann ein gewünschter Effekt sein, wenn Spezialwissen von einzelnen Gruppenmitgliedern gewünscht wird.
- Unaufmerksame Gruppenmitglieder, die sich im Vergleich zu ihren Kollegen mit anderen Dingen als einer vorliegenden Aufgabe beschäftigen, können das Kontextualisierungsergebnis durch ihren abweichenden Fokus auf andere Konzepte verändern, da alle Fokusse beim Kontextualisierungsprozess einen gleichberechtigten Einfluss ausüben.
- Hohe Kantengewichtungen entsprechen der persönlichen Vorliebe einer Person in einer Situation. Für die Gruppe bedeutet dies, dass im Falle der Aktivierung des Ursprungsknotens im Gruppenzustandsgraphen benachbarte Knoten stark aktiviert werden. Somit steigt die Anzahl der Knoten im Kontextgraphen. Dies kann ein erwünschter Effekt sein, wenn für eine Situation alle zur Verfügung stehenden Optionen gesucht werden.
- Situative Aktivierungen repräsentieren die Situation, in der sich Benutzer befinden. Wenn sich in einer Gruppe die Situation eines Einzelnen stark von den Anderen unterscheidet, z.B. die Lokalisationsinformationen nicht übereinstimmen, kann dies dazu führen, dass situative Informationen, die nur für einen einzelnen Benutzer von Interesse wären, für die Gruppe übernommen werden.

Weiterhin können zueinander komplementäre Interessen im schlimmsten Fall dazu führen, dass alle Gewichtungen des Gruppenzustandsgraphen durch sehr hohe Werte repräsentiert werden. Dies wiederum bedeutet, dass durch den Kontextualisierungsprozess alle Konzepte des Zustandsgraphen für die Situation der Gruppe als wichtig erachtet werden.

3.10.4 Least Misery

Das Merging nach *Least Misery* entspricht dem Gegenteil von *Maximal Pleasure*. Es wird die geringste Gewichtung aller Gruppenmitglieder repräsentativ für die Gruppe ausgewählt.

$$\omega_{min}(Z) = min(Z) = z_{min} \Rightarrow \forall z_i \in Z : z_{min} \leq z_i \tag{3.38}$$

Nachteilig an diesem Ansatz ist, dass dies - wie auch beim Maximal Pleasure-Merging - Auswirkungen auf den Kontextualisierungsprozess hat:

- Ein gemeinsamer Arbeitsfokus auf eine Aufgabe kann von einem einzelnen abgelenkten Gruppenmitglied negiert werden. Es kann nicht sichergestellt werden, dass das Resultat der Kontextualisierung mit dem gemeinsamen Arbeitsfokus in Relation steht.
- Einzelne niedrige statische Präferenzen an Entitäten können ein in der Gruppe sonst hohe statische Präferenz überschreiben. Dies kann erwünscht sein, wenn nur Konzepte im Kontextualisierungsresultat enthalten sein sollen, an denen in der Gruppe ein einheitlich hohes Interesse besteht.

- Wie auch bei statischen Präferenzen können niedrige situative Aktivierungen einzelner Personen die Situationsrepräsentation der Gruppe überschreiben und somit das Kontextualisierungsresultat verändern. Dies kann erwünscht sein, wenn nur die situativen Einflüsse, die einheitlich für alle in der Gruppe gelten, bei der Kontextualisierung berücksichtigt werden sollen.
- Niedrige situative Präferenzen von einzelnen Gruppenmitgliedern führen dazu, dass während des Kontextualisierungsprozesses die situativen Vorlieben der Gruppe ebenfalls niedrig gewertet und somit weniger Aktivierungen im Zustandsgraphen propagiert werden. Folglich wird die Anzahl der kontextuell wichtigen Konzepte geringer. Dieses Kontextualisierungsverhalten kann erwünscht sein, wenn für den Gruppenkontext nicht die am häufigsten vertretenden Vorlieben zu Situationen, sondern das Komplement dazu gesucht ist.

Zueinander komplementäre Gewichtungen einzelner Benutzer können bei *Least Misery*-Merging dazu führen, dass der Gruppenzustandsgraph sehr schwach besetzt ist (alle Gewichtungen fallen sehr niedrig aus) und somit die Kontextualisierung zu keinem Resultat führt.

3.10.5 Median

Ein Median-Merging eignet sich insbesondere, um einzelne Werte-Ausreißer bei Gewichtungen der Gruppenmitglieder herauszufiltern. Das Merging nutzt die sortierte Sequenz der Gewichtungen Z_{sort}:

$$\omega_{med}(Z_{sort}) = \begin{cases} z_{\frac{m+1}{2}} : & m \text{ ist ungerade} \\ \frac{1}{2}(z_{\frac{m}{2}} + z_{\frac{m}{2}+1}) : & m \text{ ist gerade} \end{cases} \tag{3.39}$$

$$\text{mit } m = |Z| \quad \wedge \quad sort(Z) \rightarrow Z_{sort} \quad | \quad \forall z_j \in Z_{sort} : z_{j-1} \leq z_j \leq z_{j+1}$$

3.10.6 Gewichtetes Merging

Jedem Gruppenmitglied wird ein Gewicht $w_i \in [0;1]$ - entsprechend der „Wichtigkeit“ dieser Person in der Gruppe - zugeordnet. Diese Aggregation eignet sich insbesondere dann, wenn Benutzerrollen mit einbezogen werden sollen. Das gewichtete Merging entspricht einer gewichteten *Average-Strategie*:

$$\omega_w(Z, W) = \sum_{i=0}^{|Z|} w_i z_i = \omega_{av}^{weightSum} \tag{3.40}$$

mit

$$|Z| = |W| \quad \wedge \quad w_i \in W \quad \wedge \quad \sum_{i=0}^{|W|} = 1 \quad \wedge \quad w_i \in [0;1]$$

Eine Besonderheit von gewichteten Merging ist die diktatorische Aggregation. Hierbei wird nur die Gewichtung einer ausgewählte Person u der Gruppe (von dem „Diktator“) berücksichtigt.

$$\omega_{dictator}(Z,u) = \omega_w(Z,W) \rightarrow z_p \quad \text{mit} \quad w_i \in W, \quad w_i = \begin{cases} 0 & \text{für} \quad i \neq u \\ 1 & \text{für} \quad i = u \end{cases} \tag{3.41}$$

3.11 Zusammenfassung

Eine Definition von Kontext, die nur auf situationsbeschreibende Aspekte limitiert ist, beschränkt auch die Anwendungsmöglichkeiten von Kontext. Zahlreiche Anwendungsszenarien benötigen nicht nur Informationen über die Situation als Kontext, sondern auch Informationen, die auf Basis der Situation abgeleitet werden oder in Bezug zu situationsbeschreibenden Aspekten oder Hintergrundwissen stehen. In diesem Kapitel wurde diese Lücke in bestehenden Kontextdefinitionen geschlossen und eine neue Kontextdefinition präsentiert. Auf Basis der erhobenen Anforderungen an das Kontextmodell wurde ein generalisiertes, graphbasiertes Kontextmodell vorgestellt. Im Gegensatz zu existierenden Kontextmodellen (vergleiche Kapitel 2.2) ist das vorgestellte Kontextmodell auf Basis von Zustandsgraphen nicht auf einen Anwendungsfall beschränkt, sondern erlaubt durch ein Domänenmodell die Anpassung an beliebige Anwendungsszenarien. Durch die Verwendung von Gewichtungen im Kontextmodell können zusätzlich beliebige Benutzerprofile, Situationen und Bezugspunkte abgebildet werden. Zustandsgraphen unterstützen eine dynamische Erweiterung der abgebildeten Konzepte, um so eine optimale Anpassung an die Bedürfnisse, Situationen und an das Wissen eines Benutzers zu ermöglichen. Spreading Activation als Kontextualisierungsverfahren ist geeignet, um im Graphen die Elemente zu identifizieren, die zu der gegebenen Situation als kontextuell relevant erachtet werden.

Neben der Repräsentation von einzelnen Benutzern können mithilfe von Zustandsgraphen ebenfalls beliebig große Benutzergruppen repräsentiert und deren Kontext ermittelt werden. Obwohl es möglich ist, für jede Gruppe einen eigenen Zustandsgraphen zu verwalten, zeigt sich jedoch, dass dieses Vorgehen für die meisten Anwendungsfälle zu starr und aufwendig ist und für situationsbedingte Einflüsse in Form von sozialen Faktoren innerhalb der Gruppe nicht ausreichend angepasst werden kann. Aus diesem Grund sollten Gruppenzustandsgraphen durch ein Merging von einzelnen Benutzerzustandsgraphen ermittelt werden. Dieses Vorgehen erlaubt es, dass einerseits soziale Faktoren und andererseits Benutzerpräferenzen in die Gruppe mit einfließen können. Das Merging ist nicht an feste Gruppenkonstellationen gebunden, sondern erlaubt eine dynamische Ermittlung von Gruppenkontexten. Umgekehrt erlaubt das Konzept der benutzerspezifischen Sichten, einen geteilten Zustandsgraphen auf benutzerspezifische Zustandsgraphen abzubilden.

Im folgenden Kapitel werden Verfahren für die Identifikation von Gruppen auf Basis von Zustandsgraphen vorgestellt.

4 Identifikation von Gruppen auf Basis von Zustandsgraphen

Kontextbasierte Systeme versuchen, sich an den Benutzer und seinen Kontext anzupassen (siehe Kapitel 2 für eine exemplarische Übersicht von kontextbasierten Anwendungen). Der jeweilige Kontext wird jedoch entweder für einzelne Benutzer oder für Gruppen von Benutzern mit gleichen situationsbeschreibenden Aspekten (und folglich nach bisherigen Definitionen: dem gleichen „Kontext") ermittelt. Einige Anwendungsszenarien unterstützen solche Kontexte auch für Gruppen. Betrachten wir das Beispiel der Nutzung eines kontextbasierten Dokumentenempfehlungssystems, welches in Abhängigkeit des aktuellen Projekts und der jeweiligen Aufgaben den Benutzer potentiell relevante Dokumente (wie beispielsweise eine Projektdokumentation, Implementierungsdetails oder Architekturrichtlinien) anzeigt. In einem solchen Szenario ist es unerheblich, welcher individuelle „Kontext" der Benutzer des Systems eines Teams für ein Projekt benutzt wird, da alle Teammitglieder sich in derselben Situation (hier: Projekt) befinden.

Komplexer ist die Wahl des Kontextes, wenn die Kontextdefinition aus Kapitel 3.1 genutzt wird. In diesem Fall hätte jedes Teammitglied einen individuellen Kontext, der nicht nur auf die Situation bezogen ist, sondern auch zusätzlich persönliche Präferenzen und den jeweiligen Fokus miteinbezieht. Für das obige Beispiel kann dies bedeuten:

- für den Fall, dass nur eine Person an einer Aufgabe arbeitet, der Kontext dieser Person ausschlaggebend ist, oder
- für den Fall, dass mehrere Teammitglieder gleichzeitig an einer Aufgabe für ein gemeinsames Projekt arbeiten, ein gemeinsamer Gruppenkontext ermittelt werden muss.

Die Ermittlung von solchen Gruppenkontexten wurde im Kapitel 3.9 vorgestellt.

Nachteil des vorgestellten Anwendungsszenarios ist jedoch, dass es von der Grundannahme ausgeht, dass die Gruppenzusammstellung von Anfang an bekannt ist und sich nicht ändert. Diese Voraussetzung ist jedoch für viele Anwendungsszenarien nicht erfüllt. Insbesondere bei verteilten und kooperativen Systemen (beispielsweise in CSCW[34]-Anwendungen) unterscheiden sich häufig sowohl die Situation, der jeweilige Fokus und zusätzlich auch die Präferenzen der einzelnen Benutzer des Systems. An welchen Kontext soll sich das System somit anpassen? An den Kontext des aktuellen Benutzers, auch wenn er gerade in Kooperation mit einem anderen

[34] **CSCW** steht für Computer Supported Cooperative Work (computeruntstützte, kooperative Arbeit).

Benutzer arbeitet? An den Kontext aller Benutzer des Systems? Oder an den Kontext der jeweiligen Benutzergruppe? Und wie lässt sich diese Benutzergruppe ermitteln?

Zur Verdeutlichung betrachten wir folgendes Beispiel: Alice und Bob sind Teamleiter in der Softwareentwicklung und sollen gemeinsam eine neue Bürosoftware entwickeln. Zu diesem Zweck werden neue Geschäftsvorfälle, Geschäftsregeln, Datenexporte und eine neue Benutzeroberfläche umgesetzt. Für die Koordination im Entwicklungsteam verwenden sie ein kontextadaptives CSCW-System, welches den Benutzern kontextuell relevante Informationen und Funktionen präsentiert, um so den Arbeitsprozess zu unterstützen. Das Entwicklungsteam arbeitet nicht mit allen Teammitgliedern an der Umsetzung einer Aufgabe, sondern es bildet kleine Gruppen von Entwicklern, die gemeinsam Aufgaben umsetzen. Ein mögliches Beispiel für so eine Gruppe sind Dave und Eve, die gemeinsam die Benutzeroberfläche für die Software erstellen. Ihre Arbeitssituation unterscheidet sich somit vom restlichen Team. Mögliche kontextuell relevante Informationen können in diesem Zusammenhang Designvorgaben oder Spezifikationen für die Benutzeroberfläche sein. Aufgrund von vorgeschriebenen Meilensteinen in der Entwicklung ist eine andere Gruppe bei der Umsetzung von Geschäftsvorfällen im Verzug. Aus diesem Grund bietet Dave an, dieser Gruppe auszuhelfen, um den Meilenstein (die Umsetzung des Geschäftsvorfalls) termingerecht zu erfüllen. Es ändern sich somit zwangsläufig die internen Gruppenzusammensetzungen: Dave verlässt die Gruppe, die für die Umsetzung der Benutzeroberfläche zuständig ist, so dass Eve allein weiter an der Benutzeroberfläche arbeitet. Stattdessen tritt Dave der Gruppe bei, die für die Umsetzung des Geschäftsvorfalls zuständig ist. Das kontextadaptive System muss in der Lage sein, diese Änderung der Gruppenzusammenstellung zu erkennen und Dave mit passenden Informationen zu unterstützen. Dies bedeutet, dass Dave statt Dokumente für die Umsetzung der Benutzeroberfläche nun Spezifikationen und Rahmenbedingungen des Geschäftsvorfalls präsentiert bekommen muss.

Wie dieses Beispiel zeigt, können sich sowohl die Anforderungen an den Kontext wie auch die Gruppenzusammenstellung während der Gruppenarbeiten dynamisch verändern. Es ist nicht praktikabel, für jede mögliche Gruppenkonstellation eigene Kontextmodelle zu unterhalten und parallel Änderungen der Situation, Präferenzen und Fokus zu aktualisieren. Stattdessen wird ein Merging von personalisierten Kontextmodellen (siehe Kapitel 3.9) durchgeführt. Die Identifikation von relevanten Gruppenkonstellationen kann hierbei entweder manuell durch einen Benutzer oder automatisch mithilfe von Gruppenidentifikationsverfahren erfolgen.

Ein weiterer Vorteil von identifizierten Gruppen zeigt sich bei der Erstellung von neuen Zustandsgraphen, um das *Kaltstartproblem*[35] zu beseitigen. Einem neuen Zustandsgraphen fehlen anfänglich Informationen über statische und situative Präferenzen eines Benutzers und enthalten zusätzlich - aufgrund nicht vorhandener Knoten und Kanten - im Vergleich zu anderen Benutzern weniger Informationen. Dies

[35] Das *Kaltstartproblem* beschreibt ein gängiges Phänomen in Computersystemen (beispielsweise bei Empfehlungssystemen, vergleiche (Schein et al., 2002)), bei denen über einen Benutzer oder über Artefakte zu wenig Informationen vorliegen, um sinnvolle Ableitungen von Wissen, Empfehlungen oder Aktionen zu ermitteln.

führt dazu, dass der zunächst ermittelte Kontext aufgrund des fehlenden Benutzerprofils nicht personalisiert wird. Erst mit fortschreitender Nutzung des Systems und der Einspeisung von Feedback durch den Benutzer (beispielsweise durch Bewertungen oder Speichern von Präferenzen) wird über die Zeit der Zustandsgraph personalisiert. Diese Kaltstartproblematik kann durch die Identifikation einer geeigneten Benutzergruppe gemindert werden. Dabei werden die Informationen aus der Gruppe miteinander verrechnet, in den neuen Zustandsgraphen abgebildet, um so den Zustandsgraphen initial zu befüllen.

Im Rahmen dieser Arbeit wird zwischen folgenden Ansätzen für Gruppenidentifikationsverfahren unterschieden:

- Gruppenidentifikation mithilfe von Verfahren aus der *Social Network Analysis*, bei denen Personen-Personen-Beziehungen(Kapitel 4.3 und 4.4) oder Personen-Artefakt-Beziehungen (Kapitel 4.7) analysiert werden,
- Gruppenidentifikation durch Clustering von strukturell ähnlichen Zustandsgraphen (Kapitel 4.5) und
- Gruppenidentifikation durch Analyse und Vergleich von Zustandsgraphen und den in ihnen abgebildeten Konzepten (Kapitel 4.6).

In diesem Kapitel wird zunächst erläutert, wie aus Zustandsgraphen mit Personenrepräsentationen ein Personengraph als Beschreibung von Person-Person-Beziehungen erstellt werden kann. Anschließend wird der Stand der Forschung für Gruppenidentifikationsverfahren aus der Social Network Analysis vorgestellt, die sich auf Personengraphen anwenden lassen. Nachfolgend werden Gruppenidentifikationsverfahren, die Gruppen auf Basis struktureller Ähnlichkeit von Zustandsgraphen ermitteln, erläutert. Zuletzt werden Gruppenidentifikationsverfahren vorgestellt, die Zustandsgraphen analysieren und für vordefinierte Ziele Gruppen ermitteln. Hierbei wird insbesondere ein Verfahren und ein Maß vorgestellt, die durch die Verwendung von Benutzerzustandsgraphen und benutzerspezifischen Sichten ermöglichen, dass für Benutzer Gruppen identifiziert werden, die in einer Situation für den Informationsbedarf des Benutzers einen Mehrwert an Wissen darstellen. Zuletzt wird ein Gruppenidentifikationsverfahren präsentiert, das Zustandsgraphen inhaltlich analysiert und Gruppen ermittelt, die sich durch überschneidende oder durch aktive Konzepte - aufgrund der Situation oder des Profils - definieren.

4.1 Generierung von Personengraphen aus Zustandsgraphen

Zustandsgraphen eignen sich in der hier vorgestellten Form nur dann für die Anwendung von Gruppenidentifikationsverfahren aus der Social Network Analysis, wenn sie Personenrepräsentationen enthalten (vergleiche Kapitel 3.7) und somit Beziehungen zwischen Benutzern abbilden können. Zustandsgraphen ohne Personenrepräsentationen erfordern für die Anwendung von Gruppenidentifikationsverfahren zusätzlich externe Datenquellen, beispielsweise eine Überwachung der Kommunikation eines Benutzers durch Analyse von Emails, Chats, Nutzung von Adressbüchern oder Freundeslisten.

Zustandsgraphen mit Personenrepräsentationen besitzen hingegen einen Subgraphen $G_p \subseteq G$, der Beziehungen zwischen Personen repräsentiert. Da nur Personenrepräsentationen des Zustandsgraphen betrachtet werden sollen, wird eine Typisierungsfunktion $\theta_p : N \to \{Person, noPerson\}$ benötigt, die ermittelt, ob ein Knoten $n \in N$ eine Person ist oder nicht. Der Subgraph, der das im Zustandsgraphen abgebildete soziale Netzwerk repräsentiert, kann durch eine Projektion $\mathfrak{U}$ des Zustandsgraphen ermittelt werden:

$$\mathfrak{U}(G) = G_p \tag{4.1}$$

mit

$$\begin{aligned}
G_p =& (N_p, E_p, src_p, tgt_p, L_N^p, \lambda_N^p, L_E^p, \lambda_E^p, \iota_p \sigma_p) \quad \text{mit} \\
& N_p = \{n \in N \mid \theta_p(n) = Person\} \\
\wedge \quad & E_p = \{e \in E \mid src(e) \in N_p \quad \wedge \quad tgt(e) \in N_P\} \\
\wedge \quad & L_N^p = \{\lambda_N(n) \mid n \in N_p\} \quad \wedge \quad L_E^p = \{\lambda_E(e) \mid e \in E_p\} \\
\wedge \quad & \lambda_N^p = \lambda_N|_{N_p} : N_p \to L_N^p \quad \wedge \quad \lambda_E^p = \lambda_E|_{E_p} : E_p \to L_E^p \\
\wedge \quad & \iota_p : N_p \to [-1;1] \quad \wedge \quad \sigma_p : E_p \to [-1;1]
\end{aligned}$$

Der Subgraph G_p beschreibt nur die Relationen zwischen Personen, die im Zustandsgraphen G beschrieben werden. Die Aussage *„Bob likes Alice“* wird im Zustandsgraphen durch zwei Knoten *Alice* und *Bob* als Personenrepräsentationen dargestellt. Die Kante zwischen den beiden Personenknoten beschreibt die Beziehung zwischen den beiden Personen, während das Kantengewicht die vom Besitzer des Zustandsgraphen vermutete „Beziehungsstärke“ beschreibt. Es kann somit durchaus sein, dass diese Kantengewichte in verschiedenen Zustandsgraphen unterschiedlich ausfallen, beispielsweise, wenn eine Person glaubt, dass Alice und Bob sich nicht leiden können (repräsentiert durch ein Kantengewicht von ≤ -0.5), während eine andere Person der Meinung ist, dass die beiden sich gut leiden können (Kantengewicht ≥ 0.5). Die Interpretation solcher Aussagen für die Wahl geeigneter Kantengewichte muss a priori erfolgen.

Der Subgraph G_p bildet jedoch nicht alle Personen und ihre Beziehungen zueinander vollständig ab. Es fehlt der Besitzer des Zustandsgraphen. Zudem beschreiben statische Präferenzen an Personenknoten des Zustandsgraphen die Beziehung des Besitzer zu einer anderen Person. Aus einem Interesse von $i_{Alice} = 1.0$ an *Alice* lässt sich folgern, dass der Besitzer des Zustandsgraphen Alice gut leiden kann oder wenigstens ein großes Interesse an ihr besteht (beispielsweise, weil sie in einem Fachgebiet als Experte gilt).

Für die vollständige Repräsentation aller Personen-Beziehungen eines Zustandsgraphen mit Personenrepräsentationen wird der Subgraph G_p mit einer Projektion $\mathfrak{P}$ auf einem Personengraph $G_{\mathcal{P}}$ abgebildet. Es gilt:

$$\mathfrak{P} : G_p \to G_{\mathcal{P}}, \quad G_{\mathcal{P}} = (N_{\mathcal{P}}, E_{\mathcal{P}}, src, tgt, L_N^{\mathcal{P}}, \lambda_N^{\mathcal{P}}, L_E^{\mathcal{P}}, \lambda_E^{\mathcal{P}}, \sigma_{\mathcal{P}}) \tag{4.2}$$

mit

$$\begin{aligned}
N_{\mathcal{P}} = N_p \cup \{u\} \quad &\wedge \quad E_{\mathcal{P}} = E_p \cup E_U \quad \wedge \\
src : E_P \rightarrow N_{\mathcal{P}} \quad &\wedge \quad tgt : E_P \rightarrow N_{\mathcal{P}} \quad \wedge \\
L_N^{\mathcal{P}} = L_N^p \cup |u| \quad &\wedge \quad L_E^{\mathcal{P}} = L_E^p \cup L_E^U \quad \wedge \\
\lambda_N^{\mathcal{P}} : N_{\mathcal{P}} \rightarrow L_N^{\mathcal{P}} \quad &\wedge \quad \lambda_E^{\mathcal{P}} : E_{\mathcal{P}} \rightarrow L_E^{\mathcal{P}} \quad \wedge \\
\sigma_{\mathcal{P}} : E_{\mathcal{P}} \rightarrow [-1;1] &
\end{aligned}$$

Hierbei wird die Menge aller Knoten N_p um zusätzlich einen Knoten u als Personenrepräsentation (mit $\theta_p(u) = Person$) erweitert, der repräsentativ für den Besitzer des Zustandsgraphen steht und das Label $|u|$ als Name des Benutzers besitzt. Die Menge aller Knoten wird um die Kanten E_U erweitert, die den neuen Knoten u mit anderen Personenknoten verknüpft, für die im Zustandsgraphen ein Knoten existiert. Diese neuen Kanten besitzen Bezeichner aus L_E^U, beschreiben den Kantentyp und somit die Art der Beziehung zwischen den Personen. Ein typischer Kantentyp, der zwischen dem Besitzer u des Zustandsgraphen und anderen Personen P im Personengraph existiert, beschreibt das Interesse $i_p = \iota(n_p)$ an einer Person p (im Zustandsgraphen als Interessenwert am Knoten, der die Person p repräsentiert, abgebildet). Dieser Kantentyp wird im Rahmen dieser Arbeit mit *„interestedIn“* ($l_{interestedIn} \subseteq L_E^U$) bezeichnet und stellt einen speziellen Typ der Beziehung zwischen Personen dar, der nicht im Zustandsgraphen mit Personenrepräsentationen explizit durch eine beziehungsbeschreibende Kante beschrieben wird. Die Gewichtungsfunktion $\sigma_{\mathcal{P}}$ wird für eine Kanten $e_{ij} \in E_{\mathcal{P}}$ definiert als:

$$\sigma_{\mathcal{P}}(e_{ij}) = \begin{cases} \sigma_p(e_{ij}) & \text{für} \quad src(e_{ij}) = n_i \quad \wedge \quad tgt(e_{ij}) = n_j, \quad n_i, n_j \in N_p \\ \iota(n_i) & \text{für} \quad src(e_{ij}) = u \quad \wedge \quad tgt(e_{ij}) = n_i, \quad n_i \in N_p \end{cases} \tag{4.3}$$

Für einen *vollständigen Personengraph* $\mathcal{P}$ - als Repräsentation des sozialen Netzwerks im System - müssen alle Personengraphen $G_{\mathcal{P}}$ gemerged werden. Zu diesem Zweck wird eine Mergingfunktion (vergleiche Kapitel 3.10) verwendet.

Abbildung 4.1 zeigt exemplarisch, wie aus zwei Benutzerzustandsgraphen mit Personenrepräsentationen ein vollständiger Personengraph abgeleitet wird. Während im Benutzerzustandsgraphen von *Alice* geringes Interesse an *Bob* besteht (repräsentiert durch ein Interessenwert von $i_{Bob} = 0.1$) und somit einen Rückschluss auf die persönliche Beziehung zwischen *Alice* und *Bob* erlaubt, besitzt sie ein höheres Interesse an *Dave* mit $i_{Dave} = 0.5$. Dave hingegen hat ein durchweg hohes Interesse an *Alice*, *Bob* und *Carl*. Zusätzlich weiß er aus Erfahrung, dass *Carl Alice* nicht gut leiden kann (Kantengewicht von nur 0.4).

Der Personengraph aus Abbildung 4.1 wird auf Basis von Zustandsgraphen mit Personenrepräsentationen (als Knoten im Zustandsgraphen) gebildet. Der Personengraph enthält alle Personenrepräsentationen der jeweiligen Zustandsgraphen und jeden Besitzer eines Zustandsgraphen - sofern dieser nicht bereits durch eine Personenrepräsentation abgebildet ist - als Knoten. Eine Kante zwischen zwei Knoten des Personengraphen existiert dann, wenn a) ein Interessenwert in einem Zustandsgraphen vorliegt oder b) wenn bereits im Zustandsgraphen eine Verbindung zwischen zwei Personenrepräsentationen bestand. Ein Interessenwert (beispielsweise das Interesse von $i_{Bob} = 0.1$ im Zustandsgraphen von *Alice*) wird als Kantengewicht angefügt.

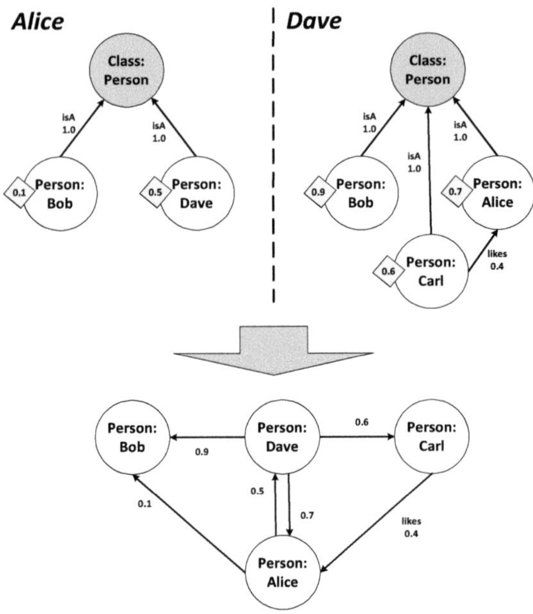

Abbildung 4.1: Exemplarische Generierung eines vollständigen Personengraphen auf Basis von Benutzerzustandsgraphen mit Personenrepräsentationen. Basierend auf dem Zustandsgraphen von *Alice* und *Dave* wird ein Personengraph gebildet, in dem a) jeder Benutzer in einem Zustandsgraphen und b) der Besitzer eines Zustandsgraphen als Knoten abgebildet werden. Die Kanten zwischen Knoten des Personengraphen repräsentieren bekannte Beziehungen zwischen Personen. Die Kantengewichte repräsentieren die Interessenwerte an Person in den jeweiligen Zustandsgraphen.

Existierende Kanten zwischen Personenrepräsentationen (beipielsweise im Zustandsgraphen von *Dave* als Kante $w_{like}(Carl, Alice) = 1.0$, als *Dave* bekannte Tatsache, dass *Carl Alice* mag) werden - inklusive Kantentyp (zwecks Unterscheidung zu Beziehungskanten des Personengraphen) - mit in den Personengraphen übernommen.

Ein vollständiger Personengraph $\mathcal{P}$ kann dann dazu genutzt werden, um mithilfe von Verfahren aus der Social Network Analysis (siehe auch Kapitel 4.3) Gruppen zu identifizieren.

4.2 Notation für soziale Netzwerke

Für die folgenden graphtheoretischen Gruppenidentifikationsansätze müssen zunächst weitere Eigenschaften eines Graphen G definiert werden. Der Graph G repräsentiert ein soziales Netzwerk. Die folgenden Definitionen basieren auf einfachen gerichteten Graphen $G_{dir} = (N, E, src, tgt)$, lassen sich jedoch ebenfalls auf Personengraphen anwenden.

Ein Knoten $n_i \in N$ ist zu einem anderen Knoten $n_j \in N$ *benachbart*, wenn eine Kante $e \in E$ existiert, die von n_i mit n_j oder n_j mit n_i verbindet. Ein *Subgraph* $G_s \subseteq G$ besteht aus Knoten $N_s \subseteq N$ und allen Kanten $E \subseteq E$, die Knoten des Subgraphen miteinander verbinden ($src : E_s \rightarrow N_s \quad \wedge \quad tgt : E_s \rightarrow N_s$). Die Knoten des Subgraphen werden im Folgenden als *Gruppe* bezeichnet.

Ein *Pfad*, der zwei Knoten n_i und n_j miteinander verbindet, entspricht einer Folge unterschiedlicher Knoten - ausgehend vom Knoten n_i und endet am Knoten n_j - die durch Kanten verbunden werden. Wenn ein Pfad zwischen den Knoten existiert, so ist n_j von n_i aus *erreichbar*. Ein *gerichteter Pfad* beschreibt einen Pfad durch eine Sequenz von Knoten $S = (n_i, n_{i+1}, \ldots, n_{j-1}, n_j)$, die durch gerichtete Kanten verbunden werden können:

$$\forall i \leq k < j : \exists e_{k,k+1} \in E_s \quad | \quad src(e_{k,k+1}) = n_k \wedge tgt(e_{k,k+1}) = n_{k+1} \tag{4.4}$$

Für einen *Semipfad* ist die Richtung der Kanten irrelevant:

$$\begin{aligned} \forall i \leq k < j : \exists e_{k,k+1} \in E_s \quad | \quad & (src(e_{k,k+1}) = n_k \wedge tgt(e_{k,k+1}) = n_{k+1}) \vee \\ & (src(e_{k,k+1}) = n_{k+1} \wedge tgt(e_{k,k+1}) = n_k) \end{aligned} \tag{4.5}$$

Die Länge n des Pfades zwischen den Knoten n_i und n_j entspricht der Anzahl an Kanten, die für die Verbindung zwischen n_i und n_j benötigt wird. Der kürzeste Pfad zwischen diesen beiden Knoten wird *geodätische*[36] *Distanz* $dist(n_i, n_j)$ genannt. Der *Durchmesser* r eines Graphen entspricht der Länge der längsten geodätischen Distanz: $r = max(dist(n_i, n_j)) \quad \forall n_i, n_j \in N$. Der Durchmesser eines Subgraphen G_s definiert sich hingegen durch die Menge von Kanten und Knoten des Subgraphen: $E_s \subseteq E \quad \wedge N_s \subseteq N$.

Der *Grad* eines Knoten $d(n_i) = d^{out}(n_i) + d^{in}(n_i), \quad n_i \in N_p$ beschreibt die Anzahl benachbarter Knoten im Graphen: $d^{out}(n_i)$ bezeichnet hierbei die Anzahl aller Kanten, die von n_i ausgehen, während $d^{in}(n_i)$ die Anzahl aller eingehenden Kanten bezeichnet. Für Knoten n_i eines Subgraphen G_s wird zusätzlich $d_s(n_i)$ als die Anzahl aller benachbarten Knoten von n_i definiert, die im Subgraphen enthalten sind.

Mithilfe dieser Definitionen lassen sich die folgenden Ansätze aus dem Forschungsbereich der *Social Network Analysis* erläutern. Im Folgenden werden die Begriffe *Netzwerk* und *Graph* Synonym verwendet.

[36] Im englischen Orginal *geodestic* genannt.

4.3 Grundsätzliche Verfahren zur Gruppenidentifikation in sozialen Netzwerken

Die Identifikation von Gruppen ist ein bekanntes Problem in sozialen Netzwerken und wird häufig für die Identifikation von Experten genutzt (vergleiche (Fu et al., 2007; Lappas et al., 2009; Kargar and An, 2011)). Soziale Netzwerke basieren auf Graphenstrukturen, so dass Gruppenidentifikationsverfahren zumeist auf graphentheoretischen Ansätzen beruhen.

Für die Identifikation von k Gruppen in einem Graphen können Verfahren aus der *Graphpartitionierung* verwendet werden. Graphpartitionierung basiert auf der iterativen Bisektion des Graphen. Nach Identifikation der „besten“ Aufteilung des Graphen in zwei Subgraphen (somit in zwei Gruppen) werden die Subgraphen weiter unterteilt bis die erforderliche Anzahl von k Gruppen gefunden worden ist. Für Graphen können hierbei zwei Verfahren als dominierend angesehen werden: *spektrale Bisektion von Graphen* nach (Fiedler, 1973; Pothen et al., 1990) und der *Kernighan-Lin-Algorithmus* nach ihren Namensgebern (Kernighan and Lin, 1970).

Spektrale Bisektion nutzt die symmetrische $n \times n$ Laplace-Matrix $\mathcal{L}$ eines Graphen mit $|N| = n$ Knoten. Die Diagonalelemente $\mathcal{L}_{ii}$ der Matrix beschreiben den Grad eines Knotens i. Nicht-Diagonalelemente $\mathcal{L}_{ij}$ mit $i \neq j$ beschreiben den Verknüpfungsgrad zweier Knoten i und j. Die Laplace-Matrix ist definiert als die Differenz der Diagonalmatrix $\mathcal{D}$ und der Adjazenzmatrix $\mathcal{A}$: $\mathcal{L} = \mathcal{D} - \mathcal{A}$. Wenn der Graph in k disjunkte Gruppen von Knoten zerlegt werden kann, dann existieren innerhalb der Gruppen nur Kanten, die Knoten der Gruppe mit anderen Knoten derselben Gruppe verbinden. In diesem Fall ist die Laplace-Matrix $\mathcal{L}$ blockdiagnoal: Jeder Block der Matrix entspricht hierbei einer Laplace-Matrix $\mathcal{L}_k \subset \mathcal{L}$ des partitionierten Subgraphen mit degenerierten Eigenvektoren $\vec{v}_k$ mit dem Eigenwert 0. Für die Elemente der Eigenvektoren gilt: $v_k^i = 1$, falls der Knoten n_i in der Gruppe k enthalten ist, ansonsten ist $v_k^i = 0$.

Es existieren jedoch auch Graphen, die nicht perfekt in Gruppen zerlegbar sind. In diesem Fall existieren Kanten, die nicht in das blockdiagonale Muster passen. In diesem Fall wird generell ein Eigenvektor $\vec{v}_0 = \vec{1}$ mit Eigenwert 0 und zusätzlich $k - 1$ Eigenwerte $\vec{v}_k$ mit „beinahe“ 0 genutzt: $\vec{v_k} = \vec{0} + \vec{h} \mid \vec{0} \approx \vec{0}$. Durch lineare Kombination der Eigenvektoren und Eigenwerte lässt sich approximatisch die gesuchte Gruppenaufteilung ermitteln. Spektrale Bisektion basiert auf der Berechnung der Eigenwerte einer $n \times n$ Laplace-Matrix und benötigt in der Regel $O(n^3)$ Operationen. Die Laufzeit kann für schwachbesetzte Matrizen mithilfe des Lanczos-Verfahrens (siehe (Lanczos, 1950)) beschleunigt werden.

Im Vergleich zur spektralen Bisektion basiert der Kerninghan-Lin-Algorithmus als *Greedy-Algorithmus*[37] auf einer Bewertungsfunktion, die versucht, die Teilung des

[37] Als *Greedy-Algorithmus* wird eine spezielle Klasse von Algorithmen bezeichnet, die schrittweise den Folgezustand auswählen, der auf Basis einer Bewertungsfunktion zum Wahlzeitpunkt den größten Gewinn/das beste Ergebnis verspricht. Ein Beispiel für einen Greedy-Algorithmus ist das Gradientenverfahren. Greedy-Algorithmen sind oft schnell, lösen viele Probleme aber nicht optimal.

Graphen in zwei Subgraphen zu optimieren. Hierfür wird eine Bewertungsfunktion $\mathcal{B}$ verwendet, die auf Basis der Differenz der Anzahl der Kanten E_a der Gruppe a und der Anzahl von Kanten E_b, die nicht in der Gruppe a enthalten sind, definiert ist. Ausgehend von einer zufälligen Aufteilung durchläuft der Algorithmus zwei Phasen:

1. Für alle möglichen Kombinationen von Knotenpaaren $a \in A$ und $b \in B$ wird die Bewertung der Veränderung $\Delta\mathcal{B}$ berechnet, die entsteht, wenn beide Knoten ihre Gruppe tauschen würden. Die beiden Knoten, für die die Bewertung $\Delta\mathcal{B}$ maximal ist, werden ausgetauscht. Knoten, die bereits einmal getauscht wurden, dürfen nicht erneut getauscht werden. Erst wenn alle Knoten einer Gruppe getauscht wurden, terminiert der Algorithmus.
2. In der zweiten Phase wird die Sequenz der durchgeführten Tauschaktionen analysiert und dabei die Kombination gesucht, bei der die Bewertung $\mathcal{B}$ maximal war. Diese Tauschaktion beschreibt dann die optimale Bisektion des Graphen.

Nachteil dieses Algorithmus ist, dass bereits a priori die Zielgrößen der Partitionierung bekannt sein müssen. Zudem erlaubt der Kerninghan-Lin-Algorithmus nur die Separation in zwei Gruppen. Jedoch kann durch wiederholte Anwendung des Algorithmus eine weitere Separation durchgeführt werden. Hierbei kann nicht garantiert werden, dass eine Aufteilung in drei Gruppen auch wirklich die optimale Separation darstellt.

Eine Alternative bieten hier Ansätze, die die Struktur des Graphen mithilfe von empirisch erhobenen Daten analysieren. Ein häufig genutzter Ansatz ist das *hierarchische Clustering.* Hierbei wird ein Ähnlichkeitsmaß $\mathfrak{M}_{ij}$ zwischen Knotenpaaren (i, j) auf Basis der Netzwerkstruktur als *strukturelle Äquivalenz* definiert:
Zwei Knoten sind strukturell äquivalent, wenn sie die gleichen Nachbarn (außer sich gegenseitig, falls sie durch eine Kante verbunden sind) besitzen.

In realen Netzwerken sind solche Äquivalenzen jedoch selten, so dass stattdessen häufig der *euklidische Abstand* als Maß verwendet wird: $\mathfrak{M}_{ij}^{euklid} = \sqrt{\sum_{k \neq i,j}(\mathcal{A}_{ik} - \mathcal{A}_{ij})}$ mit $\mathcal{A}_{ij}$ als Elemente der Adjazenzmatrix $\mathcal{A}$ für Knoten i und j. Ein weiteres häufig genutztes Ähnlichkeitsmaß ist der *Korrelationskoeffizient* $\mathfrak{M}_{ij}^{koeff}$ zwischen Zeilen oder Reihen der $n \times n$ Adjazenzmatrix $\mathcal{A}$: $\mathfrak{M}_{ij}^{koeff} = \frac{\frac{1}{n}\sum_k(\mathcal{A}_{ik}-m_i)(\mathcal{A}_{jk}-m_j)}{\sigma_i\sigma_j}$ mit Mittelwert $m_i = \frac{1}{n}\sum_j \mathcal{A}_{i,j}$ und Varianz $\sigma_i^2 = \frac{1}{n}\sum_j(\mathcal{A}_{ij} - m_i)^2$. Weitere genutzte Maße sind Manhattan- und Mahalanobis-Maß.

Hierarchisches Clustering basiert auf *Single-Linkage-Verfahren.* Hierbei werden Kanten schrittweise in absteigender Reihenfolge ihrer Ähnlichkeit in eine kantenlose Kopie des Graphen eingefügt. Mit zunehmend mehr hinzugefügten Kanten bilden sich Cluster (Gruppen). In jedem Cluster existieren nur Knoten und Kanten, deren Ähnlichkeitsmaß größer oder gleich dem Ähnlichkeitsmaß $\mathfrak{M}_{ij}$ der zuletzt hinzugefügten Kanten e_{ij} zwischen den Knoten n_i und n_j ist. Die Festlegung eines Schwellenwertes δ mit $\mathfrak{M}_{ij} \leq \delta$ legt somit fest, wann zwei Knoten zu demselben Cluster gehören. Folglich steigt die Anzahl der Cluster mit sinkendem Schwellenwert δ. Jedoch lässt sich nicht vorhersagen, wie viele Cluster gebildet werden.

Eine Alternative zu Single-Linkage-Verfahren sind *Complete-Linkage*-Verfahren. Bei diesen Verfahren werden ebenfalls Kanten in absteigender Reihenfolge der Ähnlichkeit der durch die Kanten verbundenen Knoten eingefügt. Es werden hierbei jedoch *maximale Cliquen* - eine Menge von Knoten, in der jeder Knoten mit jedem anderen Knoten der Menge direkt verbunden ist - identifiziert. Dieses Verfahren wird aus zwei Gründen nur selten angewandt: Einerseits ist der Algorithmus für die Identifikation von Cliquen ein NP-hartes Problem, andererseits sind identifizierte Cliquen nicht eindeutig, da ein Knoten zu mehreren Gruppen gehören kann (in diesem Fall wird der betroffene Knoten üblicherweise der größten Gruppe zugeordnet).

Der größte Vorteil von hierarchischem Clustering im Vergleich zu Graphpartitionierungsverfahren ist, dass a priori weder die Größen noch die Anzahl von Gruppen bekannt sein müssen. Jedoch wird jeder Knoten eindeutig einer Gruppe zugeordnet. Aus diesen Gründen wurden weitere Algorithmen entwickelt.

Knoten einer Gruppe sind häufig untereinander durch viele Kanten verbunden. Es existieren jedoch auch Kanten, die Knoten einer Gruppe mit Knoten einer anderen Gruppe verbinden und so einen „Flaschenhals“ für einen „Energiefluss“ (alternativ kann auch von einem Informations- oder Verkehrsfluss gesprochen werden) darstellen und daher besonders häufig genutzt werden müssen, um von einem Knoten zu einem anderen Knoten zu gelangen. Abbildung 4.2 zeigt einen exemplarischen Graphen mit acht Knoten. Jeweils vier Knoten bilden eine Gruppe, die nur mit einer Kante zwischen den Knoten 4 und 5 verbunden sind.

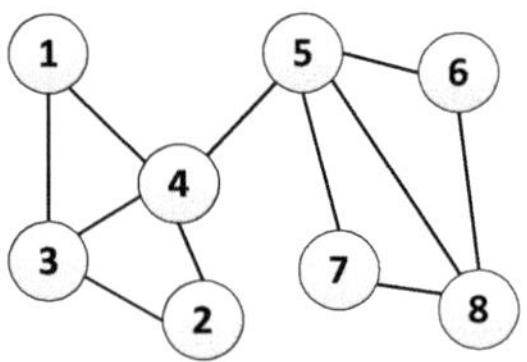

Abbildung 4.2: Beispielgraph mit einer Kante als Flaschenhals zwischen zwei Gruppen. Die Kante zwischen den Knoten 4 und 5 wird besonders häufig für den Energiefluss zwischen den zwei Knoten-Gruppen (1,2,3,4) und (5,6,7,8) benutzt.

Der Algorithmus von Girvan und Newman (Girvan and Newman, 2002) nutzt diesen Umstand aus. Durch iteratives Entfernen von Kanten eines Graphen werden die Kanten identifiziert, die bei einem Energiefluss zwischen Knoten besonders häufig genutzt werden. Durch das Entfernen dieser Kanten zerfällt der Graph in mehrere Gruppen. Auf das Beispiel aus Abbildung 4.2 bezogen, bedeutet dies, dass, wenn die Kante zwischen den Knoten 4 und 5 entfernt wird, der Graph in zwei Subgraphen mit den Knoten $(1, 2, 3, 4)$ und $(5, 6, 7, 8)$ zerfällt. Die Identifikation von geeigneten Kanten erfolgt durch die Ermittlung der *Betweenness* zwischen Knoten nach (Freeman, 1977). (Freeman, 1977) definiert die *Betweenness* eines Knotens n_i als

Anzahl der kürzesten Pfade zwischen Paaren anderer Knoten, die durch den Knoten n_i führen. Dies entspricht dem Einfluss des Knotens n_i auf die Pfade anderer Knoten.

Der Algorithmus von (Girvan and Newman, 2002) lässt sich beschreiben als:

1. Berechnung der Betweeness für alle Kanten des Graphen.
2. Entfernen der Kante mit der höchsten Betweenness.
3. Neuberechnung der Betweeness für alle Kanten, die durch das Entfernen betroffen werden.
4. Wiederhole von Schritt 2 aus, bis keine Kanten mehr vorhanden sind.

Für die Berechnung der Betweeness der einzelnen Kanten schlagen (Girvan and Newman, 2002) den Algorithmus von (Newman, 2001) vor, der für m Kanten eines Graphen mit n Knoten eine Laufzeit von $O(mn)$ besitzt. Der gesamte Algorithmus besitzt somit eine Laufzeit von maximal $O(m^2n)$. Der Girvan-Newman-Algorithmus besitzt jedoch zwei Nachteile: Zum einen ist nicht feststellbar, in wieviele Gruppen der Graph zerlegbar ist, zum anderen ist der Algorithmus für die Analyse großer Netzwerke zu langsam.

Ersterer Nachteil wird direkt von (Newman and Girvan, 2004) adressiert. Sie verwenden ein *Modularitäts-Maß* als numerischen Index für die Güte einer Division des Graphen. Für eine Division mit k Gruppen wird eine $k \times k$ Matrix $\mathcal{K}$ generiert, deren Elemente $\mathcal{K}_{ij}$ die Anzahl der Kanten des Orginalnetzwerkes darstellen, die Knoten einer Gruppe i mit einer Gruppe j verbinden. Die Modularität Q wird definiert als:

$$Q = \sum_{i} \mathcal{K}_{ij} - \sum_{ijl} \mathcal{K}_{ij}\mathcal{K}_{li} = Tr\mathcal{K} - \|\mathcal{K}^2\|$$

mit $\|\mathcal{K}\|$ als die Summe aller Elemente von $\mathcal{K}$. Die Spur dieser Matrix $Tr\mathcal{K} = \sum_i \mathcal{K}_{ii}$ repräsentiert die Anzahl von Kanten, die Knoten derselben Gruppe miteinander verbinden. Q entspricht somit der Anzahl aller Kanten einer Gruppe minus der zu erwartenden Anzahl eines Graphen, dessen Knoten denselben Verknüpfungsgrad besitzen, dessen Kanten jedoch zufällig verteilt worden sind. Der Wert $Q = 0$ bedeutet, dass die Gruppenstrukturen des Netzwerkes nicht stärker sind als in einem zufällig verknüpften Graphen. Werte für $Q \to 1$ entsprechen starken Gruppenstrukturen. Nach (Newman and Girvan, 2004) fallen in realen Beispielen die Werte für Q in das Intervall von $[0.3; 0.7]$.

Die Laufzeit des Nirvan-Newman-Algorithmus kann durch eine Reihe von Modifikationen verbessert werden. (Tyler et al., 2003) verzichten auf eine häufige Neuberechnung der Betweenness und nutzen stattdessen eine Prädiktion der Nützlichkeit der durchzuführenden Änderung. Dies bedeutet jedoch, dass die Genauigkeit des Algorithmus leidet. (Radicchi et al., 2004) gehen von der Annahme aus, dass nur selten kurze Kantenzyklen zwischen Gruppen existieren. Für einen Kantenzyklus wird neben einer Kante, die zwei Gruppen miteinander verbindet, mindestens eine weitere Kante zwischen beiden Gruppen benötigt, um den Zyklus zu vollenden. Folglich lassen sich Kanten zwischen Gruppen durch kleine Kantenzyklen identifizieren.

Eine Kante verbindet die Knoten i und j mit den Graden k_i und k_j. Die maximale Anzahl an Zyklen mit einer solchen Kante - unter der Voraussetzung, dass wenigstens eine Kante zwischen jedem Paar von Knoten existiert - ist $min(k_i - 1, k_j - 1)$. Somit wird ein *Kanten-Clustering-Koeffizienten* C_{ij} für die Kante zwischen Knoten i und j berechnet als:

$$C_{ij} = \frac{z_{ij} + 1}{min(k_i - 1, k_j - 1)}$$

Der Koeffizient approximiert die Anzahl von Zyklen, die im Netzwerk enthalten sind, während z_{ij} die Anzahl der Zyklen beschreibt, zu der die beteiligte Kante gehört. Der Wert für C_{ij} ist sehr klein für Kanten zwischen Knoten verschiedener Gruppen.

Der vorgestellte Algorithmus entfernt iterativ Kanten mit niedrigen Werten für C_{ij}, um dann anschließend C_{ij} für alle verbleibenden Kanten neu zu berechnen. Kanten mit dem Grad k_i oder k_j von 1 werden nicht beachtet. Die Laufzeit für diesen Ansatz verbessert sich somit auf $O(m^4/n^4)$ und ist damit auch für größere Graphen geeignet.

4.4 Gängige Gruppenidentifikationsverfahren auf Basis struktureller Eigenschaften von Personengraphen

Personengraphen können aus Zustandsgraphen abgeleitet werden (vergleiche Kapitel 3.7) und repräsentieren Beziehungen zwischen Personen - ähnlich einem sozialen Netzwerk. Eine Gruppe in einem Personengraph wird häufig als vollständig vernetzter Subgraph $G'_{\mathcal{P}} \subseteq G_{\mathcal{P}}$ von mindestens drei Personen ($N'_{\mathcal{P}} \subseteq N_{\mathcal{P}}, \quad |N'_{\mathcal{P}}| \geq 3$) repräsentiert und wird als *Clique* bezeichnet. In einer Clique sind alle Knoten mit allen anderen Knoten der Clique durch eine Kante verbunden: $\forall n_i \in N'_{\mathcal{P}} : \forall n_j \in N'_{\mathcal{P}} \backslash \{n_i\} : \exists e_{ij} \in E'_{\mathcal{P}} : src_s(e_{ij}) = n_i \wedge tgt_s(e_{ij}) = n_j$.

Kantengewichte $w_{ij} \in [-1; 1]$ repräsentieren die Beziehung zwischen zwei Personen und können durch einen zusätzlichen Schwellenwert δ mit einbezogen werden. Eine Clique kann somit aus Personen bestehen, die untereinander wenigstens einen Beziehungsgrad von δ besitzen.

Die Definition einer Clique ist sehr strikt und wird als „geizig“[38] bezeichnet (vergleiche (Alba, 1973)). In einem Graphen mit wenig Kanten existieren nur wenige Cliquen, da schon das Fehlen einer einzigen Kante dazu führen kann, dass ein Subgraph nicht mehr der Definition einer Clique entspricht. Zusätzlich beschränkt der Knotengrad die Größe einer Clique ($|N'_{\mathcal{P}}| = min(d(N'_{\mathcal{P}})))$. Die mithilfe einer Clique identifizierten Gruppen sind demnach häufig nicht aussagekräftig.

Aus diesen Gründen beschränkt man sich häufig auf die Suche nach Subgraphen, die zwar keine Cliquen sind, aber dennoch cliquen-ähnliche Eigenschaften besitzen. Ein Subgraph $G'_{\mathcal{P}} \subseteq G_{\mathcal{P}}$, dessen Knoten eine geodätische Distanz *dist* zu anderen Knoten der Clique einen Schwellenwert $\mathfrak{n}$ nicht überschreiten, wird *n-Clique* genannt.

[38] im Original: *stingy* genannt

Es gilt:

$$\forall n_i, n_j \in N_s : \quad d(n_i, n_j) \leq \mathfrak{n} \tag{4.6}$$

Nach (Wasserman and Faust, 1994) stellen 2-Cliquen mit $\mathfrak{n} = 2$ eine nützliche Partitionierung dar. Knoten einer 2-Clique sind nicht zwingend direkt miteinander verbunden, können jedoch nur über einen anderen Zwischenknoten jeden anderen Knoten der 2-Clique erreichen. Abbildung 4.3 zeigt einen Graphen mit sechs Knoten und den 2-Cliquen $\{A, B, C, D, E\}$ und $\{B, C, D, E, F\}$. Die 2-Clique $\{A, B, C, D, E\}$ besitzt eine geodätische Distanz von $\mathfrak{n} = 2$, hat jedoch einen Durchmesser von 3. Dies liegt daran, dass die geodätische Distanz $dist(n_D, n_E) = 2$ der Knoten D und E den Knoten F mit einschließt, der nicht Teil der 2-Clique ist.

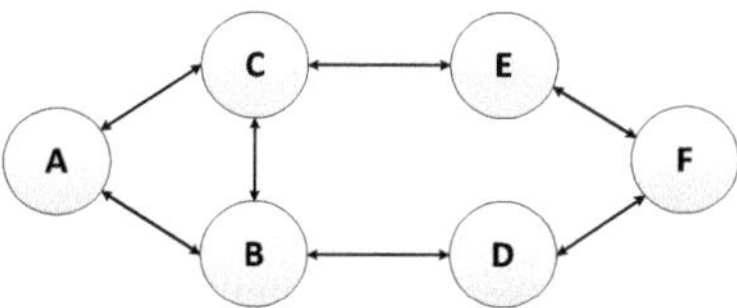

Abbildung 4.3: Exemplarischer Personengraph mit n-Cliques, n-Clans und n-Clubs nach (Alba, 1973). Der Graph enthält als 2-Cliquen die Knotengruppen $\{A, B, C, D, E\}$ und $\{B, C, D, E, F\}$, als 2-Clan nur $\{B, C, D, E, F\}$ und als 2-Clubs $\{A, B, C, D\}$, $\{A, B, C, E\}$ und $\{B, C, D, E, F\}$.

Der Nachteil von n-Cliquen ist, dass sie häufig instabile Gruppen bilden. Dies bedeutet, dass bereits das Entfernen einzelner Knoten zum Zerfall der Gruppe führt. Aus diesem Grund werden strengere Notationen von n-Cliquen genutzt, wie beispielsweise *n-Clans*, bei denen zusätzlich zur geodätischen Distanz $\mathfrak{n}$ der Subgraph zusätzlich einen maximalen Durchmesser $r \leq \mathfrak{n}$ besitzt, oder *n-Clubs*, bei denen ein Subgraph mit dem Durchmesser $r = \mathfrak{n}$ definiert wird, so dass kein Knoten des n-Clubs eine geodätische Distanz von mehr als $\mathfrak{n}$ zu anderen Knoten des Subgraphen besitzt: $d(n_i, n_j) \leq \mathfrak{n} \quad \forall n_i, n_j \in N'_{\mathcal{P}}$. Der Graph in Abbildung 4.3 enthält nur einen 2-Clan mit den Knoten $\{B, C, D, E, F\}$. Der Graph enthält drei 2-Clubs: $\{A, B, C, D\}$, $\{A, B, C, E\}$ und $\{B, C, D, E, F\}$.

Ein Nachteil von n-Cliquen, n-Clubs und n-Clans ist, dass die jeweilige Gruppe auch viele indirekte Kontakte enthalten kann. Eine Person kann mit einer anderen Person über eine oder mehrere andere Personen in Beziehung stehen, ohne jemals einen direkten Kontakt etabliert zu haben. Ein Ansatz, dieses Problem zu beseitigen, wurde von (Seidman and Foster, 1978) mit *k-Plexen* vorgestellt. Ein k-Plex ist ein maximaler Subgraph $G'_{\mathcal{P}} \subseteq G_{\mathcal{P}}$ mit Knoten $N'_{\mathcal{P}}$, die mit mindestens $|N'_{\mathcal{P}}| - k$ anderen Knoten des Subgraphen verbunden sein müssen, und dementsprechend der Knotengrad d jedes Knotens $n_i \in N'_{\mathcal{P}}$ größer oder gleich $|N'_{\mathcal{P}}|$ sein muss. Für größere Werte von k bedeutet dies, dass die internen Beziehungen einer Person zu anderen Personen der Gruppe weniger stark ausgeprägt und somit wenige Kanten im Graphen enthalten sind. Dies wiederum kann dazu führen, dass die Gruppen instabil sind und bei Entfernen einzelner Kanten in kleinere Gruppen zerfallen. Um dies zu vermeiden, muss die Größe des k-Plexes im Verhältnis zum Wert k betrachtet werden: Ein 2-Plex ($k = 2$) mit vier Knoten kann sehr wenig Kanten enthalten und ist somit instabil. Ein 2-Plex mit Hunderten von Knoten muss viele Kanten enthalten, und die Gruppe ist somit sehr stabil.

k-Cores nach (Seidman, 1983b) stellen eine Alternative zu k-Plexen dar. Ein k-Core ist ein Subgraph, bei dem jeder Knoten $n_i \in N'_{\mathcal{P}}$ mindestens k Verbindungen zu anderen Knoten des Subgraphen besitzen muss. Der Grad d von Knoten $N'_{\mathcal{P}}$ des Subgraphen $G'_{\mathcal{P}}$ muss somit immer kleiner oder gleich k sein: $\forall n_i \in N'_{\mathcal{P}} : \quad d(n_i) \geq k$. Statt des Knotengrads kann auch die Konnektivität von Knoten im Graphen zur Identifikation von Gruppen genutzt werden (vergleiche (Alba, 1973)). (Luccio and Sami, 1969; Seidman, 1983a; Borgatti et al., 1990) definieren zu diesem Zweck eine *LS-Menge*, die eine Menge von Knoten N_{LS} der Gruppe repräsentiert und zusätzlich die Eigenschaft besitzt, dass alle möglichen Teilmengen $N'_{LS} \subseteq N_{LS}$ zu ihrem jeweiligen Komplement $N_{LS} - N'_{LS}$ mehr Verbindungen besitzt, als zu Knoten außerhalb der LS-Menge $N_{\mathcal{P}} - N_{LS}$. Aufgrund dieser Eigenschaft sind LS-Mengen relativ robust. Sie enthalten keine isolierten Subgraphen, die zueinander nur durch einen einzelnen Knoten mit dem Rest der Gruppe verbunden sind. LS-Mengen sind zueinander entweder disjunkt, oder aber eine LS-Menge ist in der anderen LS-Menge vollständig enthalten (siehe (Borgatti et al., 1990)).

Ein ähnlicher Ansatz, der versucht, robuste Subgraphen zu identifizieren, stammt von (Borgatti et al., 1990). Dieser Ansatz verwendet eine *Kanten-Konnektivität*, die beschreibt, wie viele Kanten des Subgraphen entfernt werden können, damit zwei Knoten n_i und n_j nicht mehr durch einen beliebigen Pfad verbunden werden können. Eine sogenannte *Lambda-Menge* beschreibt die Menge der Kantenkonnektivitäten $\lambda(n_i, n_j)$, die die Anzahl an kantendisjunkten Pfaden zwischen den Knoten n_i und n_j entspricht. Die Lambda-Menge beschreibt eine Untermenge der Knoten $N'_{\mathcal{P}} \subseteq N_{\mathcal{P}}$, so dass gilt: $\lambda(n_i, n_j) > \lambda(n_k, n_l)$ für $n_i, n_j, n_k \in N'_{\mathcal{P}}$, $n_l \in N_{\mathcal{P}} - N'_{\mathcal{P}}$. Je kleiner der Wert von $\lambda(n_i, n_j)$ ist, desto leichter fallen die Knoten n_i und n_j in zwei unterschiedliche Gruppen. Umgekehrt gilt: Je größer der Wert von $\lambda(n_i, n_j)$ ist, desto mehr Kanten des Graphen müssen entfernt werden, um die Knoten n_i und n_j zu trennen.

Im Vergleich zu LS-Mengen sind Lambda-Mengen allgemeiner. Jede LS-Menge eines Graphen ist in einer Lambda-Menge des Graphen enthalten (vergleiche (Borgatti et al., 1990)). Nachteil von Lambda-Mengen gegenüber LS-Mengen ist jedoch, dass Knoten nicht zwingend benachbart sein müssen, sondern nur über einen Pfad beliebiger Länge verbunden sein müssen. Somit können Personen derselben Gruppe zugeordnet werden, obwohl sie nicht in einer direkten Beziehung zueinander stehen, sondern nur durch ein soziales Netzwerk indirekt miteinander verbunden sind.

4.5 Identifikation von homogenen Gruppen auf Basis von Zustandsgraphen

Ein Personengraph erlaubt die Anwendung von Verfahren aus der Social Network Analysis, um Gruppen zu identifizieren. Diese Verfahren konzentrieren sich nur auf soziale Beziehungen zwischen den Benutzern. Jedoch enthalten nicht alle Zustandsgraphen Personenrepräsentationen, so dass für den Aufbau des sozialen Netzwerks entweder eine Überwachung von Interaktionen zwischen Benutzern erfolgen muss oder aber Informationen externer Datenquellen genutzt werden müssen.

Eine Alternative für die Identifikation von Gruppen auf Basis sozialer Beziehungen stellen automatisierte Verfahren dar, die auf Basis von Ähnlichkeitsmaßen Benutzer zu homogenen Gruppen gruppieren. Eine homogene Gruppe entspricht einer Menge von Benutzern, die durch ein vorgegebenes Maß als „ähnlich“ klassifiziert werden. Die Identifikation homogener Gruppen erfolgt auf Basis einer Menge von d-dimensionalen Merkmalsvektoren $\mathcal{V}$ mit $\mathcal{V} = \{\vec{v}_1, \vec{v}_2, \cdots, \vec{v}_{|\mathcal{B}|}\}, \vec{v} \in \mathbb{R}^d$, die durch automatisierte Verfahren gruppiert werden. Für Zustandsgraphen bedeutet dies, dass der Graph zu einem diskreten Vektor $\vec{v}$ transformiert werden muss. Dies geschieht mithilfe einer Projektion $\mathfrak{V}$, die Zustandsgraphen $G \in \mathcal{B}$ auf Vektoren $\vec{v} \in \mathcal{V}$ abbildet:

$$\mathfrak{V} : \mathcal{B} \to \mathcal{V} \tag{4.7}$$

Für die Gruppierung einer Menge von Vektoren $\mathcal{V}$ werden häufig Clustering-Algorithmen verwendet. Beim Clustering wird die Datenmenge auf einzelne Cluster aufgeteilt. Jeder Cluster entspricht einer Gruppe von Daten, die auf Basis einer Distanz- oder Kostenfunktion als zueinander ähnlich klassifiziert wurden. Ein besonders häufig genutztes Clusteringverfahren ist das *k-Means-Clustering* nach (MacQueen, 1967; Lloyd, 1982). Der Clustering-Algorithmus identifiziert k Cluster in einem Datensatz. Ziel ist es, iterativ den Quantisierungsfehlers Q zu minimieren:

$$Q = \sum_{j=1}^{k} \sum_{i=1}^{n} \|\vec{v}_i^{(j)} - \vec{c}_j\|^2 \tag{4.8}$$

mit $\| * \|$ als Distanzmaß zwischen zwei d-dimensionalen Vektoren $\vec{v}_i^{(j)}$, die ihrem jeweiligen Cluster j mit Clusterzentrum $\vec{c}_j$ zugeordnet sind.

1. Initial werden k Clusterzentren zufällig verteilt.
2. Jedem Vektor wird ein Cluster zugeordnet. Die Zuordnung geschieht mithilfe einer Distanz[39]- oder Kosten-Funktion.
3. Für jeden Cluster wird das Clusterzentrum neu berechnet.
4. Basierend auf den neuen Clusterzentren werden - wie in Schritt 2 - alle Vektoren neu auf die Cluster verteilt, bis entweder
    - eine maximale Anzahl an Iterationen s erreicht wurde, oder
    - die Schwerpunkte sich kaum oder nicht mehr bewegen und somit der Quantisierungsfehler ΔQ zwischen zwei Iterationsschritten s und $s-1$ einen vorgegebenen Schwellenwert ϵ unterschreitet: $Q^{(s-1)} - Q^s \leq \epsilon$

[39] Als Distanzfunktion werden beim k-Means-Clustering besonders häufig die *euklidsche Distanz* oder die *Mahalanobis-Distanz* verwendet.

Das k-Means-Clustering besitzt zwei gravierende Nachteile: Es ist nicht möglich, einen Benutzer - repräsentiert durch den benutzerspezifischen Vektor $\vec{v}_i \in \mathcal{V}$ - mehreren Clustern zuzuordnen. Somit kann ein Benutzer immer nur Mitglied einer Gruppe sein. Dies widerspricht realen sozialen Netzwerken, in denen eine Person durchaus mehreren Gruppen angehören kann: *Alice*, als Vorgesetzte von *Charly*, gehört sowohl in die Gruppe der Teamleiter wie auch in die Gruppe der Personen, die gemeinsam an einem Projekt arbeiten.

Dieses Problem lässt sich durch die Verwendung von „weichen" Clusteringverfahren, wie beispielsweise dem *Fuzzy-Clustering*, lösen. Fuzzy-Clustering ordnet einen Vektor mehreren Clustern zu. Hierbei wird für jeden Cluster ein Mitgliedschaftsgrad ermittelt (vergleiche (Dunn, 1973; Bezdek, 1981; Huang and Ng, 1999; Ahmed et al., 2002)). Der Quantisierungsfehler wird definiert als:

$$Q_m = \sum_{i=1}^{\mathcal{V}} \sum_{j=1}^{\mathcal{C}} w_{ij}^m \|\vec{v}_i - \vec{c}_j\|^2, \quad m \in \mathbb{R}^{>1} \tag{4.9}$$

mit w_{ij} als Mitgliedschaftsgrad des d-dimensionalen Vektors $\vec{v}_i \in \mathcal{V}$ zum Cluster j mit dem d-dimensionalen Schwerpunkt $\vec{c}_j \in \mathcal{Z}, \quad \mathcal{Z} = \{\vec{c}_1, \vec{c}_2, \cdots, \vec{c}_k\}$. Der k-Means-Algorithmus wird so erweitert, dass nicht nur die Cluster-Schwerpunkte $\vec{c}_j$, sondern zusätzlich die Mitgliedschaftsgrade w_{ij} der Vektoren $\vec{v}_i \in \mathcal{V}$ aktualisiert werden:

$$w_{ij} = \sum_{k=1}^{\mathcal{Z}} \left(\frac{\|\vec{v}_i - \vec{c}_j\|}{\vec{v}_i - \vec{c}_k} \right)^{-\frac{2}{m-1}}, \quad \vec{c}_j = \frac{\sum_{i=1}^{\mathcal{V}} w_{ij}^m \vec{v}_i}{\sum_{i=1}^{\mathcal{V}} w_{ij}^m} \tag{4.10}$$

Der zweite Nachteil des k-Means-Clustering ist jedoch, dass a priori bereits bekannt sein muss, wie viele Cluster gebildet werden sollen. Eine beliebige Anzahl von Clustern kann durch den *LBG-Algorithmus*[40] (Linde et al., 1980) ermittelt werden. In der Vektorquantisierung wird der LBG-Algorithmus verwendet, um eine unbekannte Anzahl von L Gebieten mit hoher Dichte der Vektoren $\vec{v}_u \in \mathcal{V}$ zu identifizieren. Der Algorithmus folgt nachstehenden Schritten:

1. Initialisierung:
   - Anzahl von Clustern $L = 1$
   - Zentrumsvektor $\vec{c}_1 = \frac{1}{|\mathcal{V}|} \sum_{i=1}^{\mathcal{V}} \vec{v}_i$
   - Definiere den anfänglichen durchschnittlicher Quantisierungsfehler $Q^0 = \infty$
   - $\vec{\delta}$ als betragsmäßig kleiner Vektor
   - Schritt $s = 0$
2. Für alle Cluster (oder M Cluster mit größtem Quantisierungsfehler): Zerlege in 2 Gebiete mit den Mittelpunktsvektoren $\vec{c}_i + \vec{\delta}$ und $\vec{c}_i - \vec{\delta}$
3. $L = L * 2 \quad (L = L + M)$
4. $s = s + 1$
5. Aktualisierung der Zuordnung aller Vektoren $\vec{v}_i \in \mathcal{V}$ zu Clustern. Hierfür kann ein beliebiges Clusteringverfahren (beispielsweise k-Means-Clustering) genutzt werden.

[40] Benannt nach den Autoren Linde, Buzo und Gray. Der LBG-Algorithmus wird auch *GLA* (*Generallized Lloyed Algorithm*) genannt.

6. Berechnung des durchschnittlichen Quantisierungsfehlers Q^s für diese Iteration.
7. Weiter bei 2. bis $(Q^{(s-1)} - Q^s)/J^{(Q-1)} \leq \epsilon$ mit $\epsilon \in \mathbb{R}$ als vordefinierter Schwellenwert.

Im Folgenden werden Kostenmaße für Zustandsgraphen vorgestellt, die auf Basis von Attributen im Zustandsgraphen oder der Graphenstruktur für Clusteringverfahren zur Identifikation von homogenen Gruppen genutzt werden können.

4.5.1 Attributbasierte Kostenmaße für Zustandsgraphen

Mithilfe einer Projektion $\mathfrak{V}$ können Knotenattribute des Zustandsgraphen (beispielsweise Interessenwerte, Aktivierungen oder Fokus) auf einen Vektor $\vec{v}$ abgebildet werden. Mithilfe von Clustering erlaubt dies die Identifikation unterschiedlicher Arten von Benutzergruppen:

- Gruppen von Personen mit homogenem, statischem Benutzerprofil (statische Präferenzen) $|\vec{v}| = |I|$ mit $I = (\iota(n_1), \iota(n_2), \cdots, \iota(n_{|N|}))^T$,
- Gruppen von Benutzern mit homogenen, situativen Präferenzen $|\vec{v}| = |W|$ mit $W = (\sigma(n_1), \sigma(n_2), \cdots, \sigma(n_{|N|}))^T$,
- Gruppen von Benutzern mit homogenem Fokus $|\vec{v}| = |F|$ mit $F = (\nu(n_1), \nu(n_2), \cdots, \nu(n_{|N|}))^T$, und
- Gruppen von Personen in homogenen Situationen $|\vec{v}| = |A|$ mit $A = (\mu(n_1), \mu(n_2), \cdots, \mu(n_{|N|}))^T$.

Diese vier elementaren Varianten lassen sich beliebig kombinieren, um beispielsweise die Suche nach Gruppen von Personen mit gleichen statischen und situativen Präferenzen ($|\vec{v}| = |W| + |A|$) zu ermöglichen. Als Distanzmaß wird die euklidische Distanz sim_{euklid} verwendet:

$$sim_{euklid}(\vec{v}_1, \vec{v}_2) = \sum_{i=0}^{d} |v_1^i - v_2^i| \tag{4.11}$$

Der Vergleich von statischen Präferenzen im Benutzerprofil wird häufig im Bereich des *kollaborativen Filterns*[41] genutzt, um ähnliche Benutzerprofile - repräsentiert durch einen Merkmalsvektor - zu identifizieren. Das Ähnlichkeitsmaß wird üblicherweise auf Basis des Vektor-Kosinus:

$$sim_{cos}(\vec{v}_1, \vec{v}_2) = \frac{\vec{v}_1 \vec{v}_2}{||\vec{v}_1|| \, ||\vec{v}_2||} \tag{4.12}$$

oder mithilfe der Pearson-Korrelation (Pearson, 1901):

$$sim_{pearson}(\vec{v}_1, \vec{v}_2) = \frac{\sum_{i=0}^{d} (v_1^i - \overline{v_1})(v_2^i - \overline{v_2})}{\sqrt{\sum_{i=0}^{d} (v_1^i - \overline{v_1})^2 \sum_{i=0}^{d} (v_2^i - \overline{v_2})^2}} \tag{4.13}$$

mit $\overline{v_k}$ als Mittelwert aller Werte eines Vektors $\vec{v}_k$ ermittelt.

[41] Kollaboratives Filtern wird häufig in Empfehlungssystemen genutzt, um in einer großen Datenmenge (häufig Benutzerprofile) Benutzer-Benutzer- oder Item-Item-Korrelationen zu identifizieren. Für eine Übersicht kollaborativer Filter-Techniken siehe (Su and Khoshgoftaar, 2009).

4.5.2 Strukturbasierte Kostenmaße für Zustandsgraphen

Attributbasierte Kostenmaße eignen sich für die Identifikation von Benutzergruppen in ähnlichen Situationen, mit ähnlichen Fokussen oder ähnlichen Präferenzen. Benutzerzustandsgraphen können sich jedoch grundsätzlich in ihrer Struktur unterscheiden, wenn für jeden Benutzer der Zustandsgraph individuell erweitert wird (vergleiche Kapitel 3.4.2). Die Zustandsgraphen unterscheiden sich somit nicht nur in den abgebildeten Attributen, sondern zusätzlich auch in Knoten und Kanten - und somit in Menge und Art der abgebildeten Wissensrepräsentationen. Der Unterschied in der Graphenstruktur zweier Zustandsgraphen G_1 und G_2 kann - unter der Voraussetzung, dass es sich bei den beiden Zustandsgraphen nicht um Zustandsgraphen mit identischer Graphenstruktur handelt - durch ein Kostenmaß repräsentiert werden.

In der Graphentheorie wird als Ähnlichkeitsmaß für Graphen häufig die *Graph-Edit-Distanz* (vergleiche (Sanfeliu and Fu, 1983; Bunke, 1997)) verwendet. Die Graph-Edit-Distanz basiert auf der *Levenshtein-Distanz* nach (Levenshtein, 1966), die ein Ähnlichkeitsmaß für Zeichenketten beschreibt. Die Levenshtein-Distanz sucht nach der minimalen Anzahl von Editier-, Hinzufügen- und Löschen-Aktionen, die bei der Umwandlung einer Zeichenkette in eine andere Zeichenkette entstehen. Wenn beispielsweise die Zeichenkette *A Test* in die Zeichenkette *B Fest* umgewandelt wird, so ist die Levenshtein-Distanz $sim_{lev}(A, B) = 1$, da nur eine Editier-Aktion (Ersetzen von „F“ durch „T“) durchgeführt werden muss. Die Graph-Edit-Distanz nutzt die Häufigkeit der Hinzufügen- und Löschen-Aktionen von Kanten und Knoten als Kostenmaß. Das Kostenmaß $sim_{ged}(G_1, G_2)$ für die Umwandlung eines Graphen G_1 in einen Graphen G_2 wird definiert als:

$$sim_{ged}(G_1, G_2) = \alpha|N_1 \backslash N_2| + \beta|N_2 \backslash N_1| + \gamma|E_1 \backslash E_2| + \delta|E_2 \backslash E_1| \tag{4.14}$$

mit

$$\begin{aligned} N_1 \cap N_2 &\neq \emptyset \\ E_1 \cap E_2 &\neq \emptyset \\ \alpha, \beta, \gamma, \delta &\in \mathbb{R} \end{aligned}$$

Die Parameter α und γ repräsentieren hierbei die Kosten für das Entfernen von Knoten und Kanten; β und δ hingegen repräsentieren die Kosten für das Hinzufügen von Knoten und Kanten. Abbildung 4.4 zeigt einen Graphen G_1, der in den Graphen G_2 transformiert werden soll. Zu diesem Zweck müssen folgende Schritte durchlaufen werden:

- Entfernen der Kante zwischen den Knoten 1 und 3.
- Entfernen des Knotens 3.
- Einfügen des Knotens 6.
- Einfügen der Kante zwischen den Knoten 1 und 2.
- Einfügen der Kante zwischen den Knoten 2 und 6.

Insgesamt werden 5 Einfügen- bzw. Entfernen-Aktionen für die Umwandlung des Graphen benötigt. Die Graph-Edit-Distanz ist somit $sim_{ged}(G_1, G_2) = 5$.

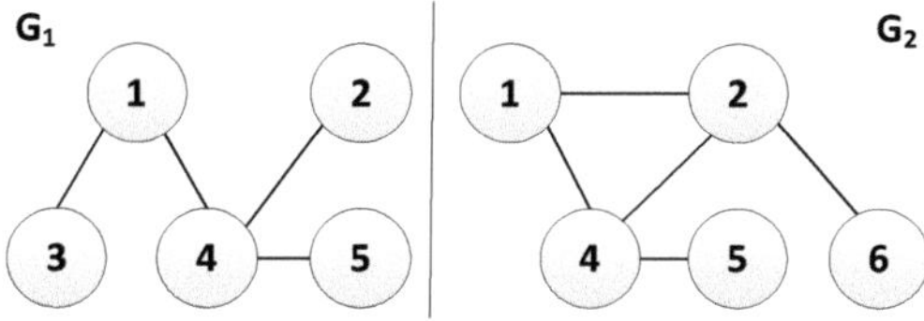

Abbildung 4.4: Beispiel für die Ermittlung der Graph-Edit-Distanz. Um den Graphen G_1 in den Graphen G_2 zu transformieren, werden mehrere Einfügen- und Entfernen-Aktionen benötigt. Die Kante zwischen den Knoten 1 und 3 und der Knoten 3 müssen entfernt werden. Zusätzlich müssen der Knoten 6 und die Kanten zwischen den Knoten 1 und 2 und den Knoten 2 und 6 eingefügt werden. Insgesamt müssen 5 Aktionen für die Umwandlung durchgeführt werden, so dass die Graph-Edit-Distanz $sim_{ged}(G_1, G_2) = 5$ ist.

Es existieren zahlreiche weitere Ähnlichkeitsmaße für Graphen, beispielsweise *maximale isomorphe Subgraphen*[42]. Hierbei werden maximale Subgraphen $G^prime \subseteq G$ identifiziert, die in allen beteiligten Graphen $\mathcal{G} = \{G_1, G_2, \cdots, G_n$ enthalten sind: $\forall G_i \in \mathcal{G} : G_s \subseteq G_i$.

Diese und weitere Ähnlichkeitsmaße sind häufig für spezielle Arten von Graphen definiert, lassen sich jedoch auf die Anwendung der Graph-Edit-Distanz mit unterschiedlichen Kostenfunktionen zurückführen (vergleiche hierfür (Bunke, 1997; Messmer and Bunke, 1998; Bunke, 1999)). Im Rahmen dieser Arbeit wird auf eine detaillierte Betrachtung dieser Kostenfunktionen verzichtet.

4.5.3 Gemischte Kostenmaße auf Basis von Attributen und Struktur von Zustandsgraphen

Ein generisches Kostenmaß für Zustandsgraphen muss sowohl die Struktur des Graphen wie auch die Attribute einbeziehen. Zu diesem Zweck muss die Gleichung 4.14 erweitert werden. Für zwei Zustandsgraphen G_1 und G_2 wird die erweiterte Graph-Edit-Distanz $sim_{state}(G_1, G_2)$ definiert als:

$$sim_{state}(G_1, G_2) = \begin{array}{r} \alpha_N |N_2 \backslash N_1| + \beta_N |N_1 \backslash N_2| + \alpha_E |E_2 \backslash E_1| + \beta_E |E_1 \backslash E_2| \\ + \gamma_I \sum_{i \in I_1 \cup I_2} |i_1 - i_2| + \gamma_A \sum_{a \in A_1 \cup A_2} |a_1 - a_2| \\ + \gamma_F \sum_{f \in F_1 \cup F_2} |f_1 - f_2| + \eta \sum_{w \in W_1 \cup W_2} |w_1 - w_2| \end{array} \quad (4.15)$$

[42] Auch als *Maximal Common Subgraph* (maximaler gemeinsamer Subgraph) bezeichnet.

mit

$$
\begin{aligned}
I &= \{\iota(n_1,t), \iota(n_2,t), \ldots, \iota(n_{|N|},t)\} \quad \wedge \\
A &= \{\mu(n_1,t), \mu(n_2,t), \ldots, \mu(n_{|N|},t)\} \quad \wedge \\
F &= \{\nu(n_1,t), \nu(n_2,t), \ldots, \nu(n_{|N|},t)\} \quad \wedge \\
W &= \{\sigma(e_1,t), \sigma(e_2,t), \ldots, \sigma(e_{|E_u|},t)\}
\end{aligned}
$$

und den Parametern α, β, γ und η als Editierkosten:

- α_N als Kosten für Hinzufügen von Knoten,
- α_E als Kosten für Hinzufügen von Kanten,
- β_N als Kosten für das Entfernen von Knoten,
- β_E als Kosten für das Entfernen von Kanten,
- γ_I als Kosten für das Editieren von Interessen,
- γ_A als Kosten für das Editieren von situativen Aktivierungen,
- γ_F als Kosten für das Editieren von Fokussen,
- η als Kosten für situative Präferenzen (Kantengewichtungen).

Da Zustandsgraphen mit identischer Graphenstruktur zueinander die gleiche Graphenstruktur besitzen, lässt sich für diesen Fall die Gleichung aus 4.15 vereinfachen zu:

$$
sim_{iso}(G_1, G_2) = \begin{array}{l} \sum^{i \in I_1} \alpha |i_1 - i_2| + \beta \sum^{a \in A_1} |a_1 - a_2| + \\ \gamma \sum^{f \in F_1} |f_1 - f_2| + \delta \sum^{w \in W_1} |w_1 - w_2| \end{array} \tag{4.16}
$$

Zwei Benutzerzustandsgraphen G_1 und G_2 sind zueinander umso ähnlicher, je kleiner der Wert für $sim(G_1, G_2)$ wird. Dies bedeutet folglich, dass sich die Benutzer sowohl in Situation, Fokus, Benutzerprofil wie auch die im Zustandsgraphen repräsentierten Wissenskonzepte maximal ähnlich sind.

4.6 Identifikation von Gruppen mit einem informativen Wissensmehrwert für Benutzer

Im Kapitel 4.5 wurden Gruppenidentifikationsverfahren vorgestellt, die durch Anwendung unterschiedlicher Kostenmaße für Zustandsgraphen die Bildung von homogenen Gruppen ermöglichen. Homogene Gruppen repräsentieren Benutzer, die zueinander auf Basis eines Ähnlichkeitsmaßes möglichst ähnlich sind. Es ist jedoch nicht immer wünschenswert, dass eine Gruppe aus ähnlichen Mitgliedern besteht. Dies ist insbesondere dann der Fall, wenn nicht Gleichartigkeit, sondern vielmehr nach der Vielfalt gesucht wird. Diese Art von Gruppen wird als *heterogen* bezeichnet.

Homogene Gruppen eignen sich nur ungenügend für die Identifikation einer Gruppe, die für einen Benutzer in einer Situation die Möglichkeit bietet, Wissensdefizite zu verringern. Folgendes Anwendungsbeispiel illustriert dieses Problem: Ein großes Unternehmen verwendet ein zentrales (kontextbasiertes) System zur Unterstützung der Verwaltung aller Informationen von Projekten, die das Unternehmen betreut. Jeder Mitarbeiter speist in das zentrale System Informationen zu seinem jeweiligen Aufgabenbereich ein. *Bob* erhält einen neuen Aufgabenbereich. In einem bestehenden Projekt *ProjB*, an dem er bisher nicht mitgearbeitet hat, übernimmt er für eine Kollegin *Alice* die Arbeit, da diese in ein weiteres Projekt (*ProjC*) involviert und dort unabkömmlich ist. *Bob* hat gegenüber seiner Kollegin *Alice* ein Informationsdefizit, weil *Bob* mit seinem neuen Aufgabenbereich noch nicht vertraut ist.

Die Benutzerzustandsgraphen G_{Bob} und G_{Alice} in Abbildung 4.5 unterscheiden sich durch die in den Zustandsgraphen repräsentierten Informationen: *Bob* hat zuvor am Projekt *ProjA* gearbeitet und dort die Dokumente *Doc1-3* in das System eingepflegt - repräsentiert durch Kanten zwischen den Dokumenten und dem Projekt. In seinem Benutzerzustandsgraphen sind für den jetzigen Tätigkeitsbereich im Projekt *ProjB* - im Zustandsgraphen durch Fokus und situative Aktivierung stark aktiviert - noch keine Informationen abgebildet. *Alice* hingegen hat aufgrund der Tatsache, dass sie bereits seit längerem am Projekt *ProjB* gearbeitet hat, bereits Dokumente *Doc3-6* dem System hinzugefügt und entsprechend ihrem Nutzen bewertet. Ihr Benutzerzustandsgraph enthält zusätzlich weitere Informationen zu Projekt *ProjC*, an dem sie jetzt arbeitet - wiederum repräsentiert durch Dokumentknoten *Doc6 & 7*, Fokus und situative Aktivierung.

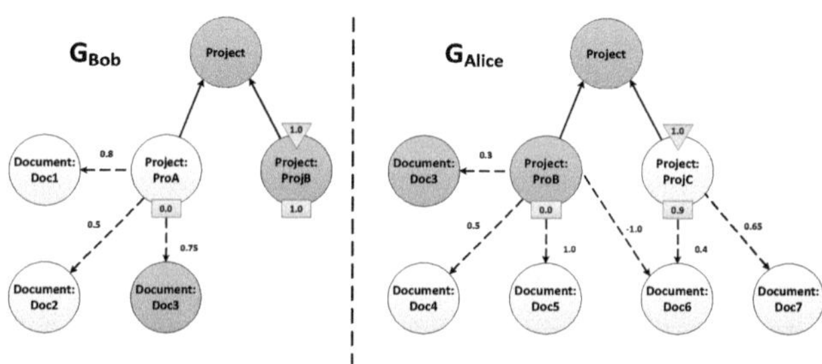

Abbildung 4.5: Auszug aus zwei exemplarischen Zustandsgraphen zur Identifikation von Gruppen für Wissensmehrwert einzelner Benutzer. Links: *Bob*, der bisher an dem Projekt *ProjA* gearbeitet hat und nun am *ProjB* arbeiten wird. Rechts: *Alice* hat vormals am Projekt *ProjB* gearbeitet, muss aber nun am *ProjC* arbeiten. Beide Zustandsgraphen enthalten unterschiedliche Dokumente, die den jeweiligen Projekten zugeordnet und entsprechend ihrem Nutzen bewertet wurden. Knoten, und somit Informationen, die in beiden Zustandsgraphen enthalten sind, werden dunkelgrau dargestellt.

Im Vergleich zu den beiden Zustandsgraphen aus Abbildung 4.5 enthält der Benutzerzustandsgraph G_{Charly} in Abbildung 4.6 keine Informationen zu den Projekten *ProjB* und *ProjC*. *Charly* hat bisher zusammen mit *Bob* und *Alice* am Projekt *ProjA* gearbeitet und dabei zahlreiche Dokumente *Doc1-3, 8 & 9* in das System eingefügt.

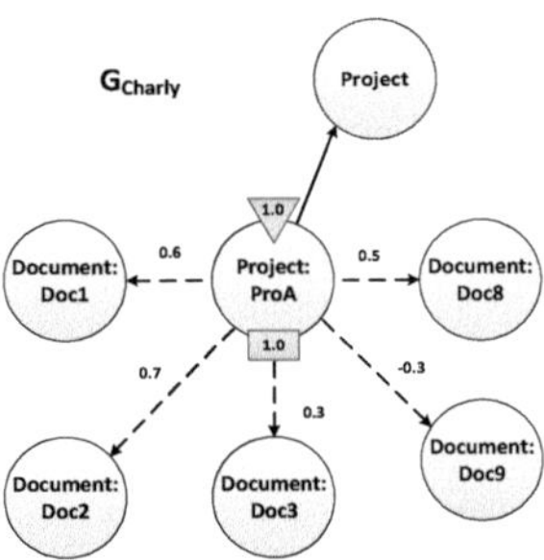

Abbildung 4.6: Auszug aus einer benutzerspezifischen Sicht des Systemzustands mit einem ähnlichen Benutzer *Charly*. Im Vergleich zu den abgebildeten Sichten aus Abbildung 4.5 ist erkennbar, dass die Benutzerzustandsgraphen G_{Bob} ähnlicher zu G_{Charly} als zu G_{Alice} sind.

Ein Gruppenidentifikationsverfahren für homogene Gruppen kann das Informationsdefizit von *Bob* nicht verringern. Da *Charly* bereits zuvor mit seinem Kollegen *Bob* an dem Projekt *ProjA* gearbeitet hat, ist die strukturelle Ähnlichkeit der beiden Zustandsgraphen G_{Bob} und G_{Charly} größer als die Ähnlichkeit von G_{Bob} und G_{Alice}. Somit würde eine mögliche homogene Gruppe nur aus *Bob* und *Charly* bestehen. Für *Bob* ist aber eine heterogene Gruppenzusammenstellung, bei der möglichst viele neue, ihm unbekannte Informationen zu seiner aktuellen Arbeitssituation integriert werden, viel hilfreicher. Das System kann auf diese Weise direkt auf das Informationsdefzit eingehen und *Bob* Dokumente präsentieren, die für seine neue Arbeitssituation potentiell relevant sind, und ihm somit bei der Einarbeitung helfen. Dies bedeutet somit, dass eine Gruppe von Benutzern gesucht wird, die für eine einzelne Person kontextuell relevante Informationen (einen *informativen „Wissensmehrwert“*) enthält.

Die aktuelle Arbeitssituation wird durch situative Aktivierungen, Interessen und den Fokus bestimmt. Da diese im Zustandsgraphen G^t repräsentiert sind, müssen die Knoten $N_{\mathcal{G}} \subseteq N$ zu einem Zeitpunkt $t \in T$ identifiziert werden, die eine hohe Gewichtung *score* aufweisen müssen, um für die Situation als wichtig klassifiziert zu werden:

$$N_{\mathcal{G}} \subseteq N \quad \text{mit} \quad N_{\mathcal{G}} = \{n_k \in N_{\mathcal{G}} \quad | \quad score(n_k) \geq \delta\} \tag{4.17}$$

mit

$$score(n_k) = a * \iota(n_k) + b * \mu(n_k) + c * \nu(n_k) \geq \delta, \quad a, b, c, \delta \in \mathbb{R} \tag{4.18}$$

δ repräsentiert einen Schwellenwert. Die Parameter a, b, c werden in Abhängigkeit des Anwendungsszenarios gewählt:

- Der Parameter $a \in \mathbb{R}$ repräsentiert den Anteil, mit dem statische Präferenzen bei der Suche nach neuen Informationen einfließen. Zu Knoten $n_k \in N_{\mathcal{G}}$, die einen hohen Interessenwert $\iota(n_k)$ besitzen, werden Informationen gesucht, die mit diesen Knoten assoziiert werden.

- Der Parameter $b \in \mathbb{R}$ repräsentiert den Anteil, mit dem situative Aktivierungen bei der Suche nach neuen Informationen einfließen. Zu Knoten $n_k \in n_{\mathcal{G}}$, die einen hohen Aktivierungswert $\mu(n_k)$ besitzen, werden Informationen gesucht, die mit diesen Knoten assoziiert werden.
- Der Parameter $c \in \mathbb{R}$ repräsentiert den Anteil, mit dem der Benutzerfokus bei der Suche nach neuen Informationen mit einfließt. Zu Knoten $n_k \in n_{\mathcal{G}}$, die einen hohen Fokuswert $\nu(n_k)$ besitzen, werden Informationen gesucht, die mit diesen Knoten assoziiert werden.

Ein Benutzer $u \in U$ bietet für eine Person p dann potentiell einen Wissensmehrwert, wenn die Knoten $N_{\mathcal{G}}$ des Zustandsgraphen G_p ebenfalls im Benutzerzustandsgraphen G_u enthalten sind, dort eine große Zahl von Kanten besitzen, die diese Knoten mit anderen Knoten des Zustandsgraphen verbinden, und zudem die Kanten der Person p unbekannt sind. Auf Basis dieser Definition lässt sich für einen Knoten $n_k \in N_{\mathcal{G}}$ für jeden Benutzerzustandsgraphen $G_u \in \mathcal{B}$ ein Nutzwert *ben* definieren:

$$ben(n_k, G_u, E_p) = |E'_u| \tag{4.19}$$

mit

$$E'_u = \{e \in E_{\mathcal{G}} \quad | \quad e \notin E_p \wedge \forall n \in N_u \cap N_p \quad : \quad src(e) = n\} \tag{4.20}$$

Der aufsummierte Nutzwert ben_{sum}, den ein Benutzer u mit dem Zustandsgraphen G_u für einen Benutzers p darstellt, wird definiert als

$$ben_{sum}(N_{\mathcal{G}}, G_u, E_p) = \sum_{n_k \in N_{\mathcal{G}}} ben(n_k, G_u, E_p) \tag{4.21}$$

und eignet sich als Maß, das beschreibt, wie groß der Nutzen des Benutzerzustandsgraphen G_u für den Benutzer p ist. Die Untermenge $\mathcal{B}' \subseteq \mathcal{B} \backslash \{G_p\}$ aller Benutzerzustandsgraphen $\mathcal{B}$ enthält die Benutzerzustandsgraphen $G_u \in \mathcal{B}$, deren Nutzwert einen vorgegebenen Schwellenwert $\delta \in \mathbb{R}$ überschreitet. $\mathcal{B}'$ beschreibt die Personen, die für den Benutzer p in seiner aktuellen Situation, für sein aktuelles Interesse oder für den aktuellen Fokus zusätzliche Informationen bieten. Es gilt:

$$\forall G_u \in \mathcal{B}' : ben^u_{sum}(N_{\mathcal{G}}, G_u, E_p) \geq \delta \quad \text{mit } \delta \in \mathbb{R}^{>0} \tag{4.22}$$

Im obigen Beispiel wird der Nutzwert, den andere Personen für *Bob* zu seinem Fokus auf das Projekt *ProjA* bieten, ermittelt. In diesem Beispiel sind situative Aktivierungen und Interessen nicht relevant ($a = b = 0$), dafür wird nur der Fokus für die Ermittlung des Nutzwerts genutzt ($c = 1$). Somit ergibt sich der Nutzwert des Zustandsgraphen G_{Alice} von *Alice* $ben(n_{ProjA}, G_{Alice}, E_{Bob}) = 3$. Der Nutzerwert für den Zustandsgraphen G_{Charly} von *Charly* $ben(n_{ProjA}, G_{Charly}, E_{Bob}) = 0$. Im direkten Vergleich ist der Nutzen der Informationen des Zustandsgraphen G_{Alice} also größer als der des Zustandsgraphen G_{Charly}. Je größer der Nutzwert eines Zustandsgraphen ist, desto mehr Informationen bringt dieser Zustandsgraph beim Merging mit in die Gruppe ein.

Es ist jedoch nicht notwendig, dass der vollständige Benutzerzustandsgraph für das Merging verwendet wird. Dies kann insbesondere bei sehr großen Zustandsgraphen dazu führen, dass unerwünschte Nebeneffekte (beispielsweise die Negierung von gegensätzlichen Präferenzen) auftreten und so den Kontextualisierungsprozess beeinflussen. Für das Beispiel aus Abbildung 4.5 bedeutet dies, dass bei der Verrechnung sowohl der Fokus von *Alice* wie auch *Bob* miteinander verrechnet werden müssen. Dies kann dazu führen, dass nach der Kontextualisierung nicht nur Dokumente für Projekt *ProjB*, sondern auch Dokumente aus dem Projekt *ProjC* als kontextuell relevant eingestuft werden. Bei der Verrechnung von Benutzerzustandsgraphen, die einen informativen Mehrwert für einen Benutzer darstellen, ist es daher ausreichend, dass ein Subgraph $G'_u \subseteq G_u$ der Benutzerzustandsgraphen genutzt wird. Der Subgraph G'_u des Zustandsgraphen eines Benutzers $u \in U$ enthält hierbei alle Knoten, die eine geodätische Distanz $dist(n_k, n_i)$ mit $n_k \in N_{\mathcal{G}}, n_i \in N_u$ unter einem Schwellenwert $\mathfrak{r} \in \mathbb{R}$ besitzen.

Mithilfe der Projektion $\mathfrak{S}$ kann der für einen Benutzer p relevante Subgraph G'_u (die relevanten Knoten und Kanten, die einen Nutzwert von r für den Benutzer p überschreiten) eines Benutzers u mit dem Benutzerzustandsgraphen G_u ermittelt werden:

$$\mathfrak{S}(G_u, N_{\mathcal{G}}, \mathfrak{r}) = G'_u \tag{4.23}$$

4.7 Identifikation von Personengruppen über geteilte aktive Konzepte von Zustandsgraphen

Häufig reicht es nicht aus, Personengraphen für die Identifikation von Benutzergruppen zu betrachten, da diese nur Beziehungen zwischen einzelnen Benutzern repräsentieren. Unberücksichtigt bleiben bei diesem Ansatz Konzepte oder Artefakte, die bei einer Aufgabe oder in einer Situation für die Bildung einer Gruppe ausschlaggebend sein können. Wenn beispielsweise mehrere Personen in einem kollaborativen System parallel an einem Dokument arbeiten, dann ist dieses Dokument als geteiltes Artefakt identifizierend für die Gruppe. Genauso verhält es sich, wenn sich mehrere Personen in einem Raum befinden. Der Raum ist dann identifizierend für die Gruppe.

Abbildung 4.7 zeigt drei exemplarische Zustandsgraphen von *Alice*, *Dave* und *Charly*. In jedem Zustandsgraphen sind Konzepte für ein Projekt (*Project: P1*), zwei Dokumente (*Document: Doc A* und *Document: Doc B*), sowieso zwei Räume (*Room: 213* und *Room: 218*) als Knoten repräsentiert und durch Relationen miteinander verbunden. Die Zustandsgraphen unterscheiden sich in Kantengewichtungen und situativen Aktivierungen. *Alice* arbeitet an *Proj P1* ($A_{P1} = 1.0$) in Raum *218* ($A_{218} = 1.0$) an *Doc A* ($A_{DocA} = 0.8$). Dave tut fast dasselbe, arbeitet jedoch an einem anderen Dokument *Doc B* ($A_{P1} = 0.9$, $A_{DocB} = 0.5$ und $A_{218} = 1.0$). Nur Charly arbeitet derzeit nicht am Projekt *P1* (keine Aktivierung am Knoten), in einem anderen Raum ($A_{213} = 1.0$) und an einem anderen Dokument *Doc B* ($A_{DocB} = 1.0$) als Alice.

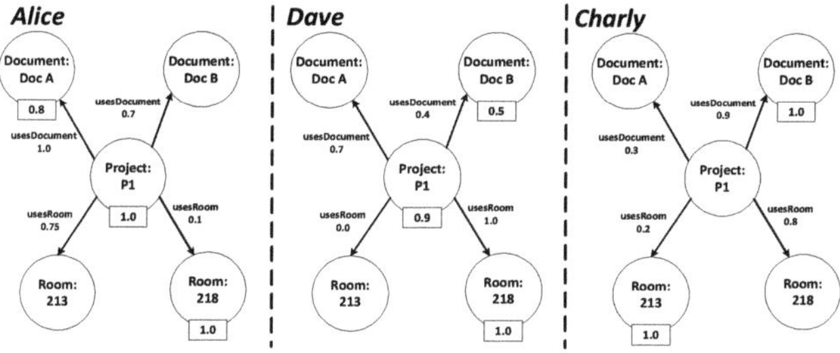

Abbildung 4.7: Unterschiedliche Zustandsgraphen für die Identifikation von Gruppen über geteilte Konzepte. In jedem Zustandsgraphen sind Konzepte für ein Projekt (*Project: P1*), zwei Dokumente (*Document: Doc A* und *Document: Doc B*), sowieso zwei Räume (*Room: 213* und *Room: 218*) als Knoten repräsentiert und durch Relationen miteinander verbunden. Die Zustandsgraphen unterscheiden sich in Kantengewichtungen und situativen Aktivierungen. *Alice* arbeitet an *Proj P1* ($A_{P1} = 1.0$) in Raum *218* ($A_{218} = 1.0$) an *Doc A* ($A_{DocA} = 0.8$). Dave tut fast dasselbe, arbeitet jedoch an einem anderen Dokument *Doc B* ($A_{P1} = 0.9$, $A_{DocB} = 0.5$ und $A_{218} = 1.0$). Nur Charly arbeitet derzeit nicht am Projekt *P1* (keine Aktivierung am Knoten), in einem anderen Raum ($A_{213} = 1.0$) und an einem anderen Dokument *Doc B* ($A_{DocB} = 1.0$) als Alice.

Das Beispiel aus Abbildung 4.7 zeigt, dass, wenn Benutzer Konzepte in ihren Zustandsgraphen teilen und diese gleichzeitig aktiviert sind (durch die erfassten Situationsbeschreibungen), sie potentiell zu einer Gruppe gezählt werden können. Jedoch reicht es nicht aus, dass einzelne aktivierte Konzepte über die vorhandenen Zustandsgraphen verglichen werden. Obwohl *Alice* und *Dave* sich im selben Raum *218* befinden und am gleichen Projekt *P1* arbeiten, würden beide nicht zur gleichen Gruppe gezählt werden, wenn nur die Gruppe über das geteilte, aktive Dokument *Doc A* gebildet wird. Betrachtet man stattdessen die Anzahl von geteilten, aktivierten Konzepten, dann wird deutlich, dass *Alice* und *Dave* eine Gruppe bilden, da sie mehrere aktive Konzepte miteinander teilen.

Um Gruppen über geteilte aktive Konzepte in Zustandsgraphen identifizieren zu können, müssen zu einem Zeitpunkt $t \in T$ für jeden Zustandsgraphen Knoten $n_i \in N$ identifiziert werden, die eine Aktivierung von $\mu(n_i) > \xi$ mit $\xi \in [-1; 1]$ als Schwellenwert aufweisen. Die Menge der so identifizierten Knoten wird als N_ξ deklariert. Die Identifikation einer Gruppe kann nunmehr auf zwei Arten erfolgen:

1. Zwei Zustandsgraphen gehören dann zu derselben Gruppe, wenn sie mit jedem anderen Zustandsgraphen der Gruppe mindestens $\varrho \in \mathbb{N}^{>0}$ aktive Knoten mit einer Aktivierung $> \xi$ gemeinsam haben.
2. Zwei Zustandsgraphen gehören dann zu derselben Gruppe, wenn sie wenigstens $\varsigma \in \mathbb{N}^{>0}$ gemeinsame, aktivierte Knoten besitzen.

Nachteil dieses Ansatzes ist, dass nur situationsspezifische Gruppen mithilfe von Zustandsgraphen identifiziert werden können. Eine Alternative bietet sich dadurch an, dass nicht durch erfasste Situationsbeschreibungen aktive Knoten im Zustandsgraphen miteinander verglichen werden, sondern vielmehr durch den Fokus aktive Konzepte betrachtet werden. Zu diesem Zweck muss die vorherige Definition der Menge von aktiven Knoten N_ξ dahingehend verändert werden, dass jeder Knoten $n_i \in N_\xi$ eine Fokus-Aktivierung $\nu(n_i) > \xi$ mit dem Schwellenwert $\xi \in [-1; 1]$ aufweisen muss. Vorteil dieses Ansatzes ist, dass die Entscheidung des Benutzers oder des Systems für die Kontextermittlung (vergleiche auch Kapitel 3.2) in das Gruppenidentifikationsverfahren mit einfließt und somit die Möglichkeit bietet, aufgaben- und zielbezogene Gruppen zu identifizieren.

Eine Kombination der beiden unterschiedlichen Ansätze ist ebenso denkbar, um eine situationsspezifische, aufgaben- oder zielbezogene Gruppenidentifikation zu ermöglichen.

4.8 Zusammenfassung

In diesem Kapitel wurden Gruppenidentifikationsverfahren vorgestellt und diskutiert. Es wurde gezeigt, dass nach Transformation von Zustandsgraphen zu einem Personengraphen Gruppenidentifikationsverfahren aus der Social Network Analysis angewandt werden können. Die meisten der vorgestellten Verfahren analysieren Nachbarschaftsbeziehungen. Diese Verfahren können nur dann angewandt werden, wenn Zustandsgraphen mit Personenrepräsentationen vorliegen. In allen anderen Fällen lassen sich keine Personengraphen erstellen, und es kann somit auch keine Social Network Analysis durchgeführt werden.

Weiterhin wurden in diesem Kapitel Gruppenidentifikationsverfahren vorgestellt, die auf Basis der Graphenstruktur und von Ähnlichkeitsmaßen für Zustandsgraphen Personen clustern und so Gruppen identifizieren. Zuletzt wurden Gruppenidentifikationsverfahren vorgestellt, die im Zustandsgraphen abgebildete Konzepte analysieren. Hierbei wurden zwei Verfahren diskutiert: Zum einen ein Gruppenidentifikationsverfahren, welches durch Ermittlung eines Benefit-Maßes Personen identifiziert, die für einen Benutzer einen Wissensmehrwert bieten. Zum anderen wurde ein Verfahren zur Gruppenermittlung vorgestellt, das Gruppen auf Basis von gemeinsamen, aktiven Konzepten in Zustandsgraphen identifiziert.

Die im Rahmen dieses Kapitels vorgestellten Gruppenidentifikationsverfahren stellen nur einen kleinen Ausschnitt möglicher Verfahren dar, die so - oder in leicht modifizierter Form - auf Zustandsgraphen angewandt werden können.

5 Konzeption einer gruppenkontextbasierten Systemumgebung

Dieses Kapitel beschreibt die zugrundeliegenden Konzepte für eine gruppenkontextbasierte Systemumgebung. Nach der Vorstellung der allgemeinen Anforderungen an die Systemumgebung werden die einzelnen Komponenten der Systemarchitektur vorgestellt.

Für die Repräsentation des graphbasierten Kontextmodells aus Kapitel 3 und für die Ermittlung von Benutzer- und Gruppenkontexten wird eine zentralisierte Architektur vorgeschlagen. Diese Architektur ermöglicht die Verwaltung, Erweiterung und die Nutzung von Zustandsgraphen, die Identifikation von Benutzergruppen, das dynamische Merging von Benutzerzustandsgraphen zu Gruppenzustandsgraphen und die Ermittlung von Kontext für unterschiedliche Anwendungen und Anwendungsinstanzen. Eine Modularisierung der Kontextualisierungsverfahren, der Mergingfunktionen und der Gruppenidentifikationsverfahren ermöglicht eine Erweiterung der in dieser Arbeit vorgestellten Verfahren.

Die Abbildung von Sensorinformationen in Zustandsgraphen wird durch Sensor-Dienste gewährleistet, die die Erfassung, Interpretation und Abbildung der Sensordaten ermöglichen. Zuletzt werden Anforderungen an das Domänenmodell und an kontextbasierte Anwendungen diskutiert.

5.1 Anforderungen an die Systemumgebung

Viele der im Kapitel 2.3 vorgestellten kontextbasierten Systeme verwenden entweder eine dienstbasierte Architektur oder verwalten Kontextinformationen durch eine Middleware. Die Wahl dieser Architekturen liegt jedoch in den Anwendungen, die häufig für mobile und leistungsschwächere Geräte ausgelegt sind, begründet. Die Architekturen und Kontextmodelle ermöglichen meist nicht die Ermittlung von Gruppenkontexten, sondern unterstützen nur die Ermittlung von Kontexten für einzelne Benutzer.

Für die Verwendung von Zustandsgraphen als benutzerspezifische Kontextmodelle, aus denen Gruppenzustandsgraphen ermittelt werden können, werden eine Reihe von Anforderungen an die Systemumgebung gestellt:

- Zustandsgraphen repräsentieren die Situation eines Systems oder eines Benutzers. Daher müssen Sensoren diese Informationen erkennen und auf Knoten und Kanten der Zustandsgraphen abbilden können.

- Für die Ermittlung des Kontexts auf Basis von Zustandsgraphen wird der Fokus des Benutzers oder des Systems benötigt. Der Fokus muss erfasst und abgebildet werden.
- Für die Ermittlung eines Gruppenkontexts - und somit eines Gruppenzustandsgraphen - müssen die Benutzerzustandsgraphen der Gruppenmitglieder gemerged werden. Zu diesem Zweck muss der Zugriff auf alle Benutzerzustandsgraphen der Gruppenmitglieder möglich sein.

Für die dynamische Identifikation von Gruppen und die Generierung von Gruppenzustandsgraphen (vergleiche Kapitel 3.9) muss der Zugriff auf alle Zustandsgraphen des Systems möglich sein. Aufgrund der Komplexität und Größe, die Zustandsgraphen erreichen können (üblicherweise mehrere tausend Knoten und Kanten), ist es nicht sinnvoll, diese in getrennten Anwendungen oder Endgeräten dezentral zu speichern.

Zusätzlich können Gruppenzusammensetzungen dynamisch verändert werden (beispielsweise, wenn eine Person einen Raum verlässt) und somit jederzeit erneuten Zugriff für Gruppenidentfikationsverfahren auf die Benutzerzustandsgraphen erforderlich machen. Daher wird für die Ermittlung von Gruppenzustandsgraphen eine zentrale Middleware, im Folgenden als *Kontextserver* bezeichnet, benötigt. Der Kontextserver ermöglicht die Verwaltung und das Merging der Zustandsgraphen. Zu diesem Zweck benötigt der Kontextserver Zugriff auf einen Speicher, in dem die Zustandsgraphen persistent verwaltet werden. Aufgrund der zu erwartenden hohen Zahl von Zugriffen auf die Zustandsgraphen - insbesondere für Aktualisierungen von Gewichtungen[43] der Zustandsgraphen - und der Anforderung, zentral alle Zustandsgraphen vieler Benutzer zu verwalten, wird eine Datenbank für die Speicherung verwendet. Diese Datenbank wird im Folgenden *Zustandsgraphen-Datenbank* genannt.

Ein weiterer Aspekt der Systemumgebung umfasst *kontextkonsumierende Anwendungen*[44]. Neben der eigentlichen Funktionalität dieser Anwendungen, beispielsweise die Emails eines Benutzers zu verwalten, benötigen diese Anwendungen Kontext für weitere Adaptionszwecke (beispielsweise Anpassungen der Benutzeroberfläche, Modifikation der Navigationsstrukturen oder Aktivierung/Deaktivierung von Funktionen). Da die Verwaltung der Zustandsgraphen nicht in den Anwendungen selber stattfindet, sondern zu diesem Zweck eine zentrale Middleware nutzt, müssen Anwendungen den aktuellen Kontext von der Middleware anfordern und dann für den jeweiligen Adaptionszweck interpretieren. Der für den Kontextualisierungsprozess (vergleiche Kapitel 3.6) notwendige Fokus wird hierbei entweder aktiv von der jeweiligen Anwendung bei der Kontext-Anforderung übermittelt (z.B. Klick des Benutzers auf eine Verlinkung) oder kann passiv durch *Sensoren* (beispielsweise Blickbewegungsanalyse oder Überwachung des Window-Managers des Betriebssystems) ermittelt werden. Neben dem Fokus sind Informationen über die Situation entscheidend für den Kontextualisierungsprozess. Diese Informationen werden benutzerspezifisch von physikalischen und virtuellen Sensoren erfasst und auf Benutzerzustandsgraphen abgebildet.

[43] Die Menge von situativen Aktivierungen, Fokus, Interessenwerten und Kantengewichten werden im Folgenden vereinfacht als *Gewichtungen* bezeichnet.

[44] Der Begriff *kontextkonsumierende Anwendung* steht synonym für *kontextbasierte Anwendungen*.

Basierend auf diesen Anforderungen besteht die Systemumgebung aus vier Teilkomponenten:

- einem Kontextserver als zentrale Middleware,
- einer Zustandsgraphen-Datenbank als persistenten Speicher für Zustandsgraphen,
- Sensoren, die den Fokus und situative Informationen erfassen und
- kontextkonsumierende Anwendungen, die Kontext verarbeiten und nutzen können.

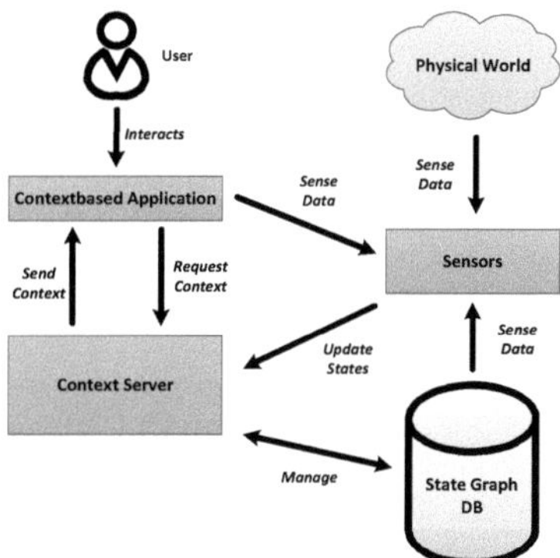

Abbildung 5.1: Grundlegende Systemumgebung: Kontextbasierte Anwendungen können vom Kontextserver den aktuellen Kontext ermitteln lassen. Der Kontextserver verwendet zur Ermittlung des Kontexts Zustandsgraphen als Kontextmodelle, deren Gewichtungen durch physikalische oder virtuelle Sensoren aktualisiert werden.

Abbildung 5.1 zeigt die konzeptionelle Systemumgebung und grundlegenden Informationsflüsse zwischen den einzelnen Teilkomponenten: Sensoren akquirieren Informationen aus Anwendungen, der Zustandsgraphen-Datenbank oder der realen Welt und übermitteln die Daten an den Kontextserver, um die Zustandsgraphen zu aktualisieren. Kontextbasierte Anwendungen fordern den aktuellen Kontext vom Server an und können ihn für Adaptionen verwenden. Die Anforderungen an die einzelnen Teilkomponenten werden in den folgenden Abschnitten detailiert beschrieben.

5.2 Zustandsgraphen-Datenbank

Zustandsgraphen repräsentieren Informationskonzepte, die durch Knoten und Kanten persistent gespeichert werden müssen. Zustandsgraphen können zudem mit mehreren tausend Knoten und Kanten, die Knoten untereinander verbinden, sehr große und komplexe Datenstrukturen darstellen, die zur Laufzeit eines Systems nicht mehr im Speicher verwaltet werden können. Dies ist insbesondere dann der Fall, wenn mehrere Benutzer ein System nutzen und somit multiple Benutzerzustandsgraphen im Speicher gehalten und verwaltet werden müssen. Eine weitere Schwierigkeit ergibt sich aus den Gewichtungen der Zustandsgraphen: Gewichtungen - insbesondere situative Aktivierungen - werden kontinuierlich aktualisiert und benötigen dafür effiziente Zugriffsmechanismen auf die Zustandsgraphen. Die Lösung für diese Probleme bieten relationale Datenbanken, die in der Lage sind, große Datenmengen persistent zu speichern und einen effizienten Datenzugriff erlauben.

Zur Speicherung von Zustandsgraphen in der Datenbank verbleiben zwei Optionen: Entweder werden die Graphen serialisiert und als Blobs[45] in der Datenbank gespeichert, oder es muss ein Datenbankschema entwickelt werden, welches die Struktur der Zustandsgraphen repräsentiert. Die Speicherung von Blobs verhindert jedoch einen effizienten und schnellen Zugriff auf die Gewichtungen des Zustandsgraphen: Für jeden Schreibzugriff muss der vollständige, in der Datenbank gespeicherte Zustandsgraph erst deserialisiert und im Speicher gehalten werden, bevor Änderungen an den Gewichtungen des Zustandsgraphen durchgeführt werden können. Der so aktualisierte Zustandsgraph muss für die persistente Speicherung in der Datenbank dann erneut serialisiert werden. Der Gesamtaufwand ist somit sehr groß, speicherintensiv und verhindert einen effizienten Zugriff auf die sich dynamisch ändernden Gewichtungen der Zustandsgraphen. Zustandsgraphen müssen somit durch ein Datenbankmodell repräsentiert werden.

Die grundlegende Struktur von Zustandsgraphen basiert auf Knoten und gerichteten und gewichteten Kanten, die die einzelnen Knoten miteinander verbinden (vergleiche Kapitel 3.3). Jeder Knoten wird durch ein Label eindeutig benannt und besitzt zudem Attribute (Gewichtungen) für situative Aktivierungen, Fokus und Interesse. Jeder Knoten und jede Kante besitzen einen Typ und können als Teil des Domänenmodells vormodelliert sein. Jeder Kantentyp kann einen Standardwert als unadaptierten Startwert für die zugehörige Kante definieren. Kanten lassen sich in situative und Domänenkanten unterscheiden. Da nicht jede Meta-Information eines Konzepts durch Knoten im Zustandsgraphen repräsentiert werden muss (vergleiche Kapitel 5.5), sollten zusätzlich Meta-Informationen als Attribute an Knoten gespeichert werden können.

Zusammendfassend müssen also folgende Informationen im Datenbankmodell repräsentiert werden:

- Kanten und Knoten der Zustandsgraphen,
- Kanten- und Knotentypen,
- Interessen, Fokus und situative Aktivierungen an Knoten,
- Kantengewichte,
- eine Kennzeichnung des semantischen Modells,
- Unterscheidung zwischen situativen und Domänenkanten,
- Standardwerte für Kanten- und Knotengewichtungen und
- weitere Knotenattribute als zusätzliche beschreibende Informationen für die durch Knoten abgebildeten Konzepte.

[45] *Blob* steht für *binary large objects* (große binäre Objekte).

Abbildung 5.2 zeigt ein *Entity-Relationship-Diagramm* der genannten Anforderungen für einen Graphen. Das Modell eignet sich jedoch nur für die Repräsentation eines einzigen Graphen, wie beispielsweise eines Systemzustandsgraphen (siehe Kapitel 3.5.1).

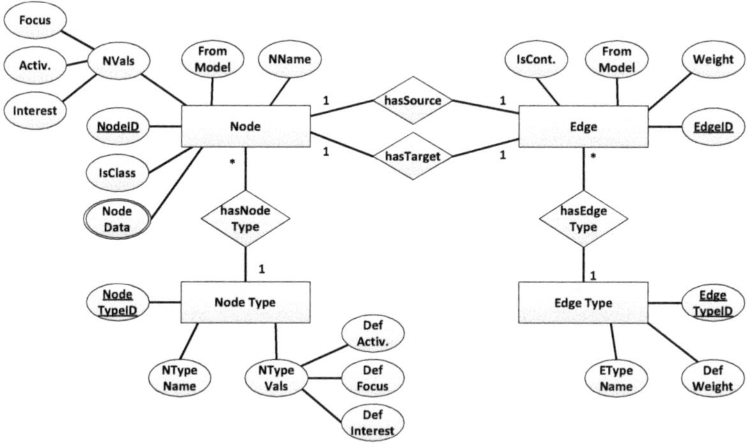

Abbildung 5.2: Entity-Relationship-Diagramm einer Zustandsgraphen-Datenbank für einen zentralen Systemzustandsgraphen.

Die Verwendung von benutzerspezifischen Sichten (vergleiche Kapitel 3.8) erlaubt es, das Entity-Relationship-Diagramm aus Abbildung 5.2 derart zu modifizieren, dass neben dem Systemzustandsgraphen zusätzlich für jeden Benutzer gespeichert werden kann, welche Knoten und Kanten ihm bekannt und wie sie gewichtet sind. Abbildung 5.3 zeigt das erweiterte Entity-Relationship-Diagramm für benutzerspezifische Sichten.

5.3 Anforderungen an den Kontextserver

Zentrales Element einer gruppenkontextbasierten Systemumgebung ist der *Kontextserver*. Der Kontextserver hat die Aufgaben, die Zustandsgraphendatenbank zu verwalten, Zustandsgraphen zu aktualisieren und den Kontext für kontextbasierte Anwendungen zu ermitteln.

Die Verwaltung der Zustandsgraphen muss Funktionen offerieren, um einerseits die Gewichtungen des Zustandsgraphen zu aktualisieren, andererseits aber auch neue Kanten und Knoten in den Zustandsgraphen einfügen zu können. Dies ist insbesondere dann wichtig, wenn zur Laufzeit von Anwendungen neue Informationen, die in den Zustandsgraphen abgebildet werden sollen, eingebracht werden (beispielsweise in Dokumentverwaltungssystemen, wenn Benutzer neue Dokumente einpflegen).

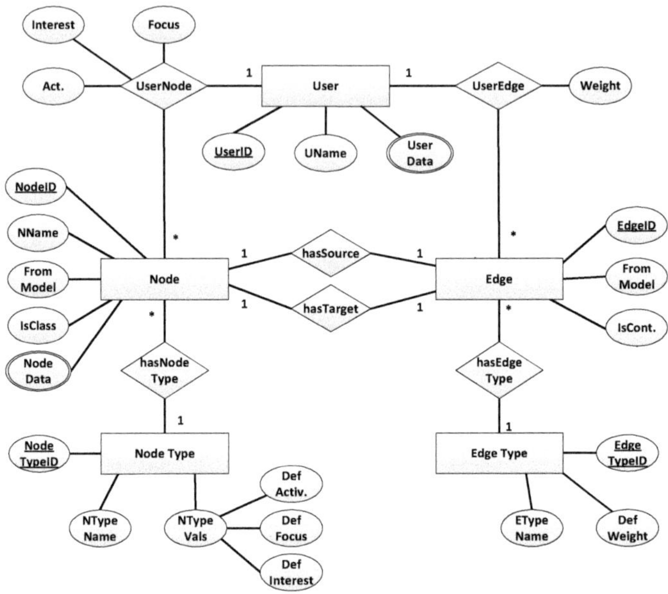

Abbildung 5.3: Entity-Relationship-Diagramm einer Zustandsgraphen-Datenbank für Zustandsgraphen mit benutzerspezifischen Sichten als Erweiterung des Entity-Relationship-Diagramms aus Abbildung 5.2.

Neben diesen Funktionen muss ebenso die Initialisierung von Zustandsgraphen für neue Benutzer und die korrekte Zuordnung von Updates für Benutzerzustandsgraphen durch Benutzersessions unterstützt werden.

Die Ermittlung des Kontexts basiert auf Zustandsgraphen und entspricht somit dem Kontextualisierungsprozess aus Kapitel 3.6. Hierbei ist es unerheblich, ob der Kontext mithilfe eines Zustandsgraphen eines einzelnen Benutzers oder einer Benutzergruppe ermittelt wird. Jedoch muss für den Fall, dass der Kontext einer Benutzergruppe ermittelt wird, dynamisch ein Gruppenzustandsgraph aus Benutzerzustandsgraphen generiert werden (vergleiche Kapitel 3.9).

Auf Basis dieser Anforderungen lassen sich fünf Kernfunktionen des Kontextservers ermitteln:

- die Verwaltung und Aktualisierung von Zustandsgraphen,
- die Verwaltung von Benutzern und Benutzersessions,
- Identifikation von Gruppen mithilfe von Zustandsgraphen,
- dynamische Generierung von Gruppenzustandsgraphen und
- Kontextualisierung von Zustandsgraphen zur Ermittlung des Kontexts.

Abbildung 5.4 zeigt die Kernfunktionen des Kontextservers. Da alle fünf Kernfunktionen auf dieselben Datenstrukturen (Zustandsgraphen) zugreifen, wird zur Vereinfachung ein allgemeines Datenmodell (*State Modell*) genutzt, welches so den Zugriff auf die Zustandsgraphendatenbank erlaubt. Die Benutzerverwaltung und die Verwaltung und Aktualisierung des Datenmodells werden durch einen *User & State Manager* umgesetzt. Der Kontextualisierungsprozess wird von einem *Contextualization Manager* realisiert, wobei dieser die für die Ermittlung des Gruppenkontexts benötigte Gruppe mithilfe des *Group Identification Manager* ermittelt. Das Merging von Benutzerzustandsgraphen zu einem Gruppenzustandsgraphen gewährleistet der *Group State Generator*, auf den der *Contextualization Manager* für die Ermittlung des Gruppenzustandsgraphen zugreift.

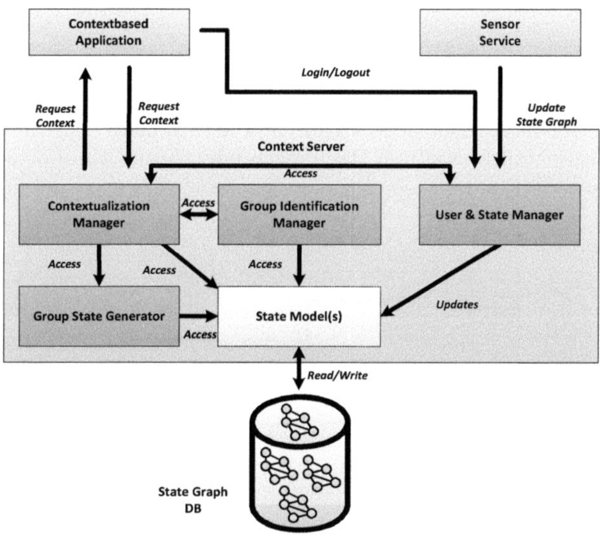

Abbildung 5.4: Kernkomponenten des Kontextservers. Das *State Model* ermöglicht den Zugriff auf die Zustandsgraphendatenbank. Aktualisierungen der Zustandsgraphen und Zugriff auf die Benutzerverwaltung erfolgt mithilfe des *User & State Managers.* Für die Ermittlung des Kontexts greift der *Contextualization Manager* entweder auf das *State Model* zu oder ermittelt mithilfe des *Group Identification Managers* die Gruppenzusammensetzung. Der *Group State Generator* merged die einzelnen Benutzerzustandsgraphen der ermittelten Gruppemitglieder zu einem Gruppenzustandsgraphen, der dann vom *Contextualization Manager* für die Ermittlung des Gruppenkontexts verwendet wird.

5.3.1 User & State Manager

Eine zentrale Aufgabe des *User & State Managers* ist die Bereitstellung einer Schnittstelle zur Modifikation von Zustandsgraphen. Diese Modifikationen umfassen Änderungen am Fokus, an situativen Aktivierungen und an Präferenzen in Zustandsgraphen, wie auch das Hinzufügen neuer Kanten und Knoten. Eine weitere Aufgabe des User & State Managers befasst sich mit der Benutzerverwaltung[46]: Sensor-Updates bilden Informationen entweder auf alle Zustandsgraphen ab, oder es werden nur benutzerspezifische Aktualisierungen übermittelt. Für diese benutzerspezifischen Aktualisierungen wird der Zielzustandsgraph benötigt, der durch Benutzersessions identifiziert wird. Ein weiterer Aspekt der Benutzerverwaltung umfasst die Initialisierung neuer Benutzerzustandsgraphen für neue Benutzer von kontextbasierten Anwendungen in der Systemumgebung.

Der User & State Manager hat somit folgende Aufgaben:

- Benutzerverwaltung und Verwaltung von Benutzersessions,
- Initialisierung von Benutzerzustandsgraphen für neue Benutzer,
- Aktualisierungen von Gewichtungen der Zustandsgraphen,
- Hinzufügen neuer Knoten (Konzepte) und Kanten und
- Hinzufügen neuer situativen Präferenzen oder Wenn-Dann-Konditionen (situative Kanten).

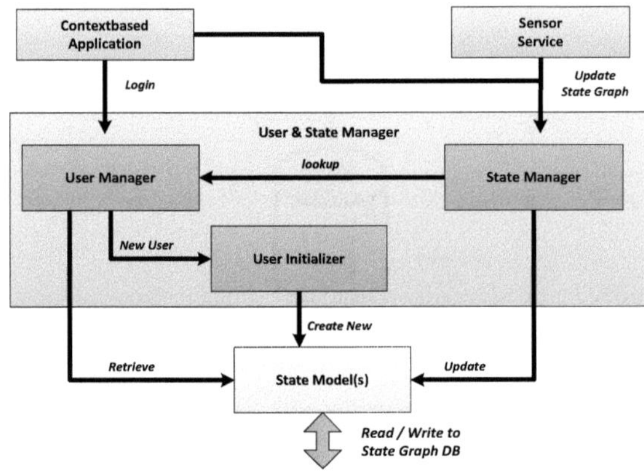

Abbildung 5.5: Komponenten des User & State Managers. Der User & State Manager besteht aus einem *User Manager* für die Benutzerverwaltung, einem *User Initializer* für die Initialisierung neuer Benutzerzustandsgraphen und einem *State Manager* für die Aktualisierung von Gewichtungen von Benutzerzustandsgraphen.

[46] Obwohl an dieser Stelle von *Benutzern* gesprochen wird, können ebenso Anwendungen verwaltet werden.

Abbildung 5.5 zeigt den exemplarischen Aufbau des User & State Managers, bestehend aus dem *User Manager* zur Verwaltung von Benutzersessions, dem *User Initializer* für die Initialisierung neuer Benutzerzustandsgraphen und dem *State Manager*, der die Aktualisierungen von Gewichtungen der Benutzerzustandsgraphen durchführt.

Der State Manager gewährleistet die Kompatibilität der eingehenden Update-Informationen mit den gespeicherten Zustandsgraphen. Zu diesem Zweck wird zunächst das Ziel des Updates identifiziert, um dann zu überprüfen, ob das Ziel im Zustandsgraphen repräsentiert ist. Wenn das Ziel der Aktualisierung nicht bekannt ist, dann muss unter Nutzung des jeweiligen Knoten- oder Kantentyps überprüft werden, ob eine semantische Einordnung dieser neuen Information im Zustandsgraphen möglich ist. Erst nach dem Hinzufügen der Knoten oder Kanten kann dann eine Aktualisierung der Gewichtungen erfolgen. Dieser Ablauf wird in Abbildung 5.6 exemplarischer dargestellt.

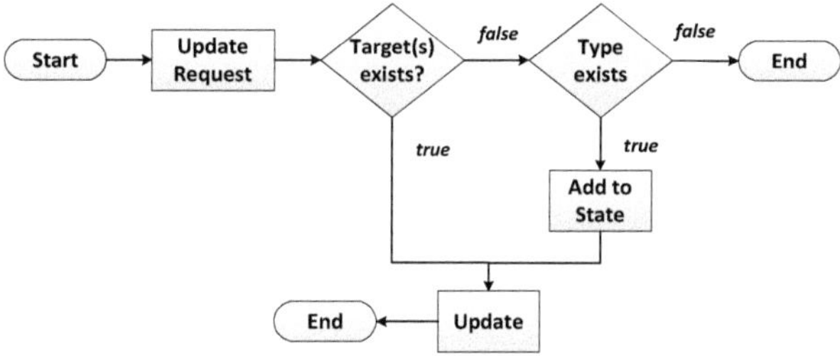

Abbildung 5.6: Exemplarischer Ablauf der Aktualisierung von Benutzerzustandsgraphen. Es wird zunächst sichergestellt, dass das Ziel der Aktualisierung im Zustandsgraphen enthalten oder aber wenigstens als neue Information semantisch einzuordnen ist, bevor neue Informationen hinzugefügt und gewichtet werden können.

5.3.2 Contextualization Manager

Der Vorgang der Ermittlung des Kontexts auf Basis von Zustandsgraphen wird durch den *Contextualization Manager* umgesetzt. Ausgehend von einem Zustandsgraphen wird mithilfe von Kontextualisierungstechniken (vergleiche Kapitel 3.6) der zu einem Zeitpunkt aktuelle Kontext ermittelt. Hierbei gilt es, zwischen der Ermittlung des *Gruppenkontexts* und der Ermittlung des *Benutzerkontexts* zu unterscheiden. Während für den Benutzerkontext der jeweilige Benutzerzustandsgraph direkt für den Kontextualisierungsprozess genutzt werden kann, muss für den Gruppenkontext zunächst eine relevante Gruppe identifiziert und dann die Benutzerzustandsgraphen der Gruppenmitglieder zu einem Gruppenzustandsgraphen gemerged werden. Erst dann kann die Kontextualisierung erfolgen und der Gruppenkontext ermittelt werden.

Obwohl in dieser Arbeit Spreading Activation (vergleiche Kapitel 3.6) als zentrale Kontextualisierungstechnik genutzt wird, können ebenso andere Techniken - wie beispielsweise einfache *Wenn-Dann-Regeln* - verwendet werden. Der Contextualization Manager muss somit in Abhängigkeit der jeweiligen Systemkonfigurationen in der Lage sein, unterschiedliche Kontextualisierungstechniken zu verwenden. Abbildung 5.7 zeigt den exemplarischen Ablauf der Kontextualisierung im Contextualization Manager.

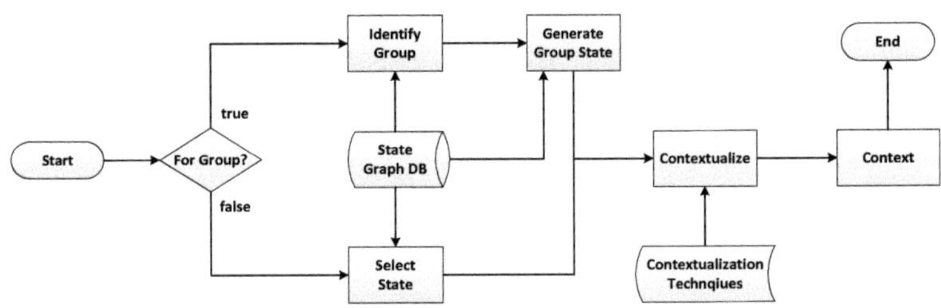

Abbildung 5.7: Exemplarischer Ablauf des Kontextualisierungsvorgangs im Contextualization Manager. Der für die Kontextualisierung notwendige Zustandsgraph ist entweder ein Benutzerzustandsgraph oder ein für eine Benutzergruppe generierter Gruppenzustandsgraph.

5.3.3 Group Identification Manager

Die Identifikation von Benutzergruppen erfolgt durch den *Group Identification Manager*. Der Group Identification Manager analysiert Zustandsgraphen, um Benutzergruppen mithilfe von Zustandsgraphen zu identifizieren. In Abhängigkeit der Anwendungsdomäne können zur Laufzeit des Kontextservers unterschiedliche Verfahren für die Identifikation benötigt werden (vergleiche Kapitel 4). Aus diesem Grund muss es dem Group Identification Manager möglich sein, dynamisch zwischen Verfahren zu wechseln.

Abbildung 5.8 zeigt den exemplarischen Verarbeitungsablauf des Group Identification Managers. Mit der Wahl des Identifikationsverfahrens wird ein *Group Identifier* ausgewählt, der für den Vergleich der Zustandsgraphen und die Identifikation der Gruppen genutzt wird.

5.3.4 Group State Generator

Der *Group State Generator* verschmilzt eine Menge von Benutzerzustandsgraphen zu einem Gruppenzustandsgraphen. Wie im Kapitel 3.9 beschrieben, beeinflusst die Wahl der Mergingfunktionen den resultierenden Gruppenzustandsgraphen. In Abhängigkeit der Anwendungsdomäne können unterschiedliche Mergingfunktionen für Aktivierungen, Fokus, Interessen und situationsabhängige Präferenzen erforder-

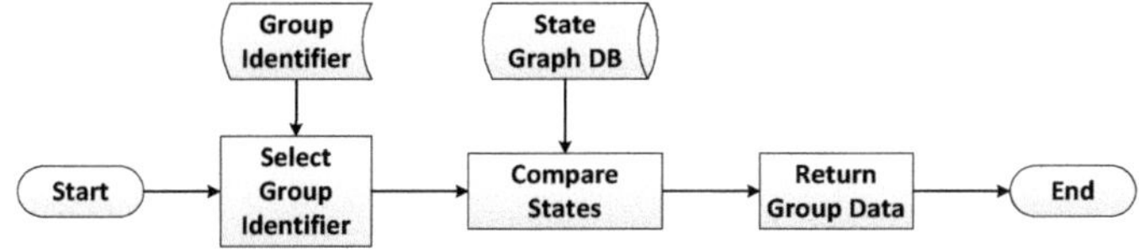

Abbildung 5.8: Exemplarischer Ablauf der Identifikation von Gruppen. Mit der Wahl des Identifikationsverfahrens wird ein *Group Identifier* ausgewählt, der für den Vergleich der Zustandsgraphen und die Identifikation der Gruppen genutzt wird.

lich sein. Somit muss der Group State Generator ebenfalls eine dynamische Wahl der Mergingstrategien ermöglichen.

Abbildung 5.9 zeigt den Verarbeitungsablauf des Group State Generators. Ausgehend von einer Gruppenzusammenstellung wird zunächst die Struktur des gemeinsamen Gruppenzustandsgraphen ermittelt, bevor mithilfe von Mergingfunktionen (*Merging Modules*) die Gewichtungen des Gruppenzustandsgraphen berechnet werden. Der so ermittelte Gruppenzustandsgraph kann dann für den Kontextualisierungsprozess zur Ermittlung des Gruppenkontexts genutzt werden.

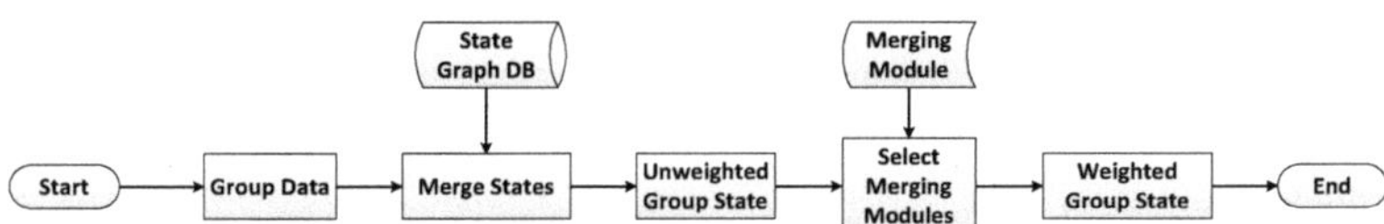

Abbildung 5.9: Exemplarischer Ablauf der Generierung von Gruppenzustandsgraphen mithilfe des *Group State Generators*: Ausgehend von einer Gruppenzusammenstellung wird die Struktur des gemeinsamen Gruppenzustandsgraphen ermittelt und schließlich mithilfe von Mergingfunktionen (*Merging Module*) die Gewichtungen des so gebildeten Gruppenzustandsgraphen berechnet.

5.4 Anforderungen an Sensoren

Die Erfassung von Informationen über die Systemumgebung, Benutzer oder die physikalische Welt findet mithilfe von Sensoren statt. (Haake et al., 2010) unterscheiden hierbei zwischen zwei Arten von Sensoren:

1. physikalische Sensoren, die mithilfe von Hardware Informationen über die physikalische Welt - beispielsweise Temperatur, Lokalisation oder Wetter - sammeln, und

2. virtuelle Sensoren, die den Systemzustand von Softwaresystemen - beispielsweise, welche Fenster geöffnet sind oder welche Dateien angezeigt werden - auslesen.

Die Abbildung der von Sensoren erfassten Informationen auf Zustandsgraphen ist nicht direkt möglich, da insbesondere Hardwaresensoren nicht in der Lage sind, das Ziel der Informationen in den Zustandsgraphen zu identifizieren. Wenn beispielsweise ein GPS-basierter Lokalisationssensor kontinuierlich Daten über die Position eines Benutzers sammelt, so können diese Informationen - repräsentiert durch Längen- und Breitengrad - nicht direkt auf Lokalisationsinstanz-Knoten des Zustandsgraphen abgebildet werden.

Das folgende Beispiel verdeutlicht diese Problematik: Ein Hardwaresensor erfasst die aktuelle Position als Koordinaten *50° Breitengrad 56' 33,2607 N* und *06° Längengrad 57' 32,3136 O*. Im Zustandsgraphen sind keine Knoten für Koordinatenpositionen enthalten, sondern exemplarische Lokalisationen wie *Location:Duesseldorf*, *Location:Berlin* oder *Location:Cologne*. Der Hardwaresensor ist nicht in der Lage, die ermittelten Koordinaten auf eine der Lokalisationsrepräsentationen (Knoten) des Zustandsgraphen abzubilden. Zu diesem Zweck müssen die Informationen zunächst transformiert und interpretiert werden, bevor schließlich das Ziel im Zustandsgraphen in Abhängigkeit des Domänenmodells oder der Zustandsgraphen identifiziert wird. Abbildung 5.10 zeigt den exemplarischen Ablauf der Datenverarbeitung. Die vorliegenden Sensordaten werden zunächst interpretiert und auf einen reellen Wert (z.B. situative Aktivierungen, vergleiche Kapitel 3) abgebildet. Anschließend werden Informationen aus dem Domänenmodell und dem Zustandsgraphen verwendet, um die im Zustandsgraphen erforderlichen Änderungen zu ermitteln.

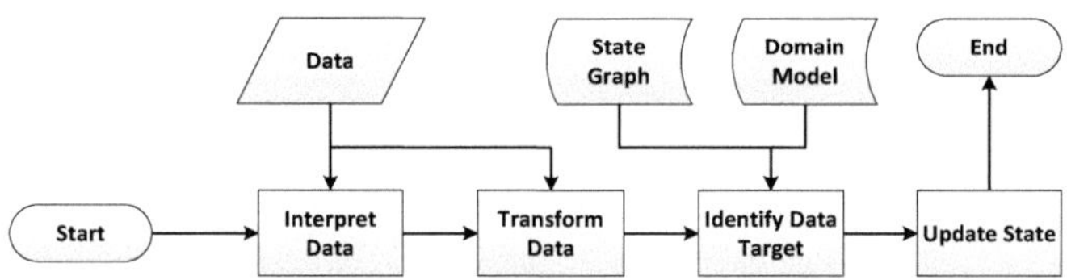

Abbildung 5.10: Exemplarischer Ablauf der Verarbeitung von Sensordaten zwecks Abbildung auf Zustandsgraphen: Die vom Sensor ermittelten Daten werden interpretiert und auf reelle Werte transformiert, um sie auf Knoten und Kanten des Zustandsgraphen abbilden zu können. Das Ziel dieser Abbildung wird mithilfe des Zustandsgraphen und/oder des Domänenmodells ermittelt.

Sensoren - insbesondere Hardwaresensoren - sind nicht in der Lage, die in Abbildung 5.10 abgebildete Verarbeitung der Sensordaten durchzuführen. Aus diesem Grund werden *Sensor-Dienste* benötigt, um Interpretation, Transformation und Abbildung der Sensordaten zu gewährleisten. Ein weiterer Vorteil dieser Sensor-Dienste ist, dass beliebig viele Informationsquellen aggregiert werden können. Im obigen Beispiel könnte so der Sensor-Dienst die Koordinaten mithilfe eines externen Geodaten-Dienstes abgleichen. Das Ergebnis wird wiederum mit den Knoten des Zustandsgraphen verglichen, um das Ziel der Informationsabbildung zu ermitteln (hier: *Location:Cologne*). Abbildung 5.11 zeigt den konzeptionellen Aufbau von Sensor-Diensten. Unabhängig von der Datenquelle (virtuelle Sensoren, physikalische Sensoren, Zustandsgraphen-Datenbank, kontextbasierte Anwendungen oder externe Datendienste) können Sensor-Dienste die vorhandenen Daten interpretieren, transformieren und auf Zustandsgraphen abbilden. Sensor-Dienste können sowohl für die Aktualisierung von situativen Aktivierungen, von Präferenzen oder für die Aktualisierung der jeweiligen Fokusse verwendet werden.

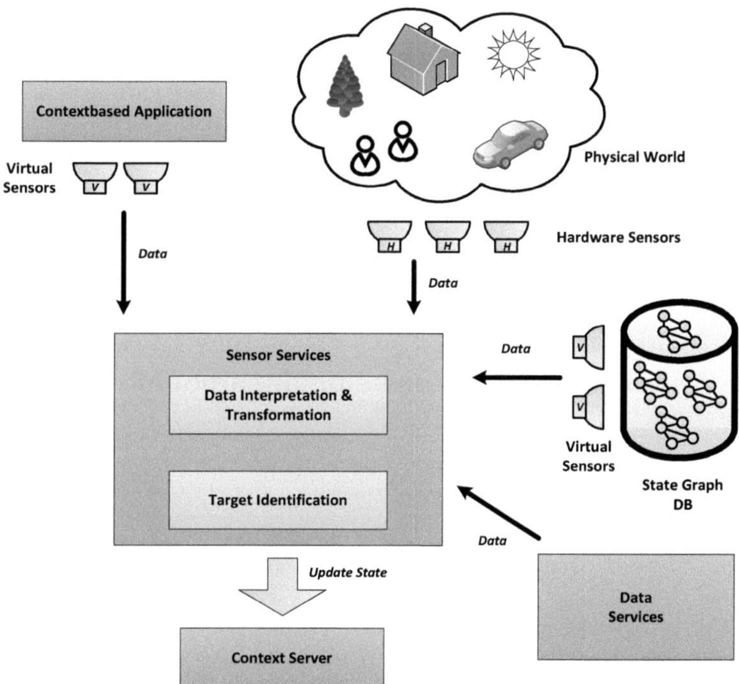

Abbildung 5.11: Konzeptionelles Design von Sensor-Diensten: Sensor-Dienste verarbeiten Daten von virtuellen oder physikalischen Sensoren durch Interpretation, Transformation und Identifikation der Abbildungsziele im Zustandsgraphen durch Abgleich mit dem Domänenmodell und dem Zustandsgraphen. Sensor-Dienste können auf externe Datendienste zugreifen und multiple Datenquellen aggregieren.

Es müssen zwei Typen von Sensor-Diensten unterschieden werden: *Pull-Sensor-Dienste* und *Push-Sensor-Dienste*. Pull-Sensor-Dienste sind aktive Prozesse und können einen internen Timer enthalten, der eine selbsttätige Datenakquirierung in festgelegten Intervallen durchführt. Pull-Sensor-Dienste eignen sich somit für eine kontinuierliche Überwachung von Datenquellen, wie beispielsweise die Zustandsgraphen-Datenbank oder Log-Dateien. Push-Sensor-Dienste sind passive Informations-Interpreter, die keine selbsttätige Datenakquirierung durchführen. Sie erhalten die zu interpretierenden und abzubildenden Daten direkt durch externe Anwendungen oder Sensoren. Push-Sensor-Dienste werden entweder für die Auswertung von kontinuierlichen Sensor-Streams (beispielsweise Auswertung eines Temperatursensors für einen Raum oder GPS-Daten eines Mobiltelefons) oder für Aktualisierungen, die durch Ereignisse in externen Anwendungen (beispielsweise der Wechsel zwischen Fenstern einer Anwendung oder Klick auf eine Verlinkung einer Webseite) erforderlich werden, verwendet.

Die allgemeinen Anforderungen an Sensor-Dienste lassen sich folgendermaßen zusammenfassen:

- (Sensor-)Daten - entweder selbstständig akquiriert oder durch externe Quellen übermittelt - müssen von Sensor-Diensten interpretiert und in ein für Zustandsgraphen passendes Format transformiert werden.
- Sensor-Dienste müssen das Ziel der Informationsabbildung in Zustandsgraphen identifizieren.
- Das Ergebnis dieses Prozesses wird dem Kontext-Server übermittelt, um Zustandsgraphen zu aktualisieren.
- Sensor-Dienste können entweder aktive und selbsttätige Prozesse sein, oder sie fungieren als passive Informations-Interpreter.

5.5 Anforderungen an das Domänenmodell

Das Domänenmodell beschreibt die Anwendungsdomäne und somit den semantischen Aufbau des Zustandsgraphen und die Struktur des Kontexts in der Systemumgebung. Das Domänenmodell umfasst konkrete und abstrakte Konzepte, sowie Relationen zwischen diesen Konzepten: Abstrakte Konzepte werden durch Klassen, konkrete Konzepte hingegen werden durch Instanzen beschrieben. Jeder Instanz wird wenigstens eine Klasse zugeordnet[47].

Das Design des Domänenmodells orientiert sich an den von der Systemumgebung unterstützten Anwendungsszenarien - und somit an den Anforderungen der kontextbasierten Anwendungen an dem zu ermittelnden Kontext. Zusätzlich müssen situationsbeschreibende Konzepte im Domänenmodell abgebildet sein. Daher ist es beim Design bereits notwendig, die zu verwendenden Sensoren und Sensor-Dienste zu berücksichtigen. Es ist nicht notwendig, jede konkrete Instanz einer Situationsbeschreibung zu modellieren. Jedoch müssen die Beziehungen - und somit die Assoziationen - zwischen Situationsbeschreibungen und anderen Konzepten des Domänenmodells auf Klassenebene spezifiziert werden. Es ist beispielsweise nicht notwendig für einen Lokalisations-Dienst, der GPS-Daten auf Städte abbildet, im Domänenmodell bereits alle existierenden Städte der Welt beim Design zu modellieren. Damit der Sensor-Dienst in der Lage ist, die ermittelten und interpretierten Daten korrekt auf den Zustandsgraphen abzubilden, muss das abstrakte Konzept, welches der

[47] Eine Mehrfachvererbung ist grundsätzlich auch möglich.

Sensor-Dienst erfasst, beschrieben werden. Zusätzlich müssen Relationen zu anderen Klassen definiert werden (beispielsweise, um eine Relation zwischen Restaurants und Städten für ein kontextbasiertes Restaurantempfehlungssystem zu beschreiben). Erst mithilfe dieser Spezifikationen ist es Sensor-Diensten möglich, neue, nicht in den Zustandsgraphen repräsentierte Informationen korrekt semantisch einzuordnen und auf Konzepte der Zustandsgraphen abzubilden.

Bereits zur Designzeit des Domänenmodells muss entschieden werden, wie die Assoziationen zwischen Instanzen derselben Klassen repräsentiert werden sollen: Entweder werden die Instanzen *direkt* miteinander assoziiert, indem Relationen zwischen den betroffenen Konzepten modelliert werden, oder *indirekt* über zusätzliche Konzepte, die den Assoziationsgrund (beispielsweise durch Modellierung von gemeinsamen Attributen im Domänenmodell) repräsentieren, miteinander assoziieren. So können beispielsweise Dokumente (*Doc*) eine Reihe von Meta-Informationen in Form von Attributen des Dokument-Konzepts, wie Autoren (*Author*), Erstellungsjahr (*Year*), inhaltliches Thema (*Topic*) oder den Titel (*Title*) besitzen. Über diese Attribute lassen sich Assoziationen zu anderen Dokumenten (und auch zu anderen abgebildeten Konzepten im Domänenmodell) bilden: Dokumente können dieselben Autoren besitzen, die gleichen Themen behandeln, im gleichen Jahr erstellt worden sein oder aber denselben Titel besitzen.

Abbildung 5.12 zeigt zwei exemplarische Domänenmodelle mit unterschiedlichen Assoziationsrepräsentationen für dieses Beispiel. Betrachtet man die Assoziationen von Dokumenten mit gleichen Titeln, so kann die Assoziation durch eine direkte Relation (*hasSameTitle*) zwischen betroffenen Dokumenten abgebildet werden. Es ist jedoch auch möglich, mithilfe einer indirekten Relation einen zusätzlichen Zwischenschritt in Form des Dokumententitels (*Title*) zu modellieren. Dieser Zwischenschritt wird als eigener Knoten im Zustandsgraphen abgebildet und steht dann mit allen Dokumenten, die den gleichen Titel besitzen, in Beziehung.

Diese Problematik tritt immer dann auf, wenn Attribute für die Assoziation eines Konzepts mit einem anderen Konzept ausschlaggebend sind. Die Modellierung von indirekten Relationen ist jedoch nicht in jedem Fall sinnvoll: Wenn die als eigene Konzepte abzubildenden Werte der Attribute alle einzigartig sind, weisen die zugehörigen Knoten im Zustandsgraphen nur eine geringe Konnektivität auf, und zwar immer nur mit einem anderen Knoten. Somit eignen sich indirekte Assoziationsrepräsentationen häufig nur für *N:M*-Relationen zwischen Konzepten, so dass der abgebildete Attributknoten eine hohe Konnektivität zu anderen Knoten aufweist.

Grundsätzlich ist die Entscheidung, ob direkte oder indirekte Assoziationsrepräsentationen genutzt werden, abhängig von den in den Anwendungsfällen beabsichtigten Assoziationen: Wenn eine direkte Assoziation zwischen zwei Konzepten genutzt werden soll - beispielsweise in der Aussage „*Das Buch 'Furchtlos' hat denselben Autor wie das Buch 'Black Jack'.*“ - dann ist eine direkte Assoziationsrepräsentation über Relationen zu bevorzugen. Wird jedoch ein kognitiver Zwischenschritt eingefügt - beispielsweise „*Das Buch 'Furchtlos' wurde von 'Jack Campbell' geschrieben. Dieser Autor hat auch das Buch 'Black Jack' geschrieben.*“ - dann sollte eine indirekte Assoziationsrepräsentation (hier: der Autor *Jack Campbell* als eigener Knoten) gewählt

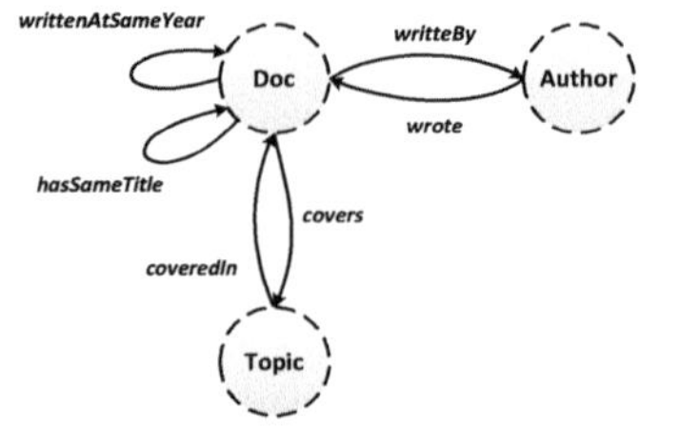

Domänenmodell mit direkter Assoziationsrepräsentation über Relationen.

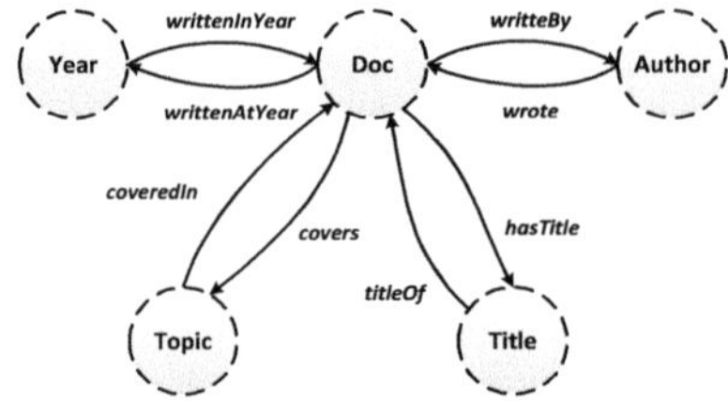

Domänenmodell mit indirekter Assoziationensrepräsentation über Konzepte.

Abbildung 5.12: Domänenmodelle mit unterschiedlichen Assoziationsrepräsentationen. Assoziationen zwischen zwei Dokumenten lassen sich entweder direkt durch Relationen zwischen den betroffenen Dokumenten modellieren oder indirekt durch einen Zwischenschritt über Konzepte, die gemeinsame Attribute der betroffenen Dokumente repräsentieren (hier der Titel), in Relation setzen.

werden. Im Zweifelsfalle sind direkte Assoziationsrepräsentationen vorzuziehen, um zu verhindern, dass im Zustandsgraphen unnötig viele Knoten mit geringer Konnektivität existieren.

5.6 Anforderungen an kontextbasierte Anwendungen

Als *kontextbasierte Anwendungen* werden alle Anwendungen bezeichnet, die Kontext verarbeiten können. Ziel dieser Kontextverarbeitung sind beispielsweise Adaptionen von Benutzeroberflächen, Funktionen oder Informationsdarstellungen. Der Kontext wird nicht von der kontextbasierten Anwendung ermittelt oder verwaltet, sondern muss vom Kontextserver angefordert werden. Die Kontext-Anforderungen werden durch Systemereignisse, wie beispielsweise einem Mausklick auf einen Link oder durch Timer, die in festgesetzten Intervallen ein Aktualisierungs-Ereignis auslösen, gestartet. Das vom Kontextserver an die kontextbasierte Anwendung übermittelte Resultat wird dann interpretiert und schließlich für Adaptionen genutzt. Abbildung 5.13 zeigt den exemplarischen Ablauf der Kontextanfrage an den Kontextserver und die anschließenden Schritte zur Interpretation des Kontexts und Adaption der Anwendung.

5.7 Zusammenfassung

In diesem Kapitel wurden die Anforderungen an eine gruppenkontextbasierte Systemumgebung vorgestellt und diskutiert. Für die vorgestellten Szenarien eignet sich eine Client-Server-Architektur, bei der ein zentraler Kontextserver die Verwaltung der Zustandsgraphen und die Ermittlung des Kontexts übernimmt. Die einzelnen Komponenten des Kontextservers wurden konzeptionell beschrieben und diskutiert.

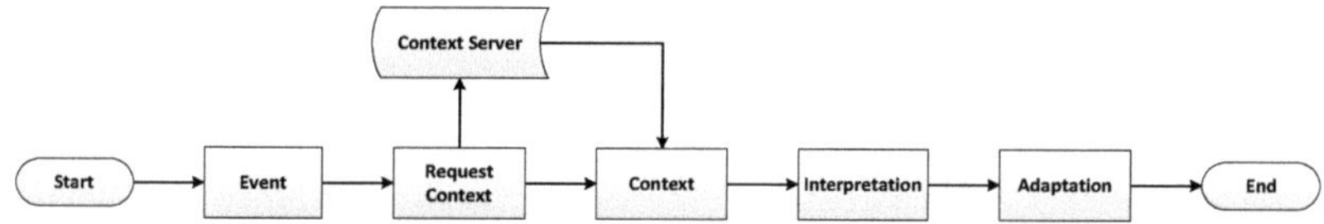

Abbildung 5.13: Exemplarischer Prozess der Kontextanforderung und Adaption von kontextbasierten Anwendungen. Die kontextbasierte Anwendung fordert in Abhängigkeit eines Ereignisses am Kontextserver den aktuellen Kontext an, der dynamisch ermittelt wird. Das Resultat (der Kontext) wird dann für die Anwendung interpretiert und für Adaptionen genutzt.

Die Abbildung von situationsspezifischen Informationen - wie situative Aktivierungen oder Fokus - erfolgt mithilfe von Sensor-Diensten, die Informationen aggregieren, transformieren und an den zentralen Kontextserver in Form von Updates übermitteln. Anschließend wurden Anforderungen an das Domänenmodell und die damit verbundenen Designentscheidungen diskutiert. Zuletzt wurden Anforderungen an kontextbasierte Anwendungen exemplarisch erläutert und diskutiert.

Konkrete Implementationsdetails der Systemumgebung und Sensor-Dienste werden im Kapitel 6 vorgestellt. Exemplarische Anwendungen, die auf dieser Systemumgebung basieren, werden im Kapitel 7 vorgestellt.

6 GroCoS - ein Framework für die Ermittlung von (Gruppen-) Kontexten

Dieses Kapitel beschreibt das GroCoS[48]-Framework einer Systemumgebung für (gruppen-)kontextbasierte Anwendungen. GroCoS unterstützt die Ermittlung von Kontexten für einzelne Benutzer und für Benutzergruppen. GroCos ermöglicht kontextbasierten Anwendungen, Kontext zu konsumieren und für Adaptionen zu nutzen. GroCoS unterstützt dynamische Komponenten, um die im Kapitel 3 vorgestellten Ansätze zur Kontextualisierung und zum Merging von Benutzerzustandsgraphen[49] zu Gruppenzustandsgraphen und die im Kapitel 4 vorgestellten Gruppenidentifikationsverfahren zu ermöglichen. Die implementierte Architektur wurde konzeptionell im Kapitel 5 vorgestellt.

Die Systemarchitektur wurde mithilfe des .Net-Frameworks implementiert.

6.1 Kontextserver

Der Kontextserver ist die zentrale Komponente eines GroCoS-Systems. Der Kontextserver ermöglicht die Benutzer- und Zustandsgraphenverwaltung, Kontextualisierung, Gruppdenidentifikation und das Merging von Zustandsgraphen. Diese Komponenten wurden als eine Reihe von SOAP[50]-Diensten implementiert, die mithilfe der *Windows Communication Foundation*[51] *(WCF)* Schnittstellen für externe Zugriffe bieten. WCF bietet ein *Application Programming Interface (API)* zur Erstellung von verteilten, serviceorientierten Anwendungen. Ein WCF Client (Anwendungsseite) verbindet sich mit einem WCF Service (Dienst) durch einen Endpunkt, der durch das *ABC-Prinzip*[52] definiert wird:

- Die Adresse (*Adress*) des Dienstes, beschrieben durch ein *URI*, definiert den Ort des Dienstes und somit die Erreichbarkeit für Dienstkonsumenten,
- die Anbindung (*Binding*) beschreibt die Art der Kommunikation, z.B. das Protokoll oder die Kodierung, und
- der Vertrag (*Contract*) definiert die durch den Dienst bereitgestellten Methoden mithilfe eines Interfaces.

48 *GroCoS* steht als Kurzform für Group Context Systems.

49 Im Folgenden werden *benutzerspezifische Sichten des Systemzustands* synonym mit *Benutzerzustandsgraphen* verwendet.

50 *SOAP* steht für *Simple Object Access Protocol* und beschreibt ein Netzwerkprotokoll.

51 Die *Windows Communication Foundation ist Teil von Mircosofts .Net-Framework. Für weitere Informationen siehe http://msdn.microsoft.com/de-de/library/dd456779.aspx (Stand: 24. November 2014)*

52 Das Akronym *ABC* steht für *Adress* (Adresse), *Binding* (Anbindung) und *Contract* (Vertrag).

Der Vorteil von WCF ist hierbei, dass sowohl unterschiedliche Protokolle (HTTP, TCP, UDP, usw.) als auch Kodierungen (binär, SOAP, REST[53], etc.) und Sicherheitsaspekte (Verschlüsselung und Authentifizierung) unterstützt werden. Der Vertrag kann als Interface in einer beliebigen .Net-Sprache (beispielsweise C# oder Visual Basic) verfasst werden und wird erst zur Laufzeit durch die WCF als Kommunikationsprotokoll umgesetzt. Für eine ausführlichere Einführung in die Windows Communication Foundation siehe (Kotz et al., 2007). Mit WCF ist ein plattformunabhängiger Dienstzugriff leicht zu realisieren.

Der Kontextserver besteht aus mehreren Teilkomponenten (vergleiche Kapitel 5.3, die im Folgenden beschrieben werden.

6.1.1 Zugriff auf die Zustandsgraphen-Datenbank mittels StateModel

Das *StateModel* ist eine Komponente des Kontextservers, die einen direkten Zugriff auf die Zustandsgraphen-Datenbank (vergleiche Kapitel 5.2) ermöglicht. Andere Komponenten des Kontextservers können das *StateModel* nutzen, um auf die jeweiligen Benutzerzustandsgraphen zuzugreifen. Für eine optimale Nutzung der Zustandsgraphen-Datenbank wurden benutzerspezifische Sichten (siehe Kapitel 3.8) als Datenbankmodelle implementiert. Das *StateModel* ermöglicht somit den Zugriff auf den generalisierten Zustandsgraphen, die Modifikation von Benutzersichten und das Hinzufügen neuer Informationen (Knoten, Knotenattribute und Kanten des Zustandsgraphen) in den generalisierten Zustandsgraphen oder in die Benutzersichten.

Abbildung 6.1 zeigt ein Klassendiagramm für diese Komponente. Die Komponente bildet mithilfe des *ADO.NET Entity Frameworks*[54] die Datenbankstruktur aus Kapitel 5.2 durch eine objektrelationale Abbildung auf Objekte ab. Zusätzlich ermöglicht ADO.NET die Verwaltung von Schreibzugriffen und einen effizienten Lesezugriff auf die Daten mithilfe von *LINQ*[55].

Zentrales Element dieser Komponente bildet der *GeneralState* als generalisierter Zustandsgraph, von dem der Zugriff auf alle Knoten (*Node*) und Kanten (*Edge*), ihren jeweiligen Typen (*NodeType* für Knoten und *EdgeType* für Kanten), Knotenattributen (*NodeAttribute*) und auf alle benutzerspezifischen Sichten (*UserState*) möglich ist. Jeder Knoten kann beliebig viele Knotenattribute besitzen und somit unbegrenzt Meta-Informationen speichern. Das Domänenmodell ist im generalisierten Zustandsgraphen bereits mit abgebildet. Knoten und Kanten besitzen ein boolsches Attribut (*IsFromModel*), welches anzeigt, ob eine Kante oder ein Knoten im Domänenmodell vormodelliert ist - beispielsweise bei Klassen und Relationen zwischen Klassen oder bei Faktenwissen (*„Berlin isCapitalOf Germany“*). Die jeweilige

[53] *REST* steht für *Representational State Transfer* und beschreibt ein Designparadigma für Server-Client-Kommunikationen. Für weitere Informationen siehe (Fielding, 2000).

[54] Das ADO.NET Entity Framework ist Teil von Microsofts .Net-Framework und erlaubt eine objektrelationale Abbildung von (relationalen) Datenbanken. Für weitere Informationen siehe *http://msdn.microsoft.com/en-us/data/ef.aspx* (Stand: 24. November 2014).

[55] LINQ steht für *Language Integrated Query* und ist Teil von Microsofts .Net-Framework. Für weitere Informationen siehe *http://msdn.microsoft.com/de-de/library/bb397926.aspx* (Stand: 24. November 2014)

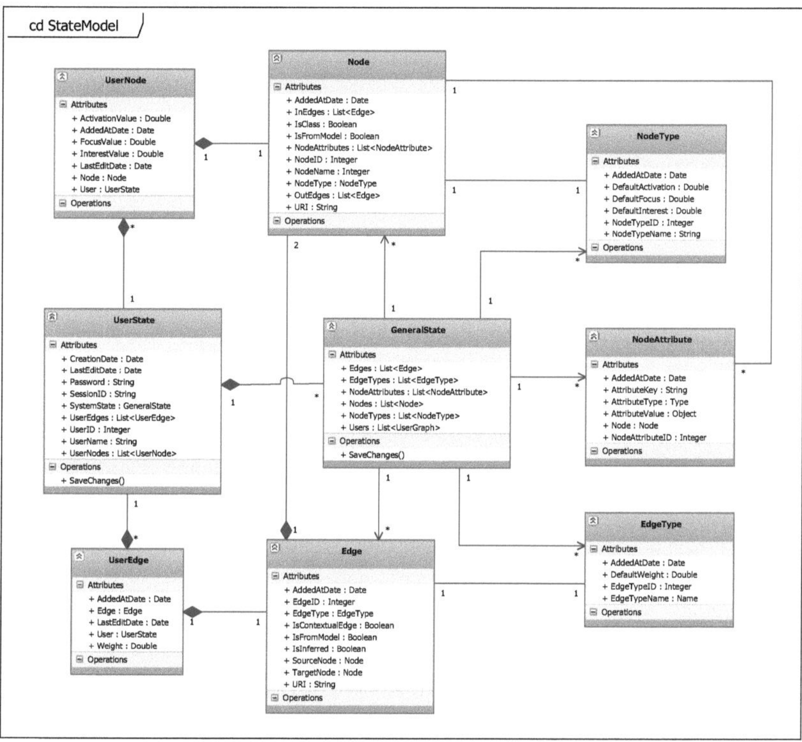

Abbildung 6.1: *StateModel* als Klassendiagramm zur Repräsentation der Datenbankstruktur aus Abbildung 5.3.

benutzerspezifische Sicht wird durch den *UserState* repräsentiert. Der *UserState* enthält alle Knoten, Kanten und Gewichtungen, die dem Benutzer bekannt sind. Dazu gehören neben dem allgemeinen Domänenwissen weitere benutzerspezifische Informationen, die nicht jedem Benutzer bekannt sein müssen.

Der Zugriff auf die Informationen des Zustandsgraphen erfolgt in dieser Implementation mithilfe von LINQ. Eine exemplarische LINQ-Query, die alle Knoten, die dem Benutzer mit der *UserID* „1“ bekannt sind, selektiert, ist in Listing 6.1 abgebildet. LINQ lässt beliebig verschachtelte Queries zu, die bei Ausführung optimiert und - falls bei der Implementation so vorgesehen - auch parallelisiert werden.

Listing 6.1: Exemplarischer LINQ-Zugriff auf eine Benutzersicht.

```
#selecting a list of nodes known to a single user
var allUserNodes = (from t in GeneralState.Users where
                t.UserID == 1 select t.UserNodes).ToList();
```

Änderungen am generalisierten Zustandsgraphen (*GeneralState*) oder benutzerspezifischen Sichten (*UserState*) erfolgt durch direkten Zugriff auf die gespeicherten Daten. Das neue Objekt, beispielsweise ein neuer Knoten (*Node*), kann mithilfe des ADO.Net Entity Framework direkt in ein korrespondierendes Informationstupel zur Speicherung in der relationalen Datenbank transformiert werden. Änderungen werden jedoch erst durch den Aufruf der Funktion *SaveChanges()* persistent in der Datenbank gespeichert.

Das *StateModel* kann, obwohl es ein zentraler Bestandteil des Kontextservers ist, auch von den Sensor-Diensten genutzt werden.

6.1.2 Benutzerverwaltung durch den UserManager-Service

Der *UserManager*-Service ermöglicht die Verwaltung von Benutzern und Benutzersessions. Wie im Kapitel 5 diskutiert, benötigen kontextbasierte Anwendungen *Sessions*[56], um den Austausch von Informationen mit dem Kontextserver zu ermöglichen und dabei das Ziel von Aktualisierungen (Benutzerzustandsgraphen) zu identifizieren. Zu diesem Zweck wird ein *SessionKey* verwendet, der vom *UserManager* bei Bedarf verifiziert wird. Eine weitere Funktionalität des *UserManager* besteht in der Generierung neuer benutzerspezifischen Sichten. Hierbei werden für einen neuen Benutzer zunächst alle Kanten und Knoten des generalisierten Zustandsgraphen in der benutzerspezifischen Sicht abgebildet.

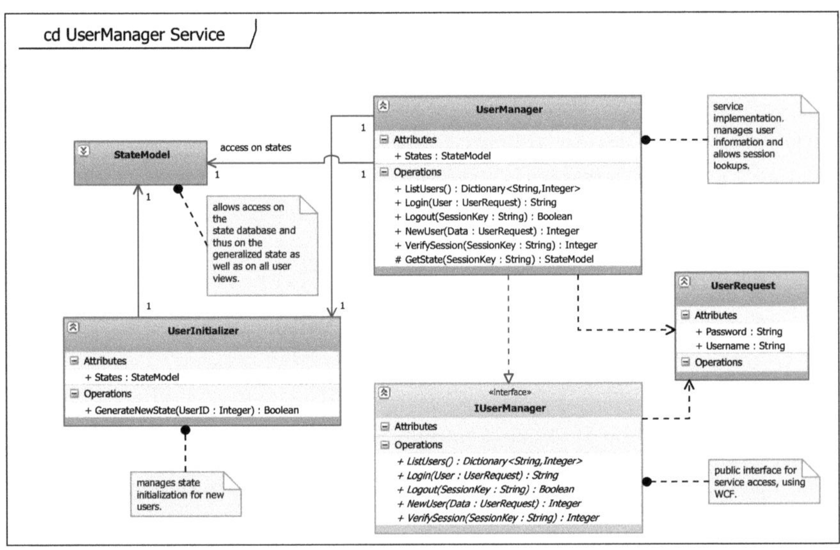

Abbildung 6.2: *UserManager*-Service als Klassendiagramm.

[56] Als *Session* wird eine stehende Verbindung zwischen zwei miteinander kommunizierenden Computern (beispielsweise Client und Server) bezeichnet.

Abbildung 6.2 zeigt ein Klassendiagramm für den *UserManager*-Service: Der *UserManager* ist eine Implementation für einen WCF-Dienst mit dem Vertrag *IUserManager*. Der Vertrag beschreibt die Zugriffsmöglichkeiten der Benutzerverwaltung und ermöglicht so Login-/Logout-Aktionen, eine Verifikation von *SessionKeys* (*VerifySession*) und die Registrierung neuer Benutzer und damit die Initialisierung eines neuen Benutzerzustandsgraphen. Für die Initialisierung neuer Benutzersichten auf den generalisierten Zustandsgraphen ist der *UserInitializer* zuständig. Der *UserInitializer* ermittelt die im generalisierten Zustandsgraphen enthaltenen Informationen mithilfe des *StateModels* (vergleiche Kapitel 6.1.1), um dann die benutzerspezifische Sicht des neuen Benutzers zu erstellen.

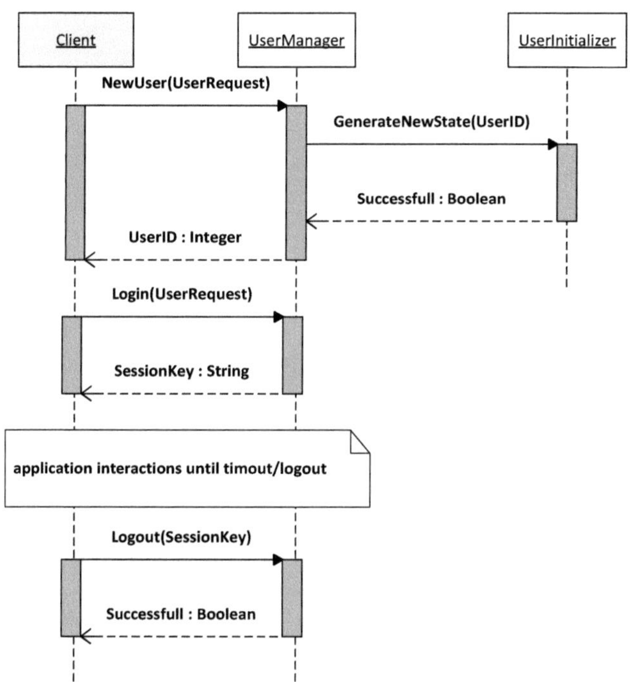

Abbildung 6.3: Sequenzdiagramm bei Erstellung neuer Benutzer und Login-/Logout von Benutzern in der Systemumgebung.

Abbildung 6.3 zeigt ein Sequenzdiagramm für die Interaktion des Dienstes mit einer kontextbasierten Client-Anwendung und die Verarbeitung der Anfragen vom Kontextserver für den *UserManager*. Wenn eine Anwendung einen neuen Benutzer in der Systemumgebung anmelden möchte, so wird der *UserInitializer* gestartet. Der *UserInitializer* generiert dann die neue benutzerspezifische Sicht. Ein Aufruf von *Login()* gleicht die übermittelten Login-Daten (Benutzername und Passwort) des Benutzers mit den im *StateModel* gespeicherten Informationen zum Benutzer ab und überträgt bei Erfolg einen *SessionKey* zurück an die Anwendung. Eine Anwendung kann durch Aufruf von *Logout()* einen Benutzer von der Systemumgebung wieder abmelden.

6.1.3 Zugriff auf Zustandsgraphen durch den StateManager-Service

Der *StateManager*-Service ermöglicht den externen Zugriff auf die Zustandsgraphen-Datenbank. Hierbei werden einerseits Aktualisierungen der Zustandsgraphen geregelt, andererseits gibt es die Möglichkeit, neue Informationen in Zustandsgraphen einzufügen und Informationen aus dem generalisierten Graphen auszulesen.

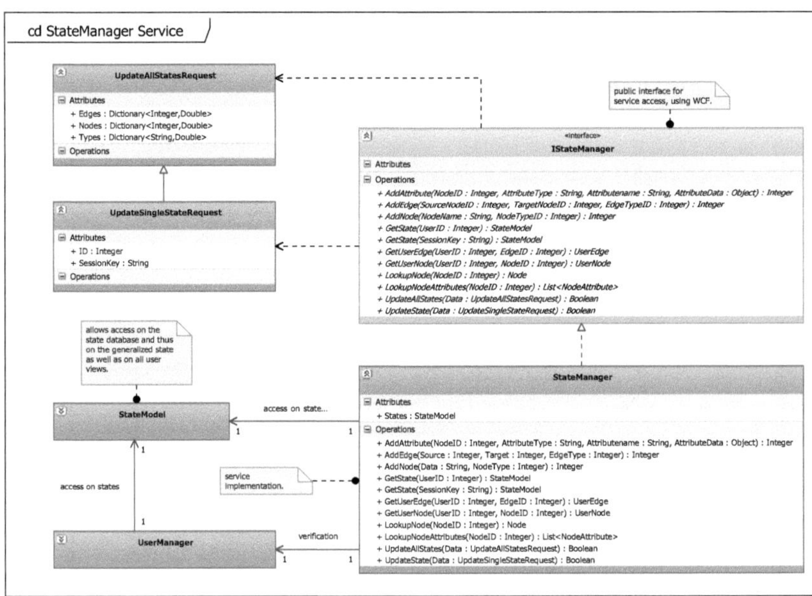

Abbildung 6.4: Klassendiagramm des *StateManager*-Dienstes.

Abbildung 6.4 zeigt das Klassendiagramm des *StateManager*-Dienstes: Der *StateManager* ist ein Dienst, dessen Anbindung mittels WCF unter Nutzung von *IStateManager* als Vertrag, einen externen Zugriff auf die Zustandsgraphen-Datenbank ermöglicht. Der Dienst ermöglicht die Aktualisierung einzelner Benutzerzustandsgraphen (Aufruf von *UpdateState()*) oder die Aktualisierung aller Benutzerzustandsgraphen (Aufruf von *UpdateAllStates()*). Die Aktualisierung von Benutzerzustandsgraphen wird durch Abgleich des *SessionKey*s mit dem *UserManager* (vergleiche Kapitel 6.1.2) realisiert.

Anwendungen und Sensor-Dienste können den generalisierten Zustandsgraphen um neue Informationen erweitern: neue Knoten (*AddNode()*), neue Kanten (*AddEdge()*) oder neue Knotenattribute (*AddAttribute()*). Zu diesem Zweck müssen jedoch ebenfalls grundlegende semantische Konzepte (repräsentiert durch den Kanten- oder

Knotentyp) übermittelt werden. Der *StateManager* überprüft die Informationen und speichert sie mithilfe des *StateModels*.

Neben der Modifikation des Zustandsgraphen ermöglicht der *StateManager* die Ermittlung von Informationen, die im generalisierten Zustandsgraphen oder in Benutzerzustandsgraphen gespeichert sind. Dazu gehören Informationen über Knoten (*LookupNode()*) und Attribute (*LookupNodeAttributes()*) des generalisierten Zustandsgraphen oder Informationen über die Gewichtung der Benutzerzustandsgraphen an Kanten (*GetUserEdge()*) oder Knoten (*GetUserNode()*).

Der *StateManager*-Dienst ermöglicht somit Sensor-Diensten (vergleiche Kapitel 5.4 und 6.2) einerseits, die für die Interpretation und Transformation nötigen Informationen vom Kontextserver zu erhalten, ermöglicht andererseits die Durchführung von Aktualisierungen.

6.1.4 Gruppenidentifikation mithilfe des GroupIdentificationManagers

Für die Ermittlung des Gruppenkontexts wird üblicherweise eine vorgegebene Gruppenzusammensetzung benötigt. Wird diese beim Kontextualisierungsvorgang für die Ermittlung des Gruppenkontexts nicht vorgegeben, so wird während des Kontextualisierungsvorgangs zunächst eine relevante Gruppe identifiziert. Dies wird durch die Komponente des Gruppenidentifikationsdienstes (*GroupIdentificationManager*) realisiert. Der Aufbau des *GroupIdentificationManagers* ist in Abbildung 6.5 dargestellt. Der *GroupIdentificationManager* ermöglicht die Verwendung von Gruppenidentifikationsverfahren. Die Kommunikation mit diesem Dienst wird durch die Schnittstelle *IGroupIdentificationManager* als WCF-Vertrag ermöglicht.

Um unterschiedliche Gruppenidentifikationsverfahren zu unterstützen, verwendet der *GroupIdentificationManager* einen *GroupIdentificationModuleManager*, um zur Laufzeit Gruppenidentifikationsmodule (repräsentiert durch *GroupIdentificationModuleImplementation* in Abbildung 6.5) zu laden und auszuführen. Alle Gruppenidentifikationsmodule müssen hierbei die Schnittstelle *IGroupIdentificationModule* als Standardinterface implementieren, um mit dem *GroupIdentificationModuleManager* kommunizieren zu können. Jedes Modul entspricht einem Gruppenidentifikationsverfahren für Benutzerzustandsgraphen (vergleiche Kapitel 4) unter Verwendung des *StateModels*. Das dynamische Laden und Ausführen von Modulen wird im Kapitel 6.1.7 detailliert beschrieben.

Die Wahl des Moduls und etwaige für den Gruppenidentifikationsprozess notwendige Parameter für das Modul können entweder beim *GroupContextualizationRequest* von der kontextbasierten Anwendung atoc übermittelt oder alternativ durch eine Standardkonfiguration vordefiniert werden. Die Standardkonfiguration wird mithilfe des *GroupIdentificationConfigurationParser* aus einer XML-basierten Konfigurationsdatei ermittelt.

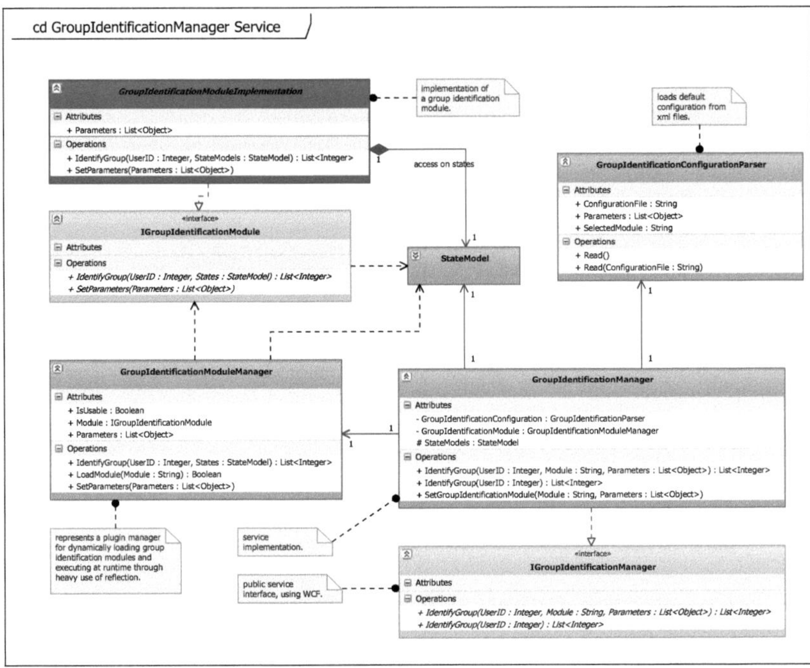

Abbildung 6.5: Klassendiagramm des *GroupIdentificationManager*-Service.

6.1.5 Kontextualisierung mithilfe des ContextualizationManager-Services

Der *ContextualizationManager*-Service ist eine zentrale Komponente des Kontextservers. Der *ContextualizationManager* verarbeitet Kontextualisierungsanfragen an den Kontextserver und ermöglicht somit die Kontextualisierung von Benutzer- und Gruppenzustandsgraphen. Um unterschiedliche Kontextualisierungsverfahren, die in Abhängigkeit der Anwendungsszenarien bei Benutzern und Gruppen variieren können, unterstützen zu können, nutzt der *ContextualizationManager* einen Modul-Manager (*ContextualizationModuleManager*). Der *ContextualizationModuleManager* ermöglicht zur Laufzeit das Laden und Ausführen einer beliebigen Kontextualisierungstechnik, die durch ein Kontextualisierungsmodul (in Abbildung 6.6 als *ContextualizationModuleImplementation* bezeichnet) implementiert wurde. Die kontextbasierte Anwendung definiert im *ContextualizationRequest* das für die Ermittlung des Kontexts zu verwendende Kontextualisierungsverfahren. Die Kommunikation zwischen Modul und *ContextualizationModuleManager* wird durch die Schnittstelle *IContextualizationModule* definiert, die jedes Modul implementieren muss. Dies ermöglicht die einfache Erweiterung des Systems um neue Kontextualisierungsverfahren. Eine detaillierte Beschreibung der Funktionsweise von Modul-Managern zum dynamischen Laden und Ausführen von Modulen wird im Kapitel 6.1.7 gegeben.

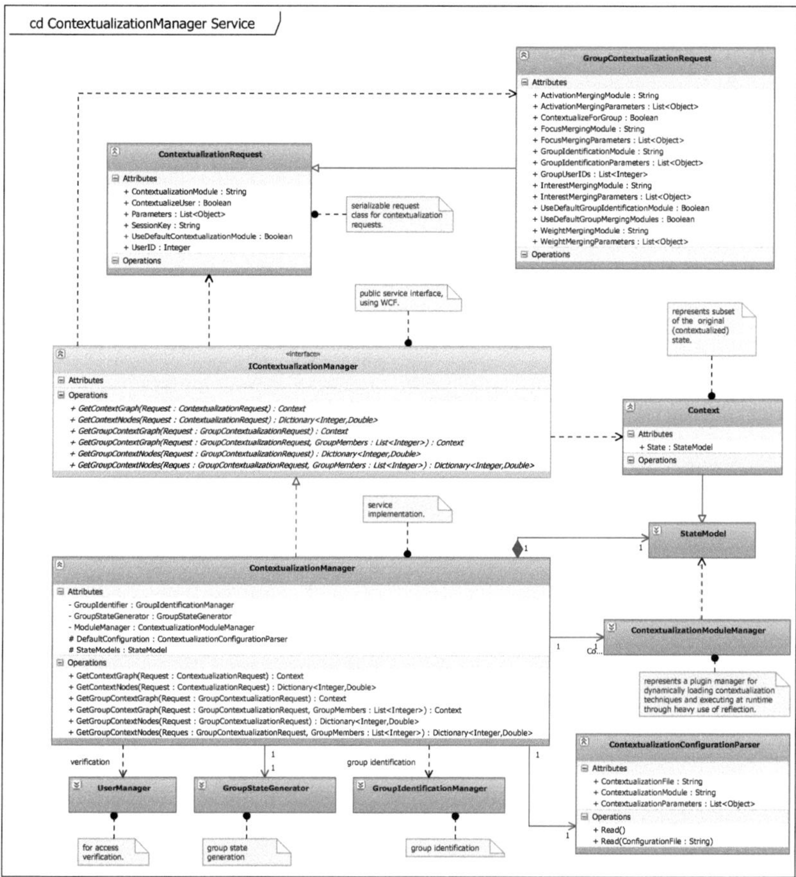

Abbildung 6.6: Klassendiagramm des *ContextualizationManager*-Service.

Abbildung 6.6 zeigt das Klassendiagramm des *ContextualizationManager*-Service: Der Vertrag *IContextualizationManager* wird vom WCF-Dienst genutzt, um den Zugriff durch externe Anwendungen zu realisieren; *ContextualizationManager* ist die Dienst-Implementation und verarbeitet Kontextualisierungsanfragen für einzelne Benutzerzustandsgraphen oder für Gruppen. Kontextbasierte Anwendungen sind mithilfe des Dienstes in der Lage, entweder einen *Context* als Subgraph des *StateModel*s - mit allen Informationen nach erfolgreicher Kontextualisierung - oder aber eine Menge von Knoten und die zu ihnen gehörende Aktivierung (in der Form von Paaren *NodeID* und *Activation* der Knoten) als Kontextualisierungsresultat abzufragen. Teil einer solchen Anfrage sind optionale Parameter für den Kontextualisierungsvorgang oder im Fall einer Anfrage für den Gruppenkontext: zusätzliche Parameter für das Gruppenidentifikationsverfahren und das Merging von Benutzerzustandsgraphen. Für den Kontextualisierungsvorgang kann eine standardisierte Konfiguration mithilfe des *ContextualizationConfigurationParser* aus vordefinierten XML-basierten Konfigurationsdateien geladen werden.

Der *ContextualizationManager* ist für den Kontextualisierungsvorgang vom *ContextualizationModuleManager* abhängig, der die ausgewählte Kontextualisierungstechnik bereitstellt. Für die Ermittlung eines Gruppenkontexts bestehen zusätzliche Abhängigkeiten zum *GroupIdentificationManager* (vergleiche Kapitel 6.1.4) und *GroupMergingManager* (siehe Kapitel 6.1.6), um eine Benutzergruppe und den für den Kontextualisierungsvorgang benötigten Gruppenzustandsgraphen zu ermitteln.

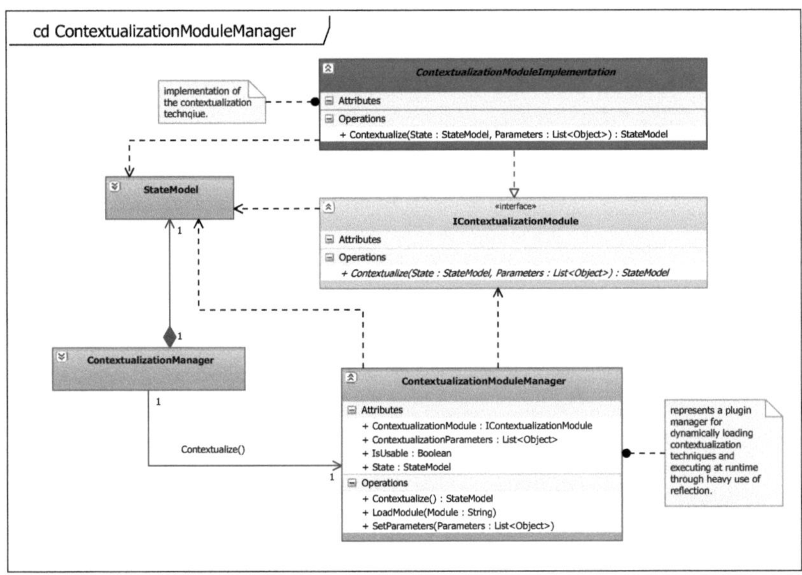

Abbildung 6.7: Klassendiagramm des *ContextualizationModuleManagers*.

Der in Abbildung 6.7 abgebildete *ContextualizationModuleManager* ist ein Modul-Manager (vergleiche Kapitel 6.1.7), der zur Laufzeit dynamisch das Laden und Ausführen von Kontextualisierungsverfahren ermöglicht. Jedes Kontextualisierungsverfahren implementiert eine vorgegebene Schnittstelle (*IContextualizationModule*), die für die jeweilige Implementation des Moduls nur eine Funktion zur Kontextualisierung (*Contextualize()*) besitzt.

6.1.6 Gruppenermittlung mithilfe des GroupStateGenerators

Der für die Ermittlung des Gruppenkontexts durch den *ContextualizationManager* benötigte Gruppenzustandsgraph wird mithilfe des *GroupStateGenerators* generiert. Der *GroupStateGenerator* verwendet den *MergingModuleManager* - einen Modul-Manager (siehe Beschreibung im Kapitel 6.1.7) -, um zur Laufzeit dynamische Mergingmodule zu laden. Jedes Modul entspricht einer Implementation eines Mergingverfahrens (vergleiche Kapitel 3.9) und verwendet die Schnittstelle *IMergingFunctionModule* für die Kommunikation zwischen Modul und *MergingModuleManager*. Für jedes Merging (situative Aktivierungen, Interessen, Fokus und Kantengewichte) wird eine eigene Instanz des *MergingModuleManager*s mit einem geladenen und initialisierten Mergingmodul (exemplarisch durch die Klasse *MergingFunctionModuleImplementation* repräsentiert) benötigt. Abbildung 6.8 zeigt das Klassendiagramm für den *GroupStateGenerator*.

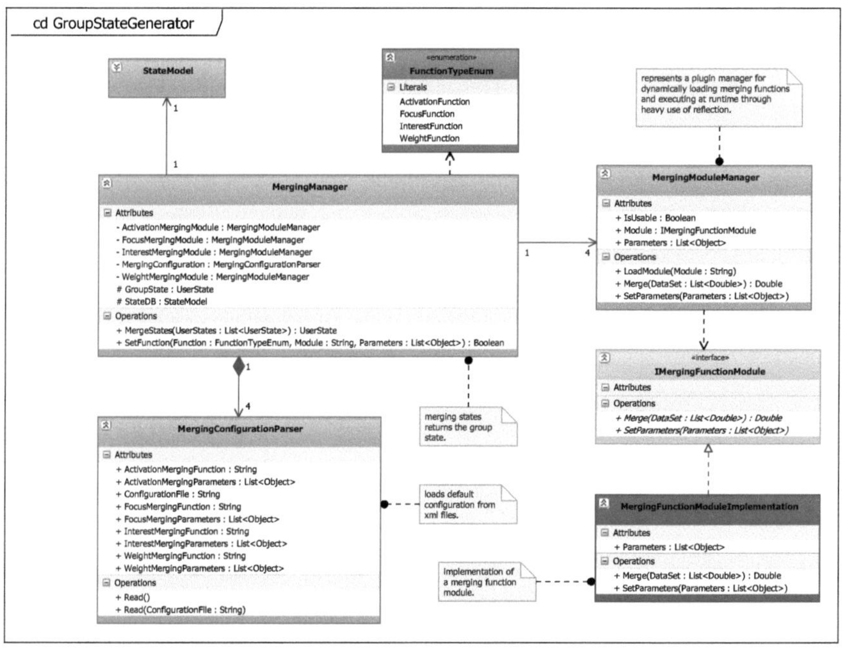

Abbildung 6.8: Klassendiagramm des *GroupStateGenerator*s.

Für die Ausführung eines Mergingmoduls können - in Abhängigkeit der Mergingvorschriften - Parameter benötigt werden, die durch den *GroupContextualizationRequest* von der kontextbasierten Anwendung übertragen werden. Alternativ kann mithilfe des *GroupMergingConfigurationParser* eine Standardkonfigurationen aus einer XML-basierten Konfigurationsdatei ausgelesen und zur Verfügung gestellt werden.

Die Generierung eines Gruppenzustandsgraphen erfolgt schrittweise - wie in Abbildung 6.9 dargestellt - durch eine Merging-Pipeline: Zunächst wird die Struktur des gemeinsamen Gruppenzustandsgraphen ermittelt (vergleiche Kapitel 3.9), bevor in einzelnen Schritten situative Aktivierungen, Interessen, Fokusse und Kantengewichte gemerged werden. Das Ergebnis dieses Vorgangs ist der Gruppenzustandsgraph, der für den Kontextualisierungsvorgang genutzt wird.

Abbildung 6.9: Pipeline zum Merging von Benutzerzustandsgraphen zu einem Gruppenzustandsgraphen.

6.1.7 Dynamisches Laden und Ausführen von Modulen mithilfe von Modul-Managern

Modul-Manager werden im Kontextualisierungs-Service (Kapitel 6.1.5), für Gruppenidentifikationen (Kapitel 6.1.4 und für die Generierung von Gruppenzustandsgraphen (Kapitel 6.1.6) verwendet. Ein Modul-Manager lädt zur Laufzeit ein Modul, welches eine Standardschnittstelle (Interface) implementiert. Die Standardschnittstelle definiert die vom Modul-Manager vorgesehenen Funktionsaufrufe zur Ausführung der implementierten Verfahren und reglementiert somit die Kommunikation zwischen Modul-Manager und Modul. Zu diesem Zweck wird mithilfe von *Reflection*[57] dynamisch ein Modul in Form einer *DLL*[58] geladen und ausgeführt.

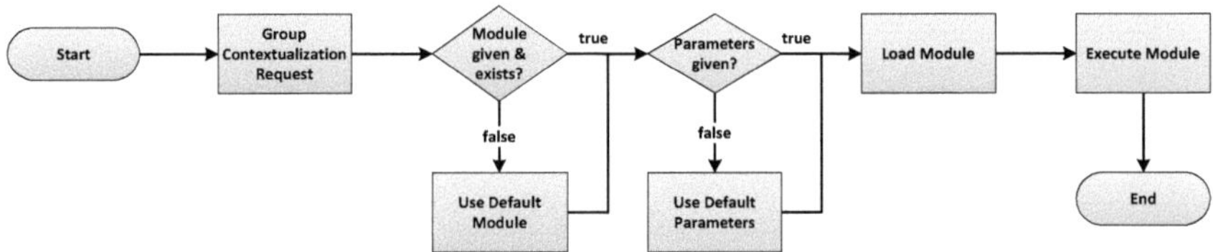

Abbildung 6.10: Exemplarischer Ablauf von Modul-Managern: Ausgehend vom *(Group)ContextualizationRequest* wird überprüft, ob ein Modul definiert und Parameter übertragen wurden. Ist dies nicht der Fall, dann wird ein in der Standardkonfiguration definitiertes Modul mit Standardparametern verwendet. Das Modul wird geladen und ausgeführt.

Der exemplarische Ablauf eines Modul-Managers wird in Abbildung 6.10 dargestellt. Ausgehend von der Gruppenkontextualisierungsanfrage (*GroupContextualizationRequest*) wird zunächst überprüft, ob ein Modul in der Anfrage definiert wurde. Ist dies nicht der Fall, dann wird stattdessen das in der Konfigurationsdatei vorgesehene Standardmodul verwendet. Ebenso wird bei den Parametern verfahren: Wenn Parameter mit der Anfrage übertragen wurden, dann werden diese anstelle der Standardparameter verwendet. Erst dann wird das Modul geladen und ausgeführt.

[57] Unter *Reflection* wird in der Programmierung die zur Laufzeit stattfindende Analyse vom Programmteilen (beispielsweise Objekte) verstanden. Dies ermöglicht zur Laufzeit den Zugriff auf Methoden und Typen, um Objekte dynamisch neu zu erstellen oder umzustrukturieren.

[58] *DLL* steht für *Dynamic Link Library* und bezeichnet dynamische Bibliotheken, wie sie insbesondere für Microsoft Windows Anwendungen genutzt werden.

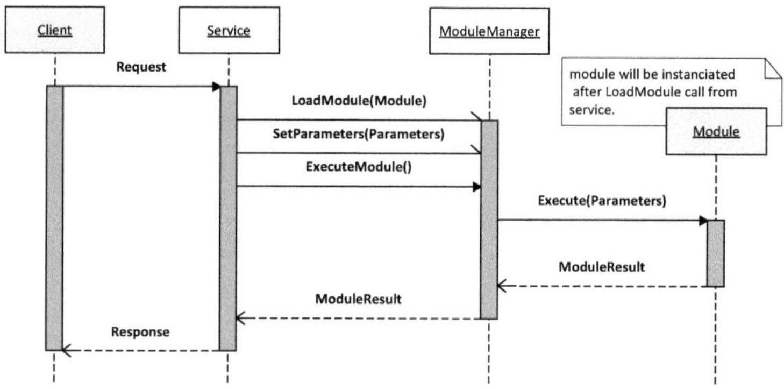

Abbildung 6.11: Abstraktes Sequenzdiagramm für Modul-Manager zum dynamischen Laden von Modulen.

Abbildung 6.11 zeigt ein abstraktes Sequenzdiagramm für einen Modul-Manager. Ausgehend von einer Anfrage (*Request*) eines Clients an einen Service des Kontextservers wird zunächst der *ModuleManager* das *Module* laden (*LoadModule()*) und somit im Modul definierte Objekte instanziieren. Dann werden Parameter zugewiesen (*SetParameters()*), bevor der Modul-Manager das Modul ausführt (*ExecuteModule()*). Der Modul-Manager realisiert diese Ausführung durch den Aufruf der im Standardinterface definierten Funktion (*Execute()*) - unter Verwendung der Parameter - am instanziierten Modul-Objekt. Das Ergebnis dieses Aufrufs (*ModuleResult*) wird über den *ModuleManager* an den Service zurückgegeben. Der Service überträgt dann das Resultat (*Response*) an den Client.

Zur Verdeutlichung der Funktionsweise von Modul-Managern in den Komponenten des Kontextservers wird in Abbildung 6.12 exemplarisch das Sequenzdiagramm der Anfrageverarbeitung des Gruppenidentifikations-Services aus Kapitel 6.1.4 dargestellt: Ausgehend vom *Client* (oder dem *ContextualizationManager* für den Fall einer Anfrage zur Ermittlung des Gruppenkontexts) wird beim *GroupIdentificationManager* die Funktion *IdentifyGroup()* mit Parametern - *UserID*, *Module* und *Parameter*, die zur Ausführung des Moduls benötigt werden - aufgerufen. Mithilfe des *GroupIdentificationModuleManager*s wird das angegebene Modul geladen (*LoadModule()*), *Parameter* übergeben und schließlich das Modul als Implementation eines Gruppenidentifikationsverfahrens ausgeführt. Zu diesem Zweck instanziiert der *GroupIdentificationModuleManager* ein neues Objekt aus dem Modul und führt das Gruppenidentifikationsverfahren aus (*IdentifyGroup()*). Das Ergebnis des Identifikationsverfahrens - eine Liste von Benutzer-IDs in Form einer Liste *Users* - wird über den *GroupIdentificationModuleManager* an den *GroupIdentificationManager* weitergegeben und zuletzt an den Client oder den *ContextualizationManager* übertragen.

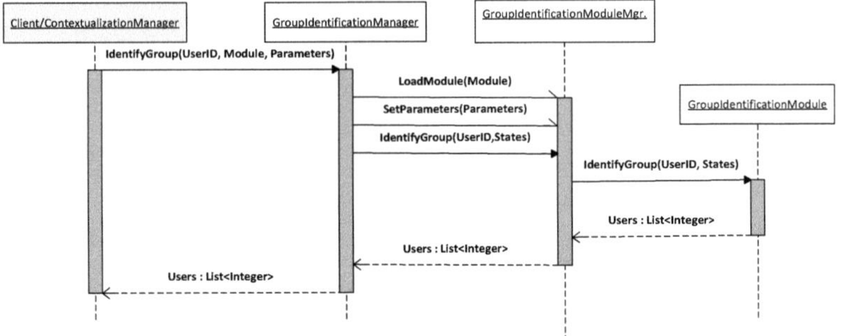

Abbildung 6.12: Exemplarisches Sequenzdiagramm des Gruppenidentifikationsablaufs mit dynamischem Laden von Gruppenidentifikationsmodulen zur Verdeutlichung des abstrakten Sequenzdiagramms aus Abbildung 6.11.

6.1.8 Kontextualisierungsablauf zur Ermittlung des Kontexts

Der Kontextualisierungs-Dienst (*ContextualizationManager*) erlaubt sowohl die Ermittlung des Kontexts für einzelne Benutzer wie auch für Benutzergruppen. Ausgehend von einer Kontextualisierungsanfrage kann entweder ein einzelner Benutzer- oder ein Gruppenzustandsgraph kontextualisiert werden. Zu diesem Zweck wird ein Kontextualisierungsmodul geladen und ausgeführt. Für die Ermittlung des Gruppenzustandsgraphen kann entweder eine Gruppenzusammensetzung mit der Kontextualisierungsanfrage übermittelt werden, oder es muss ein Gruppenidentifikationsverfahren angewandt werden, um eine passende Benutzergruppe zu identifizieren. Die Gruppenidentifikationsverfahren werden ebenfalls mithilfe von Modulen realisiert (siehe Kapitel 6.1.4 und 6.1.7).

Die Benutzerzustandsgraphen der identifizierten Gruppenmitglieder werden im nächsten Schritt miteinander zu einem Gruppenzustandsgraphen gemerged (durch Verwendung von Mergingmodulen, vergleiche Kapitel 6.1.6). Dieser Ablauf wird exemplarisch in Abbildung 6.13 beschrieben.

Abbildung 6.14 beschreibt die Sequenz von Prozessen, die bei dem Kontextualisierungsvorgang für einzelne Benutzerkontexte durchlaufen werden: Eine kontextbasierte Anwendung fordert am Kontextserver (genauer: am Kontextualisierungs-Dienst *ContextualizationManger*) den Benutzerkontext an. Zu diesem Zweck wird eine Kontextualisierungsanfrage (*ContextualizationRequest*) an den Dienst übermittelt, die eine Konfiguration der Module enthält. Unter Nutzung der Konfiguration und des Zugriffs auf das *StateModel* (nicht im Sequenzdiagramm abgebildet) wird vom Dienst der *ContextualizationModuleManager* dazu genutzt, das angeforderte Kontextualisierungsverfahren (*ContextualizationModule*) zu laden. Anschließend werden für das

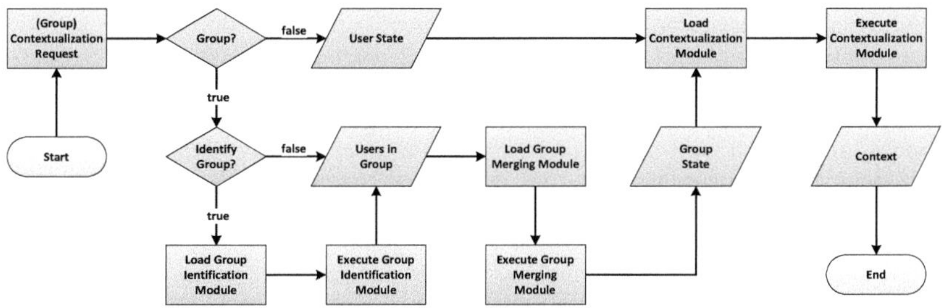

Abbildung 6.13: Ablauf von Gruppen-Kontextualisierungsanfragen für die Ermittlung von Benutzer- und Gruppenkontexten.

Kontextualisierungsverfahren notwendige Parameter - beispielsweise ein Grenzwert - im *ContextualizationModuleManager* gesetzt, bevor der Kontextualisierungsvorgang gestartet wird (*Contextualize()*). In diesem Schritt wird das geladene Kontextualisierungsmodul ausgeführt. Zuletzt wird das Kontextualisierungsergebnis an den *ContextualizationManager* zurückgegeben. Das Ergebnis der Anfrage - in dem Beispiel aus Abbildung 6.14: der kontextualisierte Zustandsgraph - wird dann mithilfe von WCF serialisiert und an den Client zurückgegeben. Der Client kann dann die Informationen anwendungsspezifisch für Adaptionszwecke verwenden.

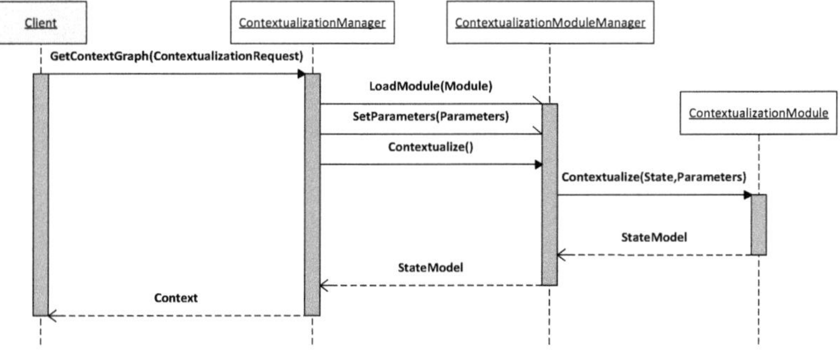

Abbildung 6.14: Sequenzdiagramm einer Kontextualisierungsanfrage für Benutzerkontexte mit dynamischem Laden von Kontextualisierungsmodulen.

Der Kontextualisierungsvorgang für die Ermittlung von Gruppenkontexten ist komplexer: Für den Kontextualisierungsvorgang müssen unterschiedliche Benutzerzustandsgraphen einer Gruppe von Benutzern miteinander zu einem Gruppenzustandsgraphen gemerged werden. Für den Fall, dass keine Gruppenbeschreibung in der Kontextualisierungsanfrage (*GroupContextualizationRequest*) übermittelt wurde, muss zunächst mithilfe des *GroupIdentificationManager*-Services eine relevante Gruppenzusammensetzung ermittelt werden. Anschließend werden die identifizierten Benutzerzustandsgraphen mithilfe des *GroupStateGenerators* zu einem Gruppenzustandsgraphen gemerged. Hierbei können kontextbasierte Anwendungen spezifische Gruppenidentifikationsverfahren und Kontextualisierungsverfahren mithilfe des *GroupContextualizationRequest* definieren und an den Kontextserver übermitteln.

Die Kontextualisierung des ermittelten Gruppenzustandsgraphen erfolgt durch den *ContextualizationManager* und unterscheidet sich nicht von der Kontextualisierung eines Benutzerzustandsgraphen (vergleiche hierfür Abbildung 6.14). Dieser Vorgang wird in einem Sequenzdiagramm in Abbildung 6.15 exemplarisch dargestellt[59].

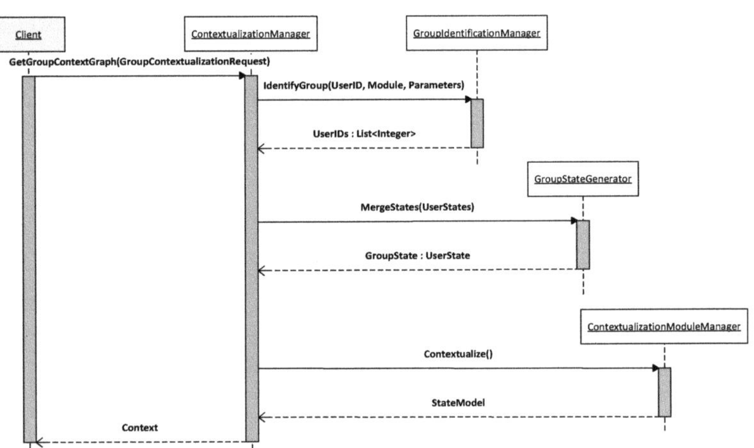

Abbildung 6.15: Sequenzdiagramm einer Kontextualisierungsanfrage für Gruppenkontexte mit dynamischem Laden von Kontextualisierungsmodulen.

6.2 Sensor-Dienste

Nach den Anforderungen im Kapitel 5.4 existieren zwei Arten von Sensor-Diensten:

- passive *Push-Sensor-Dienste*, an die von externen Quellen Informationen übertragen werden, oder
- aktive *Pull-Sensor-Dienste*, die selbsttätig Informationen akquirieren.

[59] Da die einzelnen Verarbeitungsschritte der Gruppenidentifikation, Merging und Kontextualisierung bereits in vorherigen Abbildungen dargestellt und erläutert wurden, wird für diese Abbildung auf eine detaillierte Darstellung verzichtet.

Die ermittelten oder übertragenen Informationen[60] werden transformiert und interpretiert, um die Aktualisierung von Zustandsgraphen, die vom Kontextserver verwaltet werden, zu ermöglichen.

Abbildung 6.16 zeigt das Klassendiagramm eines generischen *SensorServices*[61]. Ein Pull-*SensorService* ist ein aktiver Prozess und nutzt einen internen Timer (*Clock*), um in regelmäßigen Intervallen Sensordaten aus externen Quellen zu beziehen. Die Informationsakquise wird durch den *SensorDataPullManager* realisiert, der mithilfe von WCF auf externe Schnittstellen zugreift und Daten erfasst.

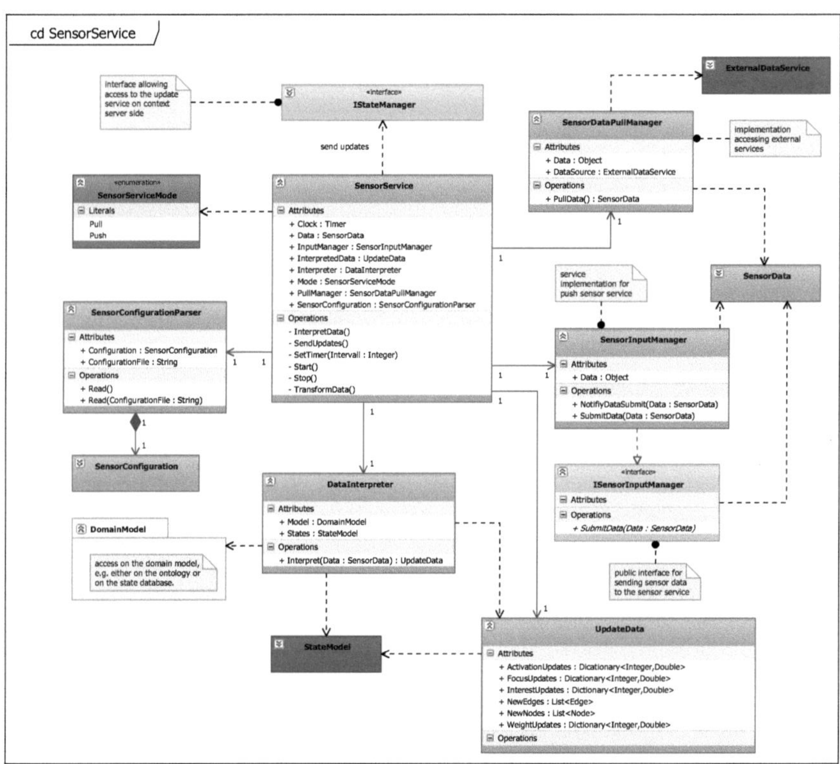

Abbildung 6.16: Klassendiagramm eines *SensorServices*.

Die Alternative, ein Push-*SensorService*, wird als passiver Informationswrapper verwendet. Hierbei werden dem *SensorInputManager* mithilfe von WCF über die Schnittstelle *ISensorInputManager* Daten aus externen Quellen - beispielsweise aus einer kontextbasierten Anwendung - übermittelt (*SubmitData()*). Der *SensorInputMana-*

[60] An einen Sensor-Dienst übertragene Informationen werden im Folgenden der Einfachheit halber allgemein als *Sensordaten* bezeichnet.

[61] Der Typ und somit das Verhalten (*Mode*) des *SensorServices* wird durch die Enumeration *SensorServiceMode* gesteuert

ger notifiziert den *SensorService* mittels *NotifyDataSubmit(Data)* über die neu eingegangenen und nunmehr zu interpretierenden Daten.

Eingehende Sensordaten werden mithilfe des *DataInterpreter*s, der Informationen des Domänenmodells und der Zustandsgraphen verwendet, transformiert und interpretiert. Da dieser Vorgang spezifisch auf Anwendungsszenarien und Sensordaten angepasst und implementiert werden muss, wird auf eine Beschreibung eines exemplarischen Transformations- und Interpretationsprozesses verzichtet.

Aktualisierungen (Änderungen der Gewichtungen, Hinzufügen von Knoten und Kanten) der Zustandsgraphen werden dann vom *SensorService* durch Verwendung eines integrierten WCF-Clients an den *StateManager* (siehe Kapitel 6.1.3) des Kontextservers übermittelt. Der sequenzielle Ablauf der Informationsverarbeitung von eingehenden Daten bis zur Übermittlung der Zustandsgraphenaktualisierungen zum Kontextserver wird im Sequenzdiagramm in Abbildung 6.17 dargestellt. Zur Vereinfachung werden Push- und Pull-Sensor-Dienste im gleichen Sequenzdiagramm abgebildet.

Eine optionale Komponente der Sensor-Dienste stellt der *SensorConfigurationParser* dar. Der *SensorConfigurationParser* ermöglicht das Einlesen von XML-basierten Konfigurationsdateien, um Parameter für den Sensor-Dienst - beispielsweise das Intervall der Aktualisierungen - und somit für den Transformations- und Interpretationsvorgang zu definieren.

Exemplarische Sensor-Dienst-Implementationen umfassen beispielsweise:

- Auflösung einer IP zu Lokalisationsinformationen (Push-Sensor-Dienst): Übertragung der IP, Zuordnung der IP zu einer Lokalisation und Aktualisierung eines Zustandsgraphen (situative Aktivierung) der korrespondierenden Lokalisationsinformation.
- Hinzufügen neuer Web-Dokumente in den Zustandsgraphen durch Übermittlung eines Bookmarks (Push-Sensor-Dienst): Übertragung der Web-Adresse und Hinzufügen eines neuen Knotens im Zustandsgraphen, der das Web-Dokument repräsentiert.
- Abbildung von GPS-Daten im Zustandsgraphen (Push-Sensor-Dienst): Übertragung der GPS-Daten, Zuordnung (falls möglich) zu einer im Zustandsgraphen abgebildeten Lokalisation und Aktualisierung der situativen Aktivierungen im Zustandsgraphen.
- Regelmäßige Aktualisierung in einem Raum anwesender Personen im Zustandsgraphen für AAL[62]-Anwendungen (Pull-Sensor-Dienst): Auslesen der Sensorinformationen, Abgleich mit gespeicherten Personenbeschreibungen, Aktualisierung des Zustandsgraphen (situative Aktivierungen) oder Hinzufügen neuer Personenrepräsentationen (Knoten des Zustandsgraphen).
- Überwachung von Systemprozessen zur Bereitstellung von prozessabhängigen (und somit kontextabhängigen) Funktionen (Pull-Sensor-Dienst): Auslesen der Systemprozesse, Aktualisierung des Fokus und situativer Aktivierungen im Zustandsgraphen an Knoten, die Prozesse repräsentieren.

[62] *AAL* steht für *Assisted Ambient Living*.

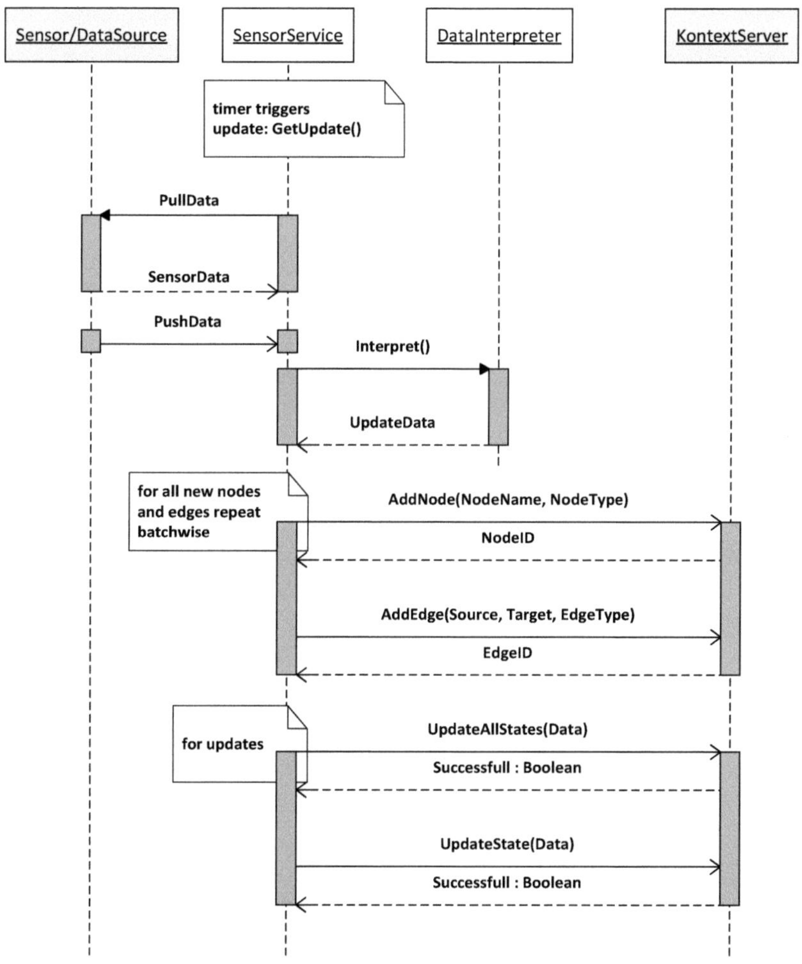

Abbildung 6.17: Sequenzdiagramm von Sensor-Diensten. Zur Vereinfachung wurde die Verarbeitung in *Push-* und *Pull*-Sensor-Diensten zusammengefasst. Sensor-Dienste erhalten Daten entweder über die mit *Pull* oder die mit *Push* markierten Aktivitäten.

6.3 Schnittstellen für kontextbasierte Anwendungen

Kontextbasierte Anwendungen können unter Verwendung der WCF-Dienste und der mit ihnen definierten Schnittstellen Zugriff auf vier Dienste des Kontextservers erhalten:

- *UserManager*-Service, um Benutzer in der Systemumgebung an- oder abzumelden (vergleiche Kapitel 6.1.2),
- *StateManager*-Service, um Informationen aus den Zustandsgraphen auszulesen (vergleiche Kapitel 6.1.3),
- *GroupIdentificationManager*-Service, um Gruppen zu identifizieren (vergleiche Kapitel 6.1.4) und
- *ContextualizationManager*-Service, um den aktuellen Benutzer- oder Gruppenkontext zu ermitteln (vergleiche Kapitel 6.1.5 und 6.1.8).

Kontextbasierte Anwendungen können Sensor-Diensten den Zugriff auf den jeweiligen Systemzustand der Anwendung erlauben. Zu diesem Zweck muss eine Informationsschnittstelle - beispielsweise in Form von SOAP-Service-Schnittstellen oder anderen beliebigen WCF-Verträgen - zur Verfügung gestellt werden, die die Kommunikation zwischen kontextbasierter Anwendung und den Sensor-Diensten definiert. Kontextbasierte Anwendungen können jedoch auch selbsttätig - unter Nutzung des *StateManager*-Services - Informationen oder Aktualisierungen für Zustandsgraphen an den Kontextserver übertragen.

6.4 Zusammenfassung

Die in diesem Kapitel vorgestellte Implementation des GroCoS-Frameworks beschreibt eine Systemumgebung für kontextbasierte Anwendungen. Sie umfasst ein Datenmodell für die Zustandsgraphen, benutzerspezifische Sichten auf den generalisierten Zustandsgraphen, Sensor-Dienste und einen Kontextserver als Middleware. Das Datenmodell ermöglicht den Zugriff auf die Zustandsgraphen-Datenbank und wird für die Kontextualisierung, Identifikation von Benutzergruppen und für die Generierung von Benutzerzustandsgraphen genutzt. Die vorgestellten Komponenten des Kontextservers ermöglichen durch die Auslagerung der Merging-, Kontextualisierungs- und Gruppenidentifikationsverfahren in Module einen hohen Generalisierungsgrad und ermöglichen zur Laufzeit das dynamische Laden, Modifikation und den Austausch einzelner Module. Sensor-Dienste interpretieren und transformieren Sensorinformationen, um sie auf Konzepte der Zustandsgraphen abbilden zu können. Die Aktualisierung der Zustandsgraphen erfolgt mithilfe des Kontextservers.

Vorteil dieser Systemumgebung ist, dass ein zentraler Zugriff auf alle Benutzer und alle Zustandsgraphen ermöglicht wird. Dies vereinfacht die Identifikation von Benutzergruppen und die Generierung von Gruppenzustandsgraphen, da die Zustandsgraphen nicht zuvor gesammelt oder ausgetauscht werden müssen. Die vorgestellte Implementation eignet sich sowohl für Client-Server-Anwendungen mit vielen Clients wie auch für zentralisierte kontextbasierte Anwendungen, die entweder einen oder viele Benutzer zentral verwalten (beispielsweise eine Webseite oder eine Stand-Alone-Anwendung auf einem PC).

Nachteilig ist jedoch, dass Sensor-Dienste in der Regel spezifisch für die Anwendungsdomäne und in Abhängigkeit des (semantischen) Domänenmodells entwickelt werden müssen. Die Verarbeitungen der Sensordaten, die Ausführung der Module für Kontextualisierung, Gruppenidentifikation und Merging können bei sehr komplexen und rechenintensiven Verarbeitungsprozessen sehr lange dauern, so dass eine Verarbeitung in Echtzeit und eine Abschätzung der Komplexität nicht immer möglich ist.

Exemplarische Anwendungen, die auf Basis des vorgestellten GroCoS-Frameworks entwickelt wurden, werden im Kapitel 7 vorgestellt.

7 Verifikation der Systemumgebung durch prototypische Implementierungen

In diesem Kapitel werden drei exemplarische kontextbasierte Anwendungen vorgestellt, die auf Basis des im Kapitel 5 und 6 vorgestellten GroCoS-Frameworks prototypisch implementiert wurden. Diese Anwendungen verifizieren durch Implementierung die vorgestellten Konzepte und das Framework. Die vorgestellten kontextbasierten Anwendungen sind für unterschiedliche Anwendungsszenarien konzipiert und unterscheiden sich somit in ihren Domänenmodellen und den ermittelten Kontexten für Adaptionszwecke. Jede Anwendung verifiziert andere Eigenschaften des GroCoS-Frameworks.

Das kontextbasierte Dokumentenempfehlungssystem *ConDoR* in 7.1 verwendet den Kontext einzelner Benutzer. Das System ist für die Unterstützung eines Benutzers für Recherchetätigkeiten konzipiert. Zu diesem Zweck kann entweder der Benutzerkontext, der Gruppenkontext einer definierten Benutzergruppe oder ein Gruppenkontext, der durch Identifikation einer Benutzergruppe, die einen potentiellen Mehrwert für den aktuellen Benutzer bietet, für die Dokumentenempfehlung genutzt werden. Die zweite prototypische Anwendung im Kapitel 7.2 konzentriert sich auf die Erweiterung der im Kapitel 3.10 vorgestellten Gruppenidentifikationsverfahren. Im Rahmen der Diplomarbeit von (Gomez Schmalzl, 2012) wurde zu diesem Zweck ein gruppenkontextbasiertes Dokumentenempfehlungssystem umgesetzt, welches um neue Gruppenidentifikationsverfahren erweitert wurde. Die neuen Verfahren wurden im Anschluss im Rahmen einer kurzen Studie hinsichtlich der Akzeptanz der identifizierten Gruppen evaluiert. Der dritte Prototyp einer kontextbasierten Anwendung wird im Kapitel 7.3 vorgestellt. Die im Rahmen der Diplomarbeit von (Tatarinov, 2011) implementierte Anwendung generiert gruppenkontextbasierte Restaurantempfehlungen. Zusätzlich erweitert die Anwendung das GroCoS-Framework um eine meta-adaptive, selbstlernende Komponente, bei der in Abhängigkeit von Situationsbeschreibungen Mergingverfahren für Gruppenzusammenstellungen ermittelt und dynamisch verwandt werden können.

Zum Schluss dieses Kapitels wird im Kapitel 7.4 eine allgemeine Untersuchung der Performance des GroCoS-Frameworks vorgestellt. Die Komplexität der Zustandsgraphen und die Zeit, die für Gruppenidentifikationsverfahren und Kontextualisierung benötigt werden, werden mithilfe des im Kapitel 7.1 vorgestellten Dokumentenempfehlungssystems ermittelt. Das Kapitel schließt mit einer kurzen Diskussion der Ergebnisse der prototypischen Implementationen in 7.5.

7.1 ConDoR - Kontextuelle Dokumentenempfehlung (Contextual Document Recommendations)

Kognitive Arbeiten - wie beispielsweise Recherchen für Artikel, für Hausaufgaben oder im Rahmen von Forschungsprojekten - erfordern Zugriff auf themenspezifische Dokumente. Zu diesem Zweck existieren spezialisierte Publikationsverzeichnisse[63], wie beispielsweise ACM[64], Springer[65], SciFinder[66], ISI Web of Knowledge[67] oder PubMed[68].

Die Suche in diesen Verzeichnissen gestaltet sich schwer, da sie nur mithilfe einer textbasierten Suche nach Stichworten durchsucht werden können. Dies bedeutet, dass die Suche von Meta-Informationen - wie Tags, Zusammenfassungen, Autoren oder dem Titel der Dokumente - abhängen. Kontextabhängiges Suchen, das beispielsweise die Arbeitstätigkeiten mit einschließt, ist nicht möglich. Ein benutzerübergreifender Informationsaustausch oder die Identifikation von *Communities of Practice*[69], die sich häufig um Experten, die Wissen innerhalb der Gruppe vermitteln können, bilden, ist ebenfalls nicht möglich.

Der Prototyp *Contextual Document Recommendations (ConDoR)* stellt ein arbeitskontextbasiertes, gruppenkontextfähiges Dokumentenempfehlungssystem dar. ConDoR ermöglicht die Erweiterung der Wissensbasis, die auf einem generalisierten Zustandsgraphen basiert. Eine Personalisierung wird durch die Verwendung von benutzerspezifischen Sichten (vergleiche Kapitel 3) ermöglicht. Ein für ConDoR typisches Anwendungsszenario kann folgendermaßen aussehen:

Ted arbeitet an dem Forschungsprojekt „Contici“ und hat für unterschiedliche Aufgaben (beispielsweise Recherche für wissenschaftliche Publikationen, Präsentationen oder Modellierung) eine Reihe von Publikationen genutzt und sie nach ihrem Nutzen für die jeweilige Aufgabe bewertet. Ted arbeitet an einem neuen Artikel (Aufgabe) zu den Themen, die im Contici-Projekt behandelt werden. Zu diesem Zweck ist es für ihn nützlich, alle für seine Aufgabe (Arbeitssituation) relevanten Dokumente empfohlen zu bekommen, um den Aufwand der Recherchetätigkeiten zu minimieren. Die Dokumentenempfehlung nutzt zu diesem Zweck entweder die Dokumente, die ihm bekannt sind (auf Basis des Benutzerzustandsgraphen), oder alle Dokumente, die ihm und seinen Kollegen, die im gleichen Forschungsprojekt arbeiten, bekannt sind (Gruppenzustandsgraphen). Die Dokumentenempfehlung muss aus der Menge der Dokumente kontextuell relevante Dokumente identifizieren und Ted empfehlen. Dies bedeutet, dass Ted auf das Expertenwissen anderer Personen zugreifen muss, um seinen Rechercheaufwand so gering wie möglich zu halten. Michael ist ein Kollege, der neu im Contici-Projekt mitarbeiten soll. Da ihm keine für das Projekt relevanten

[63] Hinweis: Die angeführten Beispiele verlangen zumeist ein kostenpflichtiges Abonnement, um entweder Zugriff auf die Suchdienste oder auf die angebotene Literatur zu erlangen.
[64] *ACM* steht für *Association for Computing Machinery*, siehe auch *http://www.acm.org* (Stand: 24. November 2014).
[65] *http://www.springer.com* (Stand: 24. November 2014).
[66] *https://scifinder.cas.org* (Stand: 24. November 2014).
[67] *http://www.webofknowledge.com* (Stand: 24. November 2014).
[68] *http://www.ncbi.nlm.nih.gov/pubmed/* (Stand: 24. November 2014).
[69] Für weitere Informationen siehe (Wenger, 1999, 2000).

Dokumente bekannt sind, greift Michael auf die Informationen von Ted und anderen Kollegen zu (Bildung einer Gruppe), um so Dokumente in Abhängigkeit der Arbeitssituation empfohlen zu bekommen. Diese Informationen stellen für Michael einen realen Wissensmehrwert dar.

ConDoR orientiert sich somit für die Dokumentenempfehlung an folgenden Anforderungen:

- Zugriff auf ein großes Dokumentenverzeichnis.
- Dynamische Erweiterung der Wissensbasis repräsentiert durch den generalisierten Zustandsgraphen.
- Dynamische Erweiterung von benutzerspezifischen Sichten auf den generalisierten Zustandsgraphen.
- Definition der Situation in Abhängigkeit der Situationsbeschreibungen *Projekte* und *Aufgaben*.
- Generierung von kontextabhängigen Empfehlungen für einzelne Benutzer. Die Empfehlungen dienen entweder zur Unterstützung von wiederholenden Aufgaben, die auf gleiche Dokumentenbestände zugreifen (Einzelbenutzerkontext), oder zur Einarbeitung in neue Projekte und Aufgaben (Gruppenkontext).

Die Limitierung der Ermittlung von kontextuell relevanten Dokumenten entspricht in diesem Anwendungsfall einer kontextabhängigen Empfehlung. Die zu empfehlenden Dokumente entsprechen Knoten vom Typ *„Document“* im Zustandsgraphen, die nach dem Kontextualisierungsvorgang als relevant klassifiziert wurden. Der Kontextualisierungsvorgang wird mithilfe von Spreading Activation (siehe Kapitel 3.6 für eine Einführung in Spreading Activation) durchgeführt.

Die Implementation von ConDoR wurde durch ein Webportal, welches den Zugriff auf die digitale Bibliothek von ACM[70] ermöglicht, realisiert. ACM bietet für den Fachbereich Informatik eine große Dokumentensammlung, in der jedes Dokument mit einer Reihe von Metadaten annotiert ist (vergleiche Screenshot in Abbildung 7.1). So bietet ACM zu den meisten Dokumenten folgende Meta-Informationen an:

- Titel und Autoren,
- Herausgeber oder Konferenz,
- Verweise und Referenzen,
- Zusammenfassung,
- eine Einstufung in ACM-Kategorien[71] und
- von Benutzern der digitalen Bibliothek generierte Tags zu den Publikationen.

Diese Meta-Informationen lassen sich auslesen und mit Dokumenten in einem semantischen Modell miteinander in Beziehung setzen: Autoren schreiben Dokumente, Dokumente werden referenziert von Dokumenten, Dokumente haben Tags, usw. Daraus folgt, dass zwischen Dokumenten Assoziationen über Autoren, Tags und Kategorien gebildet werden können: Ist ein Dokument kontextuell relevant für eine Tätigkeit, dann können potentiell andere Dokumente (*Document*) derselben Autoren (*Author*),

[70] *Association for Computing Machinery.* Siehe auch *http://www.acm.org* (Stand: 24. November 2014).

[71] Für weitere Informationen der ACM-Kategorisierung siehe *http://www.acm.org/about/class/1998/* (Stand: 24. November 2014).

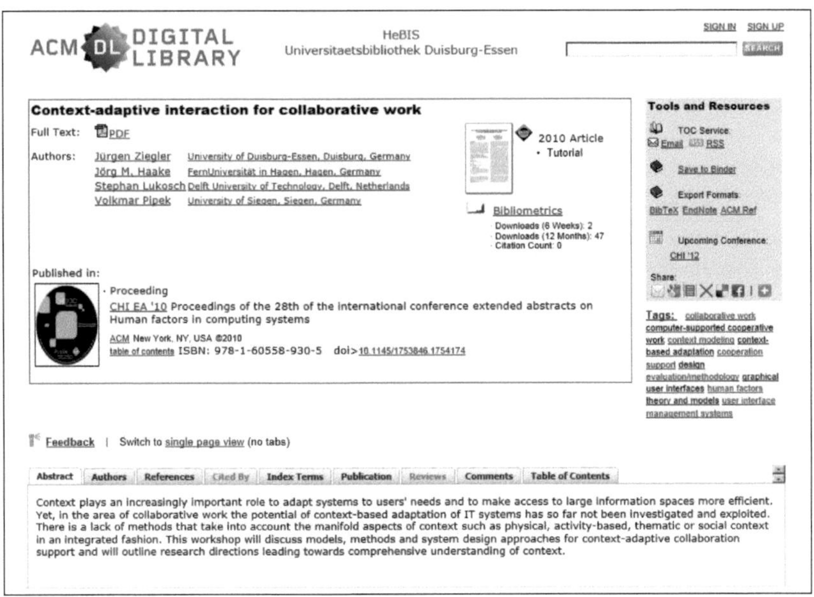

Abbildung 7.1: Screenshot der Datendarstellung einer Publikation in der digitalen Bibliothek von ACM. Das Dokument ist unter *http://dl.acm.org/citation.cfm?id=1753846.1754174* zu finden (Stand: 24. November 2014).

in denselben Kategorien (*Category*) oder mit gleichen *Tags* ebenfalls relevant sein. Die Arbeitssituation - und somit die jeweilige Tätigkeit - wird durch Projekte und Aufgaben, die mit Projektthemen und Projekten in Relation stehen, definiert. Wenn ein Dokument in die Wissensbasis von ConDoR - repräsentiert durch den generalisierten Zustandsgraphen - eingefügt wird, dann werden zusätzlich Relationen zu den Situationsbeschreibungen (*Project*, *Task*) und der jeweiligen thematischen Einordnung (*Topic*) erstellt. Das semantische Modell für ConDoR und die vorgestellte Anwendungsdomäne wird in Abbildung 7.2 abgebildet.

7.1.1 Implementation

Abbildung 7.3 zeigt den exemplarischen Interaktionsverlauf eines Benutzers mit ConDoR. Nach der Anmeldung des Benutzers in der Systemumgebung (*Login*) werden vom Kontextserver alle Informationen zu Projekten und Aufgaben übermittelt. Der Benutzer selektiert seine Arbeitstätigkeit (repräsentiert durch Selektion eines Projekts und einer Aufgabe) und erhält umgehend arbeitskontextabhängige Dokumentenempfehlungen. Er kann zwischen drei Arten von Dokumentenempfehlungen wählen: Entweder wird eine benutzerspezifische Empfehlung basierend aus Benutzersicht generiert, eine Empfehlung, die einen Wissensmehrwert bietet (basierend auf einer dynamisch ermittelten Gruppenzusammenstellung), oder es wird eine Empfehlung für eine vordefinierte Gruppe generiert.

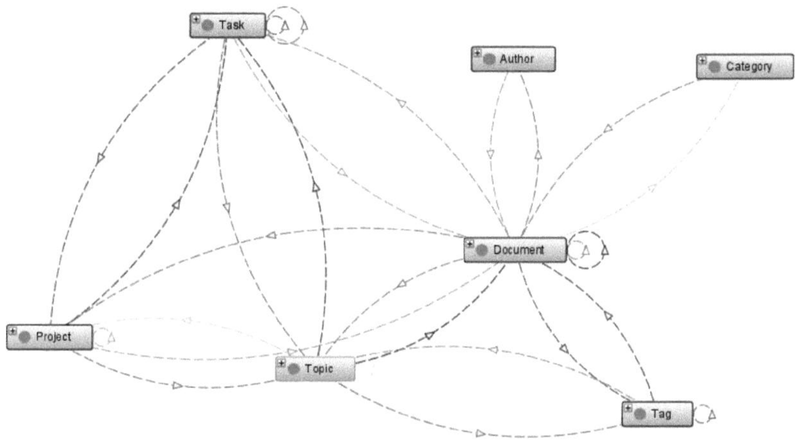

Abbildung 7.2: Semantisches Modell für ConDoR. Aus Gründen der Übersichtlichkeit wurde auf die Darstellung der Kantenbezeichnungen verzichtet.

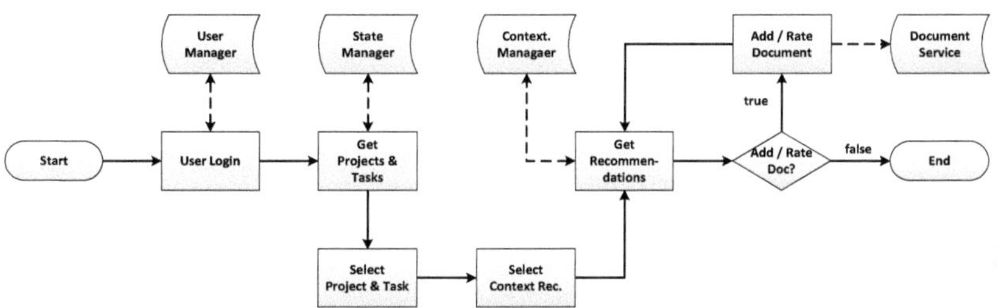

Abbildung 7.3: Exemplarischer Interaktionsablauf eines Benutzers mit ConDoR.

Die Arbeit an Projekten und Aufgaben entspricht einem wissensintensiven Prozess, der die Nutzung von Dokumenten mit Fachwissen erforderlich macht. Um den Dokumentenstamm zu pflegen, können in ConDoR neue Dokumente eingefügt und bewertet werden.

ConDoR nutzt die im Kapitel 6 vorgestellte Systemumgebung für gruppenkontextbasierte Anwendungen. Eine Silverlight[72]-Anwendung steht über ein eigenes Webportal zu Verfügung, welches mithilfe eines *IFrame* die Webseite von ACM aufruft und so als Informations-Wrapper für die Silverlight-Anwendung dient. Ein Screenshot der Anwendung wird in Abbildung 7.4 gezeigt.

[72] Silverlight ist eine Erweiterung für Webbrowser und dient zur Ausführung von *Rich Internet Applications*. Für nähere Informationen zu Silverlight siehe *http://msdn.microsoft.com/en-us/library/bb404713(VS.95).aspx* (Stand: 24. November 2014).

Abbildung 7.4: Screenshot von ConDoR: Die Rich Internet Application findet sich auf der rechten Seite als Overlay über die digitale Bibliothek von ACM. Das dargestellte Dokument ist unter *dl.acm.org/citation.cfm?id=985692.985697* (Stand: 24. November 2014) zu finden.

7.1.1.1 Benutzeroberfläche

Die Benutzeroberfläche (*User Interface (UI)*) wurde mithilfe von *Microsoft Expression Blend* in Silverlight umgesetzt. Zu diesem Zweck wurde das *Model-View-ViewModel (MVVM)*-Pattern als Entwurfsmuster genutzt. MVVM erlaubt es Daten der Modelle für den View offenzulegen, so dass eine einfache Anbindung an die Daten und eine einfache Aktualisierung im View ermöglicht wird. Im Fall von ConDoR bedeutet dies, dass alle Informationen - insbesondere jene die vom Kontextserver ermittelt wurden - im ViewModel umgeformt und der Benutzeroberfläche zugänglich gemacht werden. UI-Elemente lassen sich in Silverlight mittels Datenbindung direkt an Daten des ViewModels binden und somit automatisch aktualisieren.

Abbildung 7.5 zeigt die Benutzeroberfläche von ConDoR - bestehend aus drei Tabs. Der *Data*-Tab dient zur Darstellung der Dokumentenempfehlungen und zur Bewertung oder zum Hinzufügen von Dokumenten. Die Bewertung und das aktuell betrachtete Dokument wird von ConDoR an einen Sensor-Dienst (siehe Kapitel 7.1.1.2 für eine detailliertere Beschreibung des Sensor-Dienstes) übertragen und bei Bedarf dem generalisierten Zustandsgraphen hinzugefügt. Die Bewertung erfolgt entweder durch Selektion einer Bewertung oder durch manuelles Einstellen eines Bewertungsmaßes zwischen -1.0 und 1.0 mithilfe des Sliders. Die kontextuell relevanten Dokumente werden gemäß ihrer Aktivierung geordnet. Zusätzliche Sortierungen (beispielsweise nach Publikationsjahr oder in alphabetischer Reihenfolge) sind ebenfalls möglich. Ein Mouse-Over-Effekt bietet für jedes empfohlene Dokument die gespei-

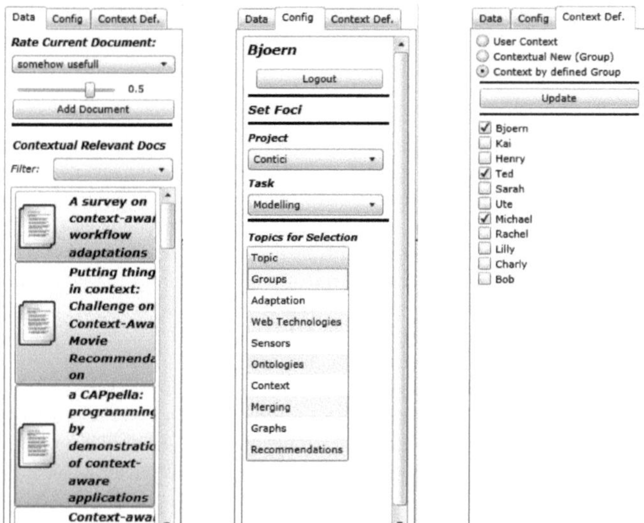

Abbildung 7.5: ConDoR-Benutzeroberfläche bestehend aus drei Tabs: Der *Data*-Tab (links) zeigt zur Tätigkeit relevante Dokumente als Empfehlungen an. Zusätzlich können Dokumente bewertet und der Wissensbasis hinzugefügt werden. Der *Config*-Tab (mitte) erlaubt die manuelle Einstellung der Tätigkeit durch Selektion von Projekten und Aufgaben zur Beschreibung der relevanten Situation und des Fokus. Die mit dem Projekt und der Aufgabe assoziierten Themen werden zusätzlich angezeigt. Der *Context Definition*-Tab (rechts) ermöglicht die Definition der zu ermittelnden Kontext-Art: entweder den individuellen Benutzerkontext, einen dynamisch generierten Gruppenkontext mit einem Mehrwert an Wissen oder einen Gruppenkontext für eine vom Benutzer zusammengestellte Gruppe.

cherte Zusammenfassung zum Lesen an (nicht in den Abbildungen gezeigt). Ein Klick auf ein Dokument lädt die zum Dokument gehörende Webseite der digitalen Bibliothek von ACM im IFrame des Webportals.

Der *Config*-Tab wird einerseits für Login/Logout des Benutzers und andererseits für die Definition der Tätigkeit genutzt. Alle Projekte und projektbezogenen Aufgaben, die in der Systemumgebung abgebildet sind, können für die Tätigkeit als Situation oder als aktueller Benutzerfokus ausgewählt werden. Die Themenübersicht zeigt zusätzlich die thematische Einordnung des Arbeitskontexts.

Der *Context Definition*-Tab dient der Wahl des Kontextualisierungsverfahrens. Es lassen sich so drei Kontext-Arten auswählen: Entweder die Ermittlung des individuellen Benutzerkontexts, einen dynamisch generierten Gruppenkontext für einen Mehrwert an Wissen oder einen Gruppenkontext auf Basis einer vom Benutzer zusammengestellten Gruppenzusammensetzung. Zusätzlich kann manuell eine Aktualisierung der Empfehlungen ausgelöst werden (durch Drücken des Buttons *„Update"*).

7.1.1.2 Sensor-Dienst

ConDoR nutzt einen Pull-Sensor-Dienst (vergleiche Kapitel 6.2) für die Ermittlung der Dokumentinformationen. Ausgehend von einer Anfrage der ConDoR-Anwendung, bei der die URL des Dokuments bei ACM, die Bewertung und Informationen zur Tätigkeit des Benutzers übertragen werden, lädt der Dienst zunächst die Daten von ACM und extrahiert die enthaltenen Informationen. Optional können für eingetragene Verweise und Referenzen, die bei ACM verlinkt sind, ebenfalls Informationen heruntergeladen und extrahiert werden. Die kontextuelle Einordnung des Dokuments geschieht mithilfe der übermittelten Projekt- und Aufgabeninformationen. Das Dokument wird so mit dem Projekt, der Aufgabe und der thematischen Einordnung des Projekts in Relation gesetzt. Als Kantengewicht dieser Relationen wird die übermittelte Bewertung verwendet. Die ermittelten Dokumenteninformationen werden anschließend an den Kontextserver übermittelt, um so den generalisierten Zustandsgraphen und die benutzerspezifische Sicht zu aktualisieren und zu erweitern. Abbildung 7.6 zeigt den exemplarischen Ablauf der Informationsverarbeitung dieses Sensor-Dienstes.

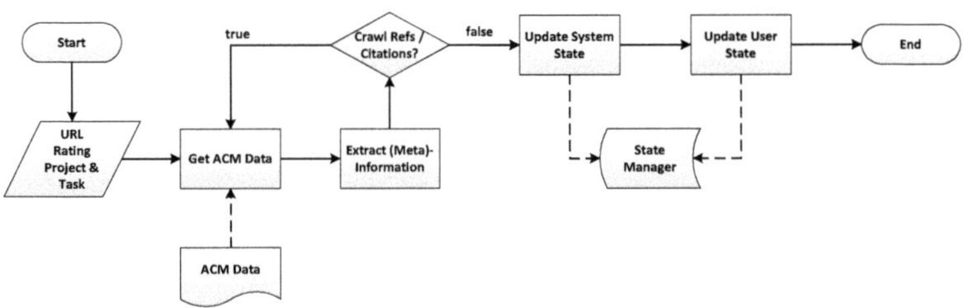

Abbildung 7.6: Exemplarischer Ablauf der Informationsverarbeitung des Dokumenten-Sensor-Dienstes für ConDoR.

7.2 Dokumentenempfehlung für dynamisch generierte Benutzergruppen

Gruppenzustandsgraphen erlauben es, dass entweder einzelne Benutzer von einer geteilten Wissensbasis profitieren oder dass für eine Gruppe von Benutzern ein gemeinsamer Kontext ermittelt werden kann (vergleiche Kapitel 3.9). Eine exemplarische Anwendung, die Benutzergruppen auf Basis von Zustandsgraphen ermittelt, die Benutzerzustandsgraphen der ermittelten Gruppenmitglieder merged und diese für die Generierung von kontextbasierten Dokumentenempfehlungen nutzt, wird in der Diplomarbeit von (Gomez Schmalzl, 2012) beschrieben.

(Gomez Schmalzl, 2012) stellt in seiner Arbeit eine Anwendung für Dokumentenempfehlung für dynamisch generierte Benutzergruppen vor. Ziel dieser Anwendung ist es, Benutzer in Abhängigkeit ihrer Recherche-Tätigkeiten (repräsentiert durch Projekte und Aufgaben) durch kontextuell passende Empfehlungen zu unterstützen. Dem Benutzer werden nicht nur kontextuell relevante Dokumente auf Basis der eigenen Bewertung und Dokumentensammlung empfohlen, sondern vor der Kontextualisierung und Empfehlungsgenerierung erfolgt ein Gruppenidentifikationsschritt, bei dem Benutzer mit ähnlichen kontextuellen Vorlieben identifiziert werden. Diese Gruppenzusammensetzungen bieten dem Benutzer aufgrund der unterschiedlichen, individuellen Dokumentenbasis (repräsentiert durch benutzerspezifische Sichten, siehe Kapitel 3.8) zusätzlich Wissen über Dokumente, die dem Benutzer selber nicht bekannt sind, dennoch aber von anderen Benutzern bei ähnlichen Tätigkeiten als kontextuell relevant eingestuft wurden. Zur Verdeutlichung dieser Problematik wird folgendes Anwendungsszenario betrachtet:

Alice arbeitet an einer Hausarbeit über das amerikanische Wahlsystem für einen Politikkurs an der Universität. Sie ist auf der Suche nach Dokumenten, um sich so einen Überblick über das Thema zu verschaffen. Sie nutzt für ihre Recherche eine gruppenkontextbasierte Web-Anwendung, die es erlaubt, ihre Dokumente zu speichern und zu bewerten. Bob nutzte dieselbe Anwendung, um mit seinem Kommilitonen David im letzten Semester Informationen für eine Hausarbeit zum gleichen Thema zu sammeln. Alice kennt jedoch weder Bob noch David.

Alice könnte nun von der Wissenbasis, die Bob und David im vergangenen Jahr aufgebaut hatten, profitieren, um somit ihre Recherchetätigkeiten zu minimieren. Da Alice Bob und David jedoch nicht kennt, müsste nun Alice entweder selber die Recherchetätigkeiten durchführen oder sich andere Personen mit einem ähnlichen Interessenprofil empfehlen lassen, um dann von deren gespeicherten Informationen über Dokumente zu profitieren. Alice, Bob und David besitzen jedoch keine großen Gemeinsamkeiten in ihren Interessenprofilen, wenn sie nur die Hausarbeit als gemeinsames Element besitzen. Carol, Freundin von Alice, wäre vom Interessenprofil Alice viel ähnlicher, da sie bis auf ihr Studienfach viele Freizeitaktivitäten miteinander teilen. Aufgrund dieser Problematik werden für die Ähnlichkeitsermittlung der Benutzer nicht die Interessenprofile oder Dokumentenbestände miteinander verglichen, sondern die jeweiligen Benutzerzustandsgraphen, die zusätzliche Informationen über die jeweiligen kontextuelle Präferenzen abbilden.

Die von (Gomez Schmalzl, 2012) entwickelte prototypische Anwendung orientiert sich an der im Szenario vorgestellten Problematik: die Identifikation von Benutzergruppen und die Generierung von gruppenkontextbasierten Dokumentenempfehlungen. Zu diesem Zweck wurden als Erweiterung der im Kapiteln 5 und 6 vorgestellten Systemumgebung und der Gruppenidentifikationsverfahren aus Kapitel 4 vier neue Gruppenidentifikationsverfahren implementiert.

Der Prototyp von (Gomez Schmalzl, 2012) nutzt eine Dokumentendatenbank, die aus Dokumenten-Bookmarks von Bibsonomy[73] extrahiert wurde. Insgesamt wurden 135 Dokumente genutzt und auf sechs Kategorien verteilt:

[73] *http://www.bibsonomy.org* (Stand: 24. November 2014)

- Architektur und KI in Spielen
- Garten
- Politik
- Gesundheit
- Fernsehtechniken
- Ökonomisches und komfortables Reisen

Als weitere Meta-Informationen zu den Dokumenten werden die Autoren der Dokumente verwendet. Das semantische Modell für diese Anwendung beschreibt die Relationen zwischen Dokumenten, den ihnen zugeordneten Kategorien und Dokument-Autoren. Um situationsabhängige Bewertungen des Nutzens von Dokumenten zu ermöglichen, bestehen zwischen Dokumenten und Tätigkeiten kontextuelle Relationen. Diese Relationen werden durch die situationsbeschreibenden Konzepte (*CF*), Projekte (*Project*) und Aufgaben (*Task*) repräsentiert. Das semantische Modell wird in Abbildung 7.7 dargestellt.

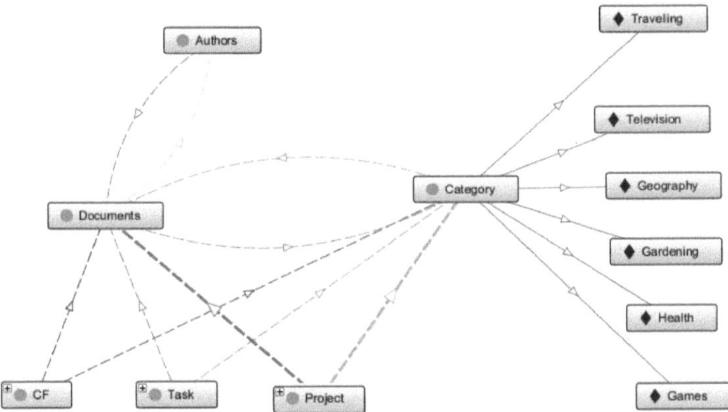

Abbildung 7.7: Semantisches Modell aus (Gomez Schmalzl, 2012) für kontextbasierte Bibsonomy-Dokumentenempfehlungen. Autoren (*Authors*), Dokumente (*Documents*) und Kategorien (*Category*) stehen miteinander in Relation. Als situationsbeschreibende Konzepte (*CF*) werden Projekte (*Project*) und Aufgaben (*Task*) verwendet.

7.2.1 Gruppenidentifikationsverfahren

Im Rahmen des von (Gomez Schmalzl, 2012) entwickelten kontextbasierten Dokumentenempfehlungssystems wurden vier Gruppenidentifikationsverfahren implementiert und miteinander verglichen:

1. Identifikation von Benutzergruppen, die Dokumente ähnlich bewerten,
2. Identifikation von Benutzergruppen auf Basis überschneidender Dokumentenbestände,

3. Identifikation von Benutzergruppen mit strukturell ähnlichen Benutzerzustandsgraphen und
4. Identifikation von Benutzergruppen mit ähnlichen Dokumentenbeständen nach der Kontextualisierung.

Die ersten beiden Gruppenidentifikationsverfahren verwenden den Kosinus der Dokumentenvektoren der Benutzer als Ähnlichkeitsmaß. Die letzten beiden Verfahren hingegen nutzen zusätzlich kontextuelle Informationen in den Benutzerzustandsgraphen, um Benutzergruppen zu identifizieren.

7.2.1.1 Gruppenidentifikation mithilfe von ähnlichen Dokumentenbewertungen

Jeder Benutzer der Anwendung hat Zugriff auf dieselbe Dokumentenbasis. Die Bewertungen eines Benutzers u lassen sich somit als ein 141-dimensionaler (135 Dokumente + 6 Kategorien) Benutzervektor $\vec{v}_u$ darstellen. Zwei Benutzer a und b gehören dann zu einer Gruppe, wenn ihre jeweiligen Benutzervektoren $\vec{v}_u$ zueinander möglichst ähnlich sind. Als Ähnlichkeitsmaß $sim(a, b)$ zwischen zwei Benutzervektoren $\vec{v}_a$ und $\vec{v}_b$ wird der Kosinus des Winkels genutzt:

$$sim(a,b) = cos(\vec{v}_a, \vec{v}_b) = \frac{\vec{v}_a \cdot \vec{v}_b}{|\vec{v}_a| \cdot |\vec{v}_b}|$$

Das Ergebnis liegt im Intervall zwischen $[-1, 1]$. Benutzer mit einem hohen Ähnlichkeitsmaß gehören zu derselben Gruppe.

7.2.1.2 Gruppenidentifikation auf Basis überschneidender Dokumentenbestände

Benutzer der Anwendung unterscheiden sich in der Menge bekannter und bewerteter Dokumente. Für einen Benutzer u existiert somit eine Untermenge $U \subseteq D$ der Menge aller Dokumente D, für die eine Bewertung vorliegt. Die Ähnlichkeit $sim_D(A, B)$ zweier Benutzer A und B lässt sich somit nur auf Basis der Dokumente berechnen, die beiden Benutzern bekannt sind. Für die betroffenen Dokumente gilt:
$D_A \subseteq U_A \wedge D_B \subseteq U_B \wedge U_A \cup U_B = D_A = D_B$.
Für das Ähnlichkeitsmaß werden die von den Benutzern vorgenommenen Dokumentenbewertungen verwendet:

$$sim_D(A,B) = \sum_{i=0}^{k} 1 - (\frac{a_i - b_i}{2})^2, \quad A = \{a_0, \ldots, a_k\}, \quad B = \{b_0, \ldots, b_k\}, \ldots a_i, b_i \in \mathbb{R}$$

Je größer das Ähnlichkeitsmaß $sim(A, B)$ zweier Benutzer ist, desto ähnlicher sind ihre Dokumentenbestände und Bewertungen. Benutzer mit einem hohen Ähnlichkeitsmaß gehören zu derselben Gruppe.

7.2.1.3 Gruppenidentifikation durch strukturelle Graphähnlichkeit

Um situative Präferenzen in den Gruppenidentifikationsprozess miteinzubeziehen, wird das im Kapitel 4.5.2 vorgestellte Graphähnlichkeitsmaß (*Graph-Edit-Distance*) verwendet. In (Gomez Schmalzl, 2012) werden jedoch keine benutzerzustandsgraphspezifischen Gewichtungen (Aktivierungen, Interessen, Kantengewichte oder Fokus) für das Ähnlichkeitsmaß verwendet. Stattdessen werden die Benutzerzustandsgraphen nur auf Basis ihrer Struktur (Kanten und Knoten) miteinander verglichen. Zu diesem Zweck werden die Kosten *cost* ermittelt, die benötigt werden, um einen Benutzerzustandsgraphen G_a in die gleiche Graphstruktur eines anderen Benutzerzustandsgraphen G_b zu transformieren.

$$cost(G_a, G_b) = c_{e,ins} \cdot |E_b \backslash E_a| + c_{e,rem} \cdot |E_a \backslash E_b| + c_{n,ins} \cdot |N_b \backslash N_a| + c_{n,rem} \cdot |N_a \backslash N_b|$$

mit $c_{e,ins} \in \mathbb{R}$ als Kosten für das Einfügen von Kanten, $c_{e,rem} \in \mathbb{R}$ als Kosten für das Entfernen von Kanten, $c_{n,ins} \in \mathbb{R}$ als Kosten für das Einfügen von Knoten und $c_{n,rem} \in \mathbb{R}$ als Kosten für das Entfernen von Knoten. Je höher die ermittelten Kosten *cost* sind, desto stärker unterscheiden sich die verglichenen Benutzerzustandsgraphen voneinander. Benutzer, deren Zustandsgraphen zueinander geringe Kosten aufweisen, gehören zu derselben Benutzergruppe.

7.2.1.4 Gruppenidentifikation nach Kontextualisierung

Alle zuvor beschriebenen Gruppenidentifikationsverfahren verwenden entweder Interessenprofile der Benutzer oder basieren auf der Struktur der Benutzerzustandsgraphen. Der kontextualisierte Zustandsgraph, der Aspekte der Situation und des Hintergrundwissens repräsentiert, die als kontextuell relevant ermittelt wurden, wird bisher nicht beachtet. Das folgende Verfahren schließt diese Lücke: Ausgehend von einem Benutzer u, für den eine Benutzergruppe identifiziert werden soll, wird dessen Benutzerzustandsgraph kontextualisiert. Anschließend werden alle kontextuell relevanten Dokumente selektiert (Dokumente mit einer hohen Aktivierung *act* größer als ein Grenzwert $\tau \in \mathbb{R}$). Benutzer, die möglichst viele der für den Benutzer als kontextuell eingestufte Dokumente kennen - und somit in ihrem Benutzerzustandsgraphen abgebildet sind - und diese zusätzlich hoch bewertet haben, werden zu einer Benutzergruppe zusammengefasst.

Für einen Benutzer u wird die Menge aller kontextuell relevanten Dokumente $D_u = \{d_0, \ldots, d_n\}, \quad \forall d_i \in D : act(d_i) > \tau$ ermittelt. Das Ähnlichkeitsmaß $sim(u, b)$ zu einem Benutzer b wird mithilfe aller Dokumente $D_b \subseteq D_u, \quad D_b = \{d_0^b, \ldots, d_m^b\}$ ermittelt:

$$sim(u, b) = \sum_{k=0}^{D_b} \iota(d_k^b) \cdot act(d_k^b)$$

Je größer das Ähnlichkeitsmaß ist, desto ähnlicher sind die Benutzer u und b zueinander. In (Gomez Schmalzl, 2012) werden von den identifizierten Benutzern 10%, die die höchsten Ähnlichkeitsmaße mit dem ursprünglichen Benutzer aufweisen, zu einer Gruppe zusammengefasst.

7.2.2 Implementation

Das prototypische Empfehlungssystem von (Gomez Schmalzl, 2012) wird für jeden Benutzer nach Registrierung der Benutzerzustandsgraphen personalisiert. Hierfür kann der Benutzer zunächst sein Interesse an den Dokumentenkategorien spezifizieren. Danach werden exemplarische Anwendungsszenarien präsentiert, und der Benutzer wird dabei aufgefordert, Dokumente entsprechend ihrem Nutzen für das Anwendungsszenario zu bewerten. Der so ermittelte Nutzen wird im Benutzerzustandsgraphen durch Interessenwerte an Knoten (Dokumentenkategorien) und durch gewichtete Kanten für situative Präferenzen (Dokumente für Anwendungsszenarien) abgebildet.

Nach der Personalisierung der Benutzerzustandsgraphen erfolgt die Ermittlung von Benutzergruppen mithilfe einer von vier Gruppenidentifikationsverfahren (vergleiche Kapitel 7.2.1). Die ermittelten Benutzergruppen für den Benutzer werden präsentiert und anschließend für die Generierung von Empfehlungen genutzt. Hierfür werden die Benutzerzustandsgraphen mithilfe von gleichberechtigten (Average) Merging (vergleiche Kapitel 3.10.1) verrechnet und durch Spreading Activation (vergleiche Kapitel 3.6) kontextualisiert. Der exemplarische Interaktionsablauf der Anwendung wird in Abbildung 7.8 dargestellt. Die Anwendung wurde in Silverlight implementiert.

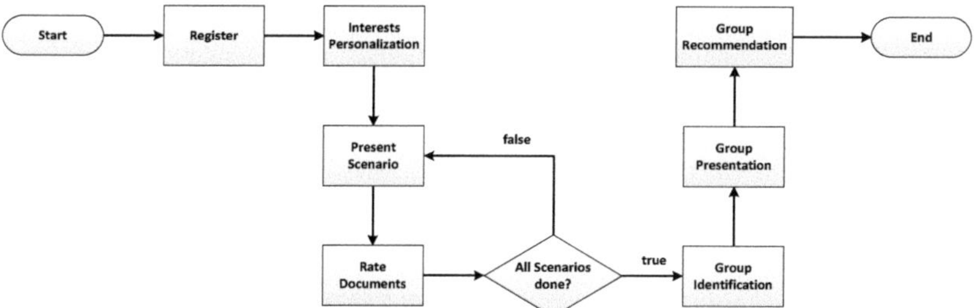

Abbildung 7.8: Exemplarischer Interaktionsablauf eines Benutzers im Dokumentenempfehlungssystem nach (Gomez Schmalzl, 2012): Nach dem Registrieren eines Benutzers und einer anschließenden Personalisierung des Benutzerzustandsgraphen durch Erfassung von Benutzerinteressen werden mithilfe von kurzen Anwendungsszenarien situative Präferenzen erfasst. Die personalisierten Benutzerzustandsgraphen werden für die Identifikation von Gruppen, das Merging von Benutzerzustandsgraphen und die Generierung von Gruppenkontexten genutzt.

7.2.3 Benutzeroberfläche

Die Oberfläche der Anwendung ist so gestaltet, dass sie die Personalisierung, Dokumentenempfehlung und Evaluation unterstützen. Nach Registrierung eines Benutzers erhält er die Möglichkeit, seine Interessen an den Dokumentenkategorien zu beschreiben. Dies geschieht durch eine Bewertung auf einer 7-stelligen Skala durch Sterne (siehe Abbildung 7.9). Bewertungen mit vier Sternen gelten als neutral und werden grau dargestellt, Bewertungen mit drei oder weniger Sternen gelten als negativ und werden rot dargestellt; Bewertungen mit mehr als vier Sternen gelten als positiv und werden gelb dargestellt.

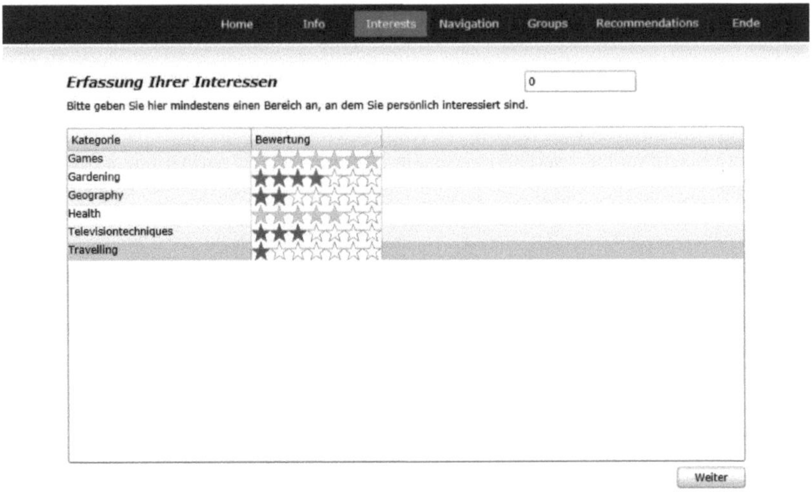

Abbildung 7.9: Einstellung von Benutzerinteressen an Dokumentenkategorien nach (Gomez Schmalzl, 2012).

In folgenden Schritten werden dem Benutzer nach Registrierung Anwendungsszenarien präsentiert, zu denen er wenigstens fünf Dokumente hinsichtlich ihres Nutzens für das Szenario bewerten muss. Diese Bewertungen werden als Kantengewichte für situative Präferenzen im Benutzerzustandsgraphen abgebildet. Abbildung 7.10 zeigt ein exemplarisches Szenario: Für die Vorbereitung einer Klausur zum Thema „Architektur und künstliche Intelligenz in Spielen“ sollen Dokumente hinsichtlich ihres Nutzens für die Vorbereitung bewertet werden. Zu jedem Dokument in der Liste (links in der Abbildung 7.10) werden bei Selektion eines Dokuments auf der rechten Seite dokumentenspezifische Informationen wie Autoren, Zusammenfassung und ein externer Hyperlink zum Orginaldokument im Internet präsentiert.

Nach der Personalisierung des Benutzerzustandsgraphen werden die Ergebnisse der vier Gruppenidentifikationsverfahren (siehe Kapitel 7.2.1) präsentiert: Für den Benutzer werden die gebildeten Gruppen und für jedes Gruppenmitglied das ermittelte Ähnlichkeitsmaß präsentiert. Für die Gruppenidentifikation nach der Kontextualisierung können situative Einstellungen manuell geändert werden. Für jedes Gruppenmitglied können Informationen über die Person (Interessen und bewertete Dokumente) in einer Übersicht dargestellt werden.

Zum Abschluss werden gruppenkontextbasierte Dokumentenempfehlungen generiert (siehe Abbildung 7.11). Der Benutzer kann hierbei das Gruppenidentifikationsverfahren und die situativen Einflüsse auswählen.

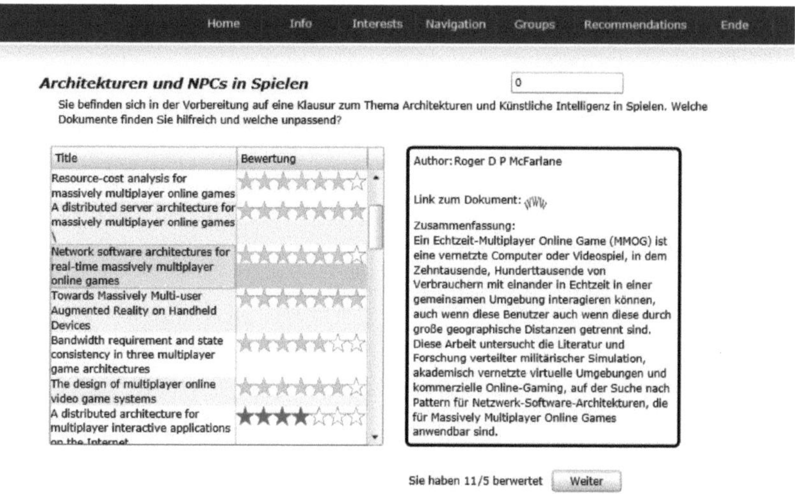

Abbildung 7.10: Einstellen von situativen Präferenzen für Dokumente nach (Gomez Schmalzl, 2012).

7.3 Strategieadaptive Restaurantempfehlungen für Gruppen

Mergingstrategien (vergleiche Kapitel 3.10 für die Generierung eines Gruppenzustandsgraphen sind häufig von der Situation und den Anwendungsszenarien abhängig. Insbesondere soziale Faktoren (beispielsweise eine Person in der Gruppe hat Geburtstag) können dazu führen, dass je nach Situation unterschiedliche Mergingstrategien angewandt werden müssen, um den sozialen Anforderungen entsprechen zu können. (Tatarinov, 2011) bearbeitet in seiner Diplomarbeit diese Problematik und entwickelte ein kontextbasiertes, selbstadaptives Restaurantempfehlungssystem namens *„Yummi-Yummi - Immer lecker essen“* für Gruppen. Zur Verdeutlichung der Problematik wird folgendes Beispiel betrachtet:

Michael, Susi und Heiko sind lange befreundet und beschließen, gemeinsam Essen zu gehen. Michael isst sehr gerne italienisches und japanisches Essen, Susi bevorzugt französische Küche - mag aber auch italienisches Essen -, und Heiko mag keine französischen Speisen und isst immer in italienischen Restaurants.

Da die drei Freunde gleichberechtigt sind, ist eine gerechte Auswahl eines Restaurants, das allen Vorlieben gerecht wird, sehr einfach: Für ihr gemeinsames Essen gehen sie zu einem Italiener. Eine andere Strategie kann jedoch in Abhängigkeit der Situation und den mit ihr verbundenen Situationsbeschreibungen nötig sein: Wenn Heiko Susi und Michael in Berlin zum Essen einlädt, dann wird Heiko vermutlich Rücksicht auf die Vorlieben seiner Gäste nehmen, obwohl seine Vorlieben immer noch maßgeblich sind. Eine andere Strategie muss wiederum gewählt werden, wenn

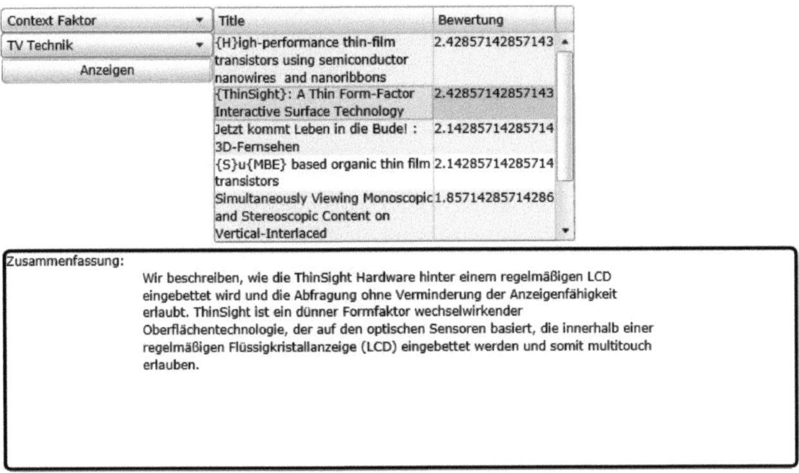

Abbildung 7.11: Exemplarische gruppenkontextbasierte Dokumentenempfehlungen aus (Gomez Schmalzl, 2012).

Susi Heiko und Michael zu ihrem Geburtstag zum Essen einlädt. In diesem Fall kann durch einen „sozialen Konsens“ davon ausgegangen werden, dass die Präferenzen von Susi entscheidend für die Wahl des Restaurants sind.

Die vorgestellten Beispiele zeigen, dass die Situation die Wahl der Mergingstrategie beeinflussen kann. Um diese Situationsabhängigkeit abzubilden, verwendet (Tatarinov, 2011) einen Klassifikator, der auf Basis der situationsbeschreibenden Konzepte die dazu passende Mergingstrategie ermittelt. Der Klassifikator entspricht einem neuronalen Netz und wird mithilfe von *überwachtem Lernen*[74] trainiert.

Der von (Tatarinov, 2011) entwickelte Prototyp nutzt eine Restaurant-Ontologie, die aus Restaurantinformationen und -rezensionen von *Restaurant-Kritik*[75] für die Städte Duisburg, Düsseldorf, Essen und Oberhausen extrahiert wurde. Die Ontologie umfasst restaurantspezifische Informationen über die angebotenen Küchen, Öffnungszeiten, Ruhetage, Preisklasse und weitere Restaurantmerkmale. Zu den Restaurantmerkmalen gehören Besonderheiten, wie beispielsweise eine vorhandene Bar, Kinderfreundlichkeit, Cocktailkarte oder ein Raucherzimmer. Die grundlegende Struktur und die Relationen zwischen den Entitäten werden in Abbildung 7.12 dargestellt.

74 *Überwachtes Lernen* nutzt eine Menge von Eingabedaten, zu denen das gewünschte Ausgabeergebnis bereits bekannt ist. Dieses Lernverfahren wird im Bereich des *Machine Learning* häufig eingesetzt, um Klassifikatoren zu trainieren.

75 Siehe *http://www.restaurant-kritik.de* (Stand: 24. November 2014).

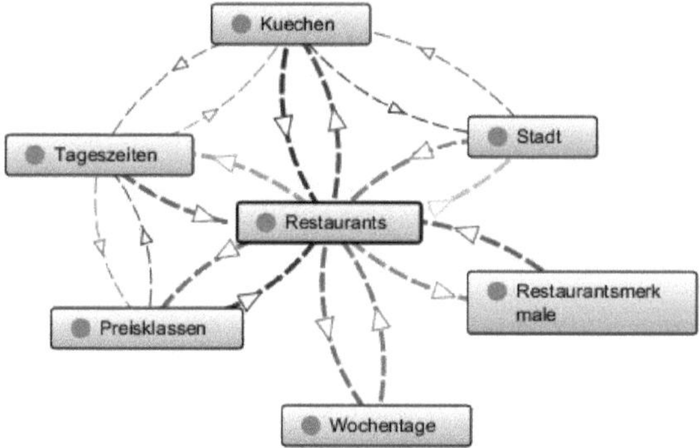

Abbildung 7.12: Semantisches Modell aus (Tatarinov, 2011) für kontextbasierte Restaurantempfehlungen. *Restaurants* stehen in Relation zu ihrem Standort (*Stadt*), angebotenen Speisen (*Kuechen*), der *Preisklasse* der Restaurants, Öffnungszeiten (*Tageszeiten*), Ruhetage (*Wochentage*) und *Restaurantmerkmalen*.

7.3.1 Implementation

(Tatarinov, 2011)'s „Yummi Yummi" nutzt die im Kapitel 6 vorgestellte Systemumgebung für (gruppen-)kontextbasierte Anwendungen für die Generierung von gruppenkontextbasierten Restaurantempfehlungen. Zusätzlich erweitert er das Gruppenmerging um eine selbstadaptive Komponente. Diese Komponente verwendet ein *Multi-Layer-Perzeptron (MLP)* (ein neuronales Netz[76]) als Klassifikator, um mithilfe von Trainingsdaten Abhängigkeiten zwischen Situationsbeschreibungen und Mergingstrategien zu erlernen.

Ein MLP umfasst eine Eingabeschicht, eine Ausgabeschicht und eine oder mehrere verborgene (*hidden*) Schichten mit künstlichen Neuronen. Neuronen in der verborgenen Schicht besitzen sowohl eingehende als auch ausgehende Kanten und dienen der Informationsübertragung von den Eingabe- zu den Ausgabeknoten.

Jedes Neuron k einer Schicht i ist mit allen Knoten j der Schicht $i+1$ durch gewichtete Kanten $w_{k,j}^{i,i+1}$ verbunden. Das Gewicht einer Kante zeigt an, inwieweit ein Neuron ein anderes Neuron beeinflusst: Bei positiven Gewichten wird von einer erregenden, bei negativen Gewichten wird von einer hemmenden Wirkung gesprochen (vergleiche (Rey and Wender, 2011)).

Ein Neuron n nutzt eingehende Eingaben $input_n$, um mithilfe einer Aktivierungsfunktion[77] σ die Ausgabe $output_n$ des Neurons zu ermitteln: $output_n = \sigma(input_n)$ als Aktivierung der gesamten eingehenden Signalstärke $input_n = \sum^j w_{jn} \cdot i_j$ mit

[76] Auf eine ausführlichere Behandlung der Theorie zu neuronalen Netzen und MLPs wird im Rahmen dieser Arbeit verzichtet. Eine gute Einführung in die Thematik bieten beispielsweise (Kinnebrock, 1992) oder (Rey and Wender, 2011).

[77] Häufig wird eine lineare oder sigmoide Funktion gewählt.

Gewichtung w_{jn} der Kanten, die die Eingabe i_j mit dem Neuron n verbinden. Abbildung 7.13 zeigt ein exemplarisches MLP mit einer Schicht „versteckter Neuronen", vier Eingabe- und drei Ausgabeneuronen.

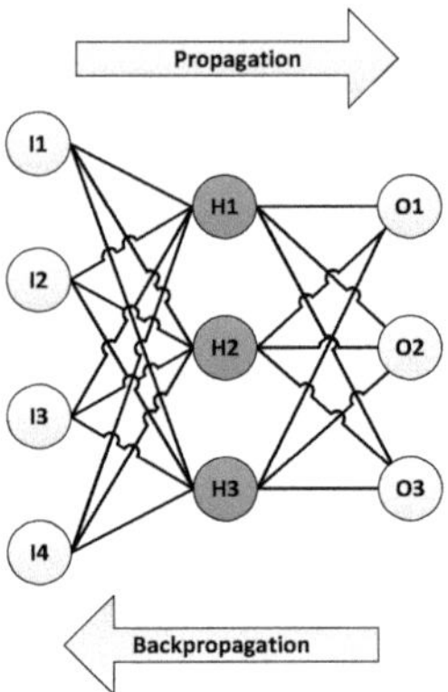

Abbildung 7.13: Exemplarische Multi-Layer-Perzeptron mit vier Eingabeneuronen ($I1 - I4$), einer Schicht versteckter Neuronen ($H1 - H3$) und drei Ausgabeneuronen ($O1 - O3$).

Ein MLP wird mithilfe von *Backpropagation*[78] trainiert:

- **Propagation:** Ausgehend vom Eingabevektor $\vec{x} = (x_1, x_2, \dots x_n)$ eines Trainingspaares $(\vec{x}, \vec{y})$ mit dem gewollten Ausgabevektor $\vec{y} = (y_1, y_2, \dots, y_m)$ wird die tatsächliche Netzantwort $\vec{y}^*$ ermittelt. Dabei wird die Aktivierung des neuronalen Netzes von den Knoten der Eingabeschicht - über die Knoten der verborgenen Schicht - hin zu der Ausgabeschicht übertragen.
- **Fehlerbestimmung:** Es wird berechnet, inwieweit sich das tatsächliche Ergebnis $\vec{y}^*$ vom gewollten Ergebnis $\vec{y}$ abweicht. Hierfür wird der Fehler F berechnet:
  $F = \sum_{i=1}^{m}(y_i - y_i^*)^2$.
- **Backpropagation:** Die Gewichte der einzelnen Kanten werden so verändert, dass der Fehler F minimiert wird. Hierbei werden zunächst die Fehlerterme $\delta_{k,j}$ für jeden Knoten j der Ausgabeschicht k berechnet: $\delta_{k,j} = \sigma'(input_{k,j}) \cdot (y_j - y_j^*)$ mit:
  - k als Anzahl der Schichten im neuronalen Netz,
  - $input_{k,j}$ als Eingangswert des Knotens j in Schicht k und
  - σ' als erste Ableitung der Aktivierungsfunktion σ.

  Die Fehlerterme $\delta_{k-1,j}$ der inneren Schichten (verborgene Schichten) werden auf Basis der zuvor berechneten Fehler $\delta_{k,j}$ über die Menge L aller Knoten, die Informationen vom Knoten j bekommen, berechnet: $\delta_{k-1,j} = \sigma * (input_{k-1,j}) \cdot \sum_L(\delta_{k,l} \cdot w_{j,l})$ mit δ_l als Fehlerterm des Neurons $l \in L$ und $w_{j,l}$ als Kantengewicht, das das Neuron j der Schicht $k-1$ mit Neuron l der Schicht k verbindet.

[78] *Backpropagation* (auf deutsch auch *Fehlerrückführung* genannt) ist eine Gradienten-Abstiegsmethode und wird in (Hintont et al., 1986) ausführlich beschrieben.

Die Änderung des Kantengewichts $\Delta w_{j,i}$ zwischen den Neuronen j und i wird mithilfe eines Lernfaktors $\epsilon \in \mathbb{R}$ und a_j als Aktivierungsgrad des sendenden Knotens j berechnet: $\Delta w_{j,l} = \epsilon \cdot \delta_l \cdot a_j$

Das MLP ist trainiert, wenn entweder für alle Elemente der Trainingsmenge die gewollte Ausgabe ermittelt wird und somit der Fehler nicht weiter verringert werden kann[79] oder eine maximale Anzahl von Trainingsiterationen erreicht ist.

Die Trainingsmenge wird bei (Tatarinov, 2011) durch eine große Benutzerzahl gewonnen: Jeder Benutzer wählt für vorgegebene Situationen - und damit vordefinierte Eingabevektoren - eine gruppenkontextbasierte Restaurantempfehlung aus, die für die vorgegebene Situation für den subjektiven Eindruck des Benutzers am passendsten ist. Jede Empfehlung wird unter Verwendung einer anderen Mergingstrategie für Gruppenzustandsgraphen generiert.

Abbildung 7.14 zeigt exemplarisch, wie das MLP von (Tatarinov, 2011) genutzt wird, um die Wahl der Mergingstrategie in Abhängigkeit der Situationsbeschreibungen zu ermitteln: Als Eingabe werden die situationsbeschreibenden Konzepte als diskreter Vektor genutzt - in diesem Beispiel die Tageszeiten Abend (*Evening*) und Morgen (*Morning*), Geburtstag (*Birthday*) und Geschäftsessen (*Business*). Die eingehenden Situationsbeschreibungen werden auf die verfügbaren Mergingstrategien abgebildet (in diesem Beispiel: *Least Misery*, *Most Pleasure* und *Average*). Die in diesem Klassifikationsvorgang identifizierte Strategie wird dann für die Generierung des Gruppenzustandsgraphen genutzt.

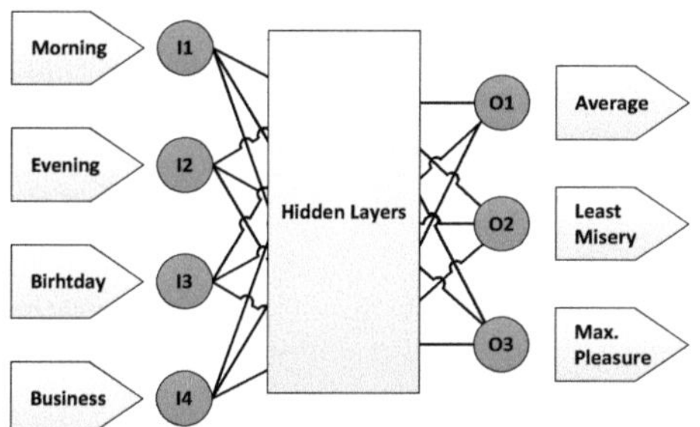

Abbildung 7.14: Beispiel des in (Tatarinov, 2011) implementierten MLPs für die Wahl von Mergingstrategien. Als Eingabe werden die Situationsbeschreibungen Abend (*Evening*) und Morgen (*Morning*), Geburtstag (*Birthday*) und Geschäftsessen (*Business*) verwendet und auf die Mergingstrategien *Average*, *Least Misery* und *Most Pleasure* abgebildet.

[79] Dies kann auch aufgrund von lokalen Minima passieren.

7.3.2 Benutzeroberfäche

Die Benutzeroberfläche von *„Yummi Yummi - Immer lecker essen!“* besteht aus zwei Teilen: aus einem Teil für die Erstellung von Trainingsdaten für das MLP und einem Teil für die Personalisierung von Benutzerzustandsgraphen und die Generierung von Restaurantempfehlungen.

Für die Erhebung von Trainingsdaten werden dem Benutzer Szenarien mit vorgegebenen Benutzern präsentiert (siehe Abbildung 7.15). Der Benutzer kann sich für jedes Gruppenmitglied eine Übersicht der benutzerspezifischen Präferenzen anzeigen lassen: bewertete Restaurants, Vorlieben bei Küchen und situative Präferenzen (beispielsweise: *„In Düsseldorf wird immer 'Mexikanisch' gegessen.“*). Zusätzlich kann für jedes Gruppenmitglied eine individuelle Restaurantempfehlungen generiert werden.

Im nächsten Schritt werden für vorgegebene Situationen und Gruppenzusammenstellungen gruppenkontextbasierte Restaurantempfehlungen präsentiert. Abbildung 7.16 zeigt Restaurantempfehlungen für die Gruppe, basierend auf zwei Strategien: *Average without Misery* und *Most Respected Person* Strategien (siehe Kapitel 3.10).

Die Empfehlungen werden durch den Benutzer bewertet und auf das Intervall $[-1; 1]$ abgebildet. Die Bewertung wird mit der vorgegebenen Situation als Datenpaar für die Trainingsdaten genutzt. Durch eine große Anzahl von Benutzern lassen sich so für unterschiedlichste Situationen Daten über die von den Benutzern präferierten Mergingstrategien sammeln, um so das MLP (vergleiche Kapitel 7.3.1) ihren Bedürfnissen entsprechend zu trainieren.

Anwender von *„Yummi Yummi - Immer lecker essen!“* werden nach Registrierung eines Benutzeraccounts dazu aufgefordert, ihre Präferenzen an Küchen (beispielsweise: italienische, deutsche oder spanische Küche) zu spezifizieren. Dies erfolgt über eine Sieben-Sterne-Skala. Ebenso können Anwender die ihnen bereits bekannten Restaurants an vorgegebenen Standorten bewerten (siehe Abbildung 7.17).

In einem letzten Schritt wird der neu erstellte Benutzerzustandsgraph des neuen Benutzers durch Spezifikation von situativen Präferenzen personalisiert. Abbildung 7.18 zeigt die Benutzeroberfläche für die Spezifikation der situativen Präferenz einer Küche zu einer Tageszeit, beispielsweise: *„Abends esse ich (der Anwender) gerne 'Mexikanisch'.“*.

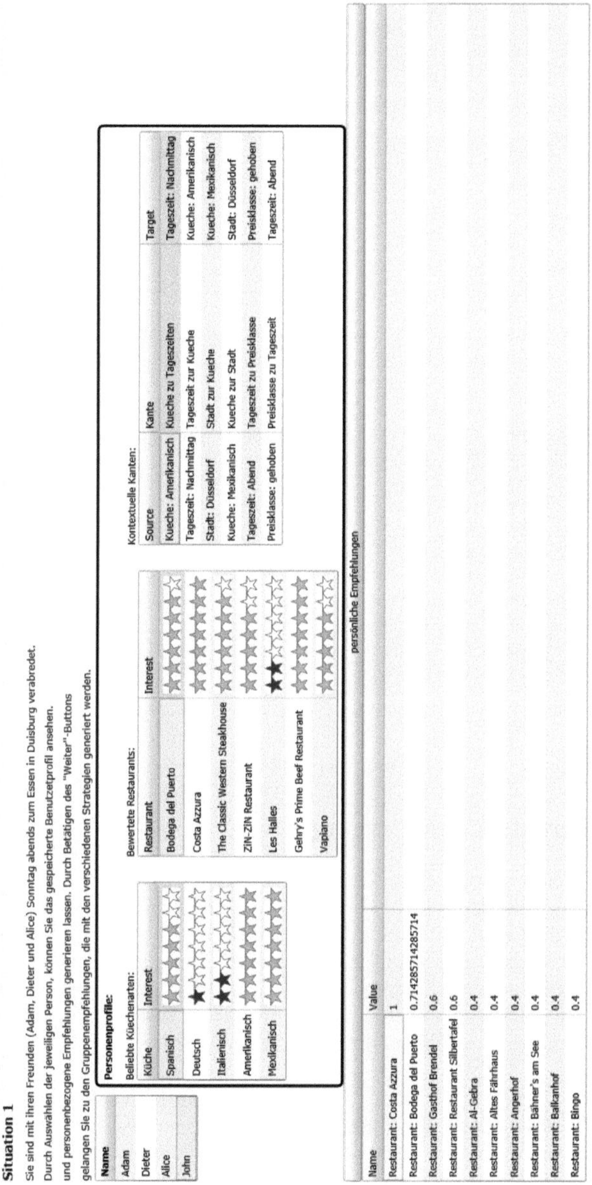

Abbildung 7.15: Erster Schritt der Akquisition von Trainingsdaten aus (Tatarinov, 2011): Dem Benutzer wird eine Benutzergruppe präsentiert. Für jeden Benutzer lassen sich bewertete Restaurants, Vorlieben der Küchen und situative Präferenzen anzeigen.

Average Without Misery Strategy:

Restaurant	Position
Restaurant: Akazienhof	1
Restaurant: Gasthof Brendel	2
Restaurant: Restaurant Silbertafel	3
Restaurant: Costa Azzura	4

Most Respected Person Strategy:

Restaurant	Position
Restaurant: Gasthof Brendel	1
Restaurant: Restaurant Silbertafel	2
Restaurant: Al-Gebra	3
Restaurant: Altes Fährhaus	4
Restaurant: Angerhof	5
Restaurant: Bähner's am See	6
Restaurant: Balkanhof	7
Restaurant: Bingo	8
Restaurant: Bodega del Puerto	9
Restaurant: Bolero	10

Abbildung 7.16: Bewertung von exemplarischen, gruppenkontextbasierten Restaurantempfehlungen aus (Tatarinov, 2011).

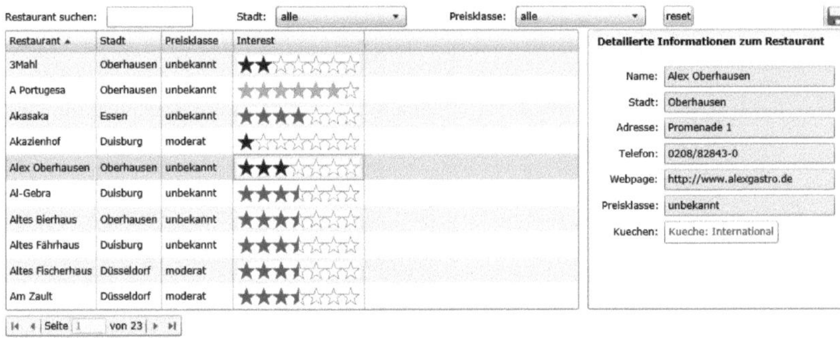

Abbildung 7.17: Bewertung von Restaurants aus (Tatarinov, 2011).

7.4 Performance-Messung

Die vorgestellten prototypischen Anwendungen haben gemeinsam, dass sie nur kleine Anwendungsfälle beschreiben. Obwohl nur wenige Konzepte initial im Zustandsgraphen abgebildet sind, existieren bereits zahlreiche Kanten. Abbildung 7.19 zeigt einen Benutzerzustandsgraphen nach der Initialisierung mit 48 Knoten und 216 Kanten, der das Domänenmodell repräsentiert. Viele dieser Kanten beschreiben Beziehungen zwischen Klassen und Instanzen. Für jedes zusätzliche Konzept, das im Benutzerzustandsgraphen abgebildet wird, steigt die Zahl der Kanten.

Durch stetiges Hinzufügen weiterer Konzepte (im Falle von ConDoR: Dokumente) wächst die Zahl der im Zustandsgraphen enthaltenen Knoten und Kanten weiter an. Dies bedeutet jedoch auch, dass der Kontextualisierungsprozess zunehmend mehr Zeit benötigt, um ein Ergebnis zu liefern. Die Verarbeitungsgeschwindigkeit von Spreading Activation ist zusätzlich von weiteren Parametern abhängig, wie beispielsweise:

- Wie viele Iterationen durchläuft der Spreading-Activation-Algorithmus bis er terminiert?

Abbildung 7.18: Editieren von situationsspezifischen Präferenzen von Benutzern aus (Tatarinov, 2011).

- Dürfen Knoten mehrfach feuern?
- Werden Aktivierungen nur entlang von Kanten eines bestimmten Typs propagiert?
- Dürfen Knoten über Kanten Aktivierungen propagieren, die bereits im letzten Schritt des Algorithmus genutzt wurden?

Die Auswirkungen dieser Parameter auf die Verarbeitungsgeschwindigkeit werden im Folgenden durch Benchmarks verglichen. Für die Generierung der Vergleichsdaten wurden eine Reihe von Benchmarks auf einem Server in einer virtuellen Umgebung durchgeführt. Der Server besitzt zwei Xeon 5148 (4 MB Cache, 2 * 2,33 GHz, 1333 MHz FSB, ohne Hyperthreading, VT-x[80]) und 40 GB RAM. Die Leistung der virtuellen Umgebung kann durch leistungsintensive Prozesse auf dem Server oder in anderen virtuellen Maschinen beeinflusst werden, entspricht aber ungefähr einem Server mit einem CPU-Kern mit 2 GHz und 3GB RAM.

Für die Benchmarks wurde die Zeitspanne der Kontextualisierung eines kontinuierlich wachsenden Zustandsgraphen gemessen. Die erste Kontextualisierung wurde mit einem Zustandsgraphen mit 492 Knoten und 1808 Kanten (dies entspricht in ConDoR Informationen zu Autoren, Kategorien und Tags von 50 Dokumenten) durchgeführt. Die letzte Kontextualisierung wurde mit einem Zustandsgraphen mit 8988 Knoten und 64948 Kanten (dies entspricht Informationen von 1500 gespeicherten Dokumenten) durchgeführt.

Insgesamt wurden für 30 Zustandsgraphen 10 Kontextualisierungen mit verschiedenen Spreading-Activation-Konfigurationen - jeweils zwei bis sechs Spreading-Activation-Iterationen - durchgeführt (vergleiche Tabelle 7.1).

Während des Kontextualisierungsvorgangs wurden alle Kanten für die Propagierung von Aktivierungen genutzt. Die Parameter für den *best case* und *worst case* beim Spreading Activation unterscheiden sich zusätzlich: Beim *best case* darf jeder Knoten nur einmal feuern, jedoch Aktivierungen an Vorgängerknoten, von dem im

[80] Als *VT-x* wird die Hardwareunterstützung für die Virtualisierung auf Intel-x86-Prozessoren bezeichnet.

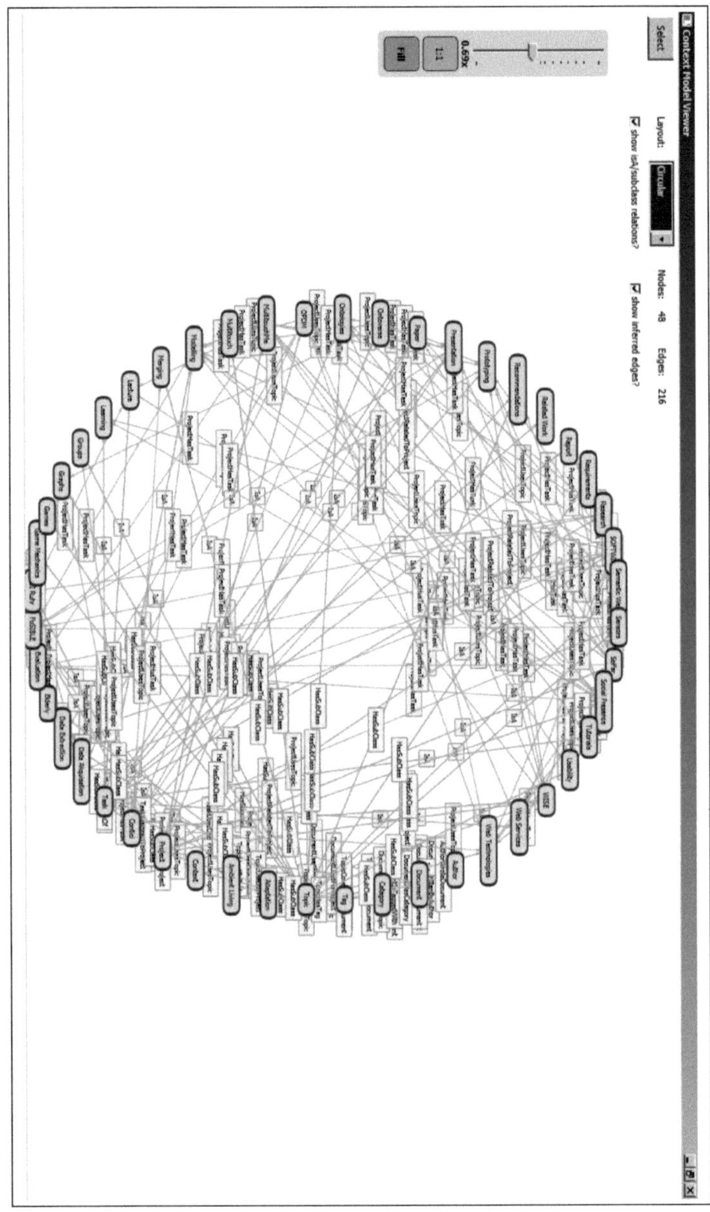

Abbildung 7.19: ConDoR-Benutzerzustandsgraph nach der Initialisierung mit 48 Knoten und 216 Kanten.

Messung	**1**	**2**	**3**	**4**	**5**
Schritte	2	3	4	5	6
Knoten feuern mehrfach	Ja	Ja	Ja	Ja	Ja
Knoten feuern zurück	Nein	Nein	Nein	Nein	Nein
Messung	**6**	**7**	**8**	**9**	**10**
Schritte	2	3	4	5	6
Knoten feuern mehrfach	Nein	Nein	Nein	Nein	Nein
Knoten feuern zurück	Ja	Ja	Ja	Ja	Ja

Tabelle 7.1: Übersicht der Spreading-Activation-Konfigurationen der Kontextualisierungsbenchmarks.

vorherigen Schritt Aktivierungen propagiert wurden, zurückleiten. Beim *worst case* dürfen Knoten beliebig oft feuern, dabei jedoch keine Aktivierungen an Knoten propagieren, von denen sie im vorherigen Schritt Aktivierung erhalten haben.

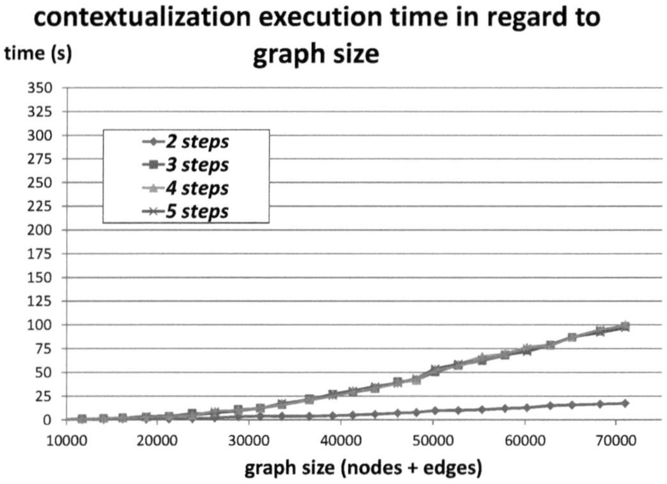

Abbildung 7.20: Mit zunehmender Größe des Zustandsgraphen und zunehmender Anzahl von Iterationen beim Spreading Activation nimmt die für den Kontextualisierungsprozess benötigte Zeit zu: *best case* Spreading Activation Konfiguration erlaubt, dass Knoten nicht mehrfach feuern und Knoten direkt zurückfeuern dürfen.

Abbildungen 7.20 und 7.21 illustrieren den Zeitaufwand der Kontextualisierung des kontinuierlich wachsenden Benutzerzustandsgraphen. Das Ergebnis zeigt deutlich, dass neben der Größe[81] der Zustandsgraphen die Anzahl der Iterationen beim Spreading Activation die Verarbeitungszeit maßgeblich beeinflusst.

[81] Als Größe eines Zustandsgraphen wird hier $AnzahlKnoten + AnzahlKanten$ verwendet.

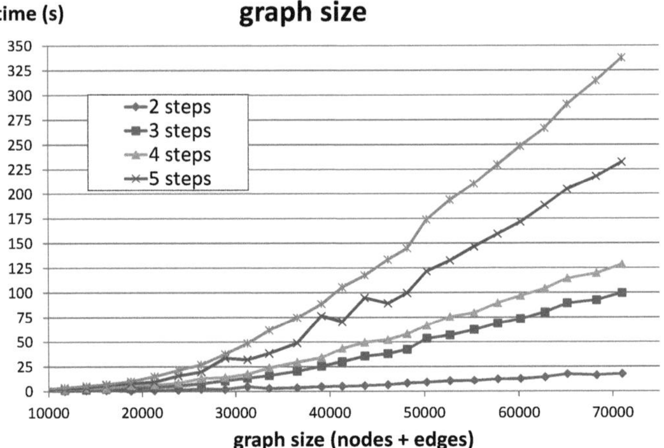

Abbildung 7.21: Mit zunehmender Größe des Zustandsgraphen und zunehmender Anzahl von Iterationen beim Spreading Activation nimmt die für den Kontextualisierungsprozess benötigte Zeit zu: *worst case* Spreading Activation Konfiguration erlaubt, dass Knoten mehrfach feuern; Knoten dürfen aber nicht direkt zurückfeuern.

Die *worst case* Konfiguration der Kontextualisierung weicht mit steigender Größe des Zustandsgraphen immer weiter vom *best case* ab. Die Kontextualisierung zweier Spreading Activation Iterationen unterscheidet sich hingegen kaum. Der Grund liegt hierbei in der starken Limitierung der Reichweite der Aktivierungsausbreitung: Bevor die Überprüfung der bereits genutzten Kanten und Knoten auffallend zeitaufwendig wird, terminiert der Kontextualisierungsprozess. Im schlechtesten Fall benötigt Spreading Activation eine Laufzeit von $O(n^m)$ mit n als Anzahl aller Kanten des Zustandsgraphen und m als Anzahl der Iterationen.

Insgesamt lässt sich feststellen, dass in der Testumgebung Zustandsgraphen bis zu einer Größe von ca. 15000 Knoten und Kanten performant (der Kontextualisierungsvorgang wird in weniger als fünf Sekunden durchgeführt) zu nutzen sind. Größere Zustandsgraphen, wie sie bei der Nutzung in Mehrbenutzersystemen entstehen würden, könnten mit der Zeit nicht mehr performant genutzt werden. Die vorliegende graphbasierte Datenstruktur eignet sich somit nur für kleine Anwendungsszenarien.

Eine Verbesserung der Verarbeitungsgeschwindigkeit des Kontextualisierungsverfahrens kann durch Parallelisierung erfolgen. Üblicherweise werden durch Parallelisierung die Verarbeitungen und Berechnungen auf mehrere Prozessoren oder Systeme verteilt. Für Parallelisierung gibt es jedoch keine Standardlösungen, sondern die tatsächliche Implementierung muss auf Basis der vorliegenden Daten, Anforderungen und Prozesse erfolgen. GroCoS erlaubt die Integration von eigenen Modulen für Gruppenidentifikations- oder Kontextualisierungsverfahren. Diese Module können so implementiert werden, dass die Verarbeitung parallel erfolgt. Die Module müssen Zustandsgraphen verarbeiten oder analysieren. Dies stellt für die Parallelisierung eine besondere Herausforderung dar (siehe auch (Lumsdaine et al., 2007)). Eine Möglichkeit der Parallelisierung des Spreading Activation kann durch paralleles Verarbeiten der einzelnen Schritte erfolgen:

- Verteilung der Ermittlung von feuerbereiten Knoten.
- Berechnung des Aktivierungsflusses ausgehend von feuerbereiten Knoten.
- Berechnung der neuen Knotenaktivierungen.

Hierbei werden die zu untersuchenden oder zu berechnenden Daten aufgeteilt, verarbeitet und die Einzelergebnisse der parallelen Verarbeitung anschließend wieder miteinander vereint. Nachteil dieser parallelen Verarbeitung ist, dass durch eine beliebige Aufteilung der Ausgangsdaten der Berechnungen (Knoten, Kanten, Aktivierungen, etc.) nicht sichergestellt werden kann, dass die Parallelisierung optimal erfolgt. Im Worst-case-Szenario kann es dazu führen, dass bereits alle Untermengen - bis auf eine - fertig berechnet sind und nur noch auf das letzte, aufwändige Ergebnis gewartet werden muss, bis das Gesamtergebnis feststeht. Erst dann kann der nächste Verarbeitungsschritt des Spreading Activation durchgeführt werden.

Eine Parallelisierung ist nur dann sinnvoll, wenn die Verarbeitung beschleunigt werden kann. Das Aufteilen der Ausgangsdaten und das anschließende Zusammenführen der Einzelergebnisse kann für kleine Datenmengen aufwändiger und somit rechenintensiver sein als eine nicht-parallelisierte Verarbeitung. Dies ist insbesondere dann der Fall, wenn aufwändige Verfahren für eine möglichst optimale Aufteilung der Ausgangsdaten verwandt werden. Ein Beispiel für ein aufwändiges Verfahren wäre die Aufteilung des Zustandsgraphen in Subgraphen mit einem Radius von $\varsigma \in \mathbb{N}^+$ mit ς als Anzahl der maximalen Schritte des Spreading Activation Algorithmus um alle anfänglich feuerbereiten Knoten. Für jeden Subgraphen kann der Spreading Activation Algorithmus parallel durchgeführt werden. Für Zustandsgraphen mit einem hohen Verknüpfungsgrad ist dieser Ansatz aufgrund des wechselseitigen Aktivierungszuflusses nicht geeignet. Grundsätzlich ist eine Parallelisierung möglich, jedoch sollte für die jeweilige Anwendungsdomäne die ermittelten Strukturen der Zustandsgraphen und für jede Anwendung individuelle Parallelisierungsmöglichkeiten ermittelt und implementiert werden.

Bei der Kontextualisierung steigt neben der Laufzeit auch der Speicherbedarf der Zustandsgraphen an. Abbildung 7.22 zeigt exemplarisch den Speicherbedarf der getesteten Benutzerzustandsgraphen in ConDoR ab der Initialisierung über den gesamten Nutzungszeitraum: Der Speicherbedarf wächst linear mit der Größe des Zustandsgraphens. Der Speicherbedarf liegt für ungefähr 25000 Knoten und Kanten bei etwa 60 MB[82]. Ein Server mit ca. 40 GB RAM ist somit in der Lage, hunderte von Benutzerzustandsgraphen (in der Größenordnung von 50.000 Kanten und Knoten) zu verarbeiten.

Das vorgestellte GroCoS-Framework ist grundsätzlich skalier- und parallelisierbar. Die vorliegende Implementationen stellen jedoch nur exemplarische Prototypen dar,

[82] Zusätzlich abgebildete Knotenattribute können zu einer Erhöhung des Speicherbedarfs führen.

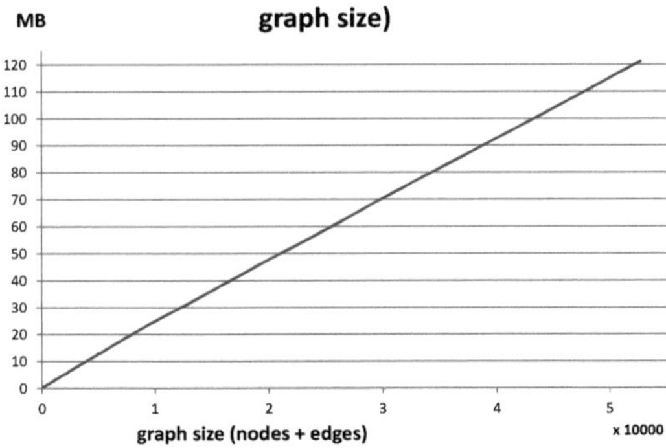

Abbildung 7.22: Speicherbedarf von Zustandsgraphen mit zunehmender Größe.

die weder große Datenmengen noch aufwändige Berechnungen in sehr großen Zustandsgraphen durchführen.

7.5 Zusammenfassung

Die in diesem Kapitel vorgestellten prototypischen Anwendungen verifizieren die Nutzbarkeit und Erweiterbarkeit des GroCoS-Frameworks. ConDoR konzentriert sich auf eine kleine Anzahl von situationsbeschreibenden Faktoren (Projekte und Aufgaben) für die Ermittlung kontextuell relevanter Dokumente für einen einzelnen Benutzer. Zusätzlich ermöglicht ConDoR die Generierung von Dokumentenvorschlägen für eine vom Benutzer definierte Personengruppe und die Ermittlung von relevanten Dokumenten, die einen Benutzer durch zusätzliches Wissen in der Situation, in der er sich befindet, unterstützt. ConDoR zeigt mit dem vorgestellten Anwendungsszenario, dass der Kontext durch eine kleine Zahl von Situationsbeschreibungen und durch die Selektion des Fokus beeinflusst wird. Ebenso zeigt die Anwendung, dass situationsbeschreibende Einflüsse nicht auf gängige Faktoren wie Zeit oder Lokalisation beschränkt sind (vergleiche Kontextdefinitionen im Kapitel 2.1).

Die Arbeiten von (Gomez Schmalzl, 2012) und (Tatarinov, 2011) zeigen, dass die Systemumgebung leicht um weitere Module und Komponenten erweitert werden kann. (Gomez Schmalzl, 2012) stellt in seiner Arbeit vier weitere Gruppenidentifikationsverfahren (vergleiche Kapitel 7.2.1) vor, die für die Generierung von gruppenkontextabhängigen Dokumentenempfehlungen genutzt werden. Dieser Anwendungsprototyp wurde nicht als ein vollwertiges Dokumentenverwaltungs- und -empfehlungssystem entwickelt, sondern stellt nur einen Prototypen für eine Evaluationsstudie dar. (Gomez Schmalzl, 2012) untersucht im Rahmen einer kurzen Evaluation, welche der von ihm neu entwickelten Gruppenidentifikationsverfahren von den Studienteilnehmern für vordefinierte Szenarien als hilfreiche angesehen werden. Hierbei zeigt sich, dass die Studienteilnehmer die Gruppen, die auf Basis des ermittelten Kontexts gebildet werden, gegenüber Gruppen, die auf Basis der Situation gebildet werden, als für das Szenario hilfreich identifiziert wurden. Die in (Gomez Schmalzl, 2012) genutzten Gruppenidentifikationsverfahren wurden von den Studienteilnehmern als nicht performant angesehen, da die Ermittlung der Gruppenzusammenstellung für 22 Benutzerzustandsgraphen durchschnittlich ca. 30 Sekunden benötigte. Einzig das Gruppenidentifikationsverfahren nach Kontextualisierung wurde von den Probanden hinsichtlich der Verarbeitungsgeschwindigkeit als annehmbar empfunden. Die Ergebnisse sind jedoch aufgrund der geringen Probandenzahl (nur 22 Probanden nahmen an dieser Studie teil) nicht repräsentativ und müssten durch weitere Studien verifiziert werden.

(Tatarinov, 2011) zeigt, dass die Komponenten der vorgestellten GroCoS-Systemumgebung für gruppenkontextbasierte Restaurantempfehlungen genutzt und um meta-adaptive Komponenten erweitert werden können. Der Prototyp von (Tatarinov, 2011) ermöglicht die dynamische Wahl von Mergingstrategien in Abhängigkeit der situationsbeschreibenden Konzepte. Dies geschieht mithilfe eines erlernten Klassifikationssystems. Das Ziel dieser Adaptionen ist, dass die Qualität von gruppenkontextbasierten Empfehlungen verbessert werden, da bisherige Ansätze soziale Faktoren beim Gruppenmerging nicht mit einbeziehen. Eine Evaluation der Auswirkungen der dynamischen Wahl der Mergingstrategien auf die Benutzerakzeptanz der Empfehlungen fand jedoch nicht statt.

Zusammenfassend lässt sich feststellen, dass sich die im Kapitel 6 vorgestellte Systemarchitektur für kontextbasierte Anwendungen für unterschiedliche Anwendungsszenarien anpassen lässt. Mithilfe der Systemarchitektur lassen sich sowohl kontextbasierte Anwendungen für einzelne Benutzer wie auch für Benutzergruppen implementieren. Die Systemumgebung ermöglicht die Identifikation von Benutzergruppen und das Merging von Benutzerzustandsgraphen zu Gruppenzustandsgraphen, um so eine dynamische Ermittlung des Gruppenkontexts zu ermöglichen. Zusätzlich lässt sich die Systemarchitektur durch ihren modularen Aufbau leicht um neue Komponenten erweitern.

Die Performance einer GroCoS-Anwendung unterstützt eine performante Generierung von Kontexten[83]. Die Performance ist jedoch maßgeblich von der Größe der verwandten Zustandsgraphen und des Kontextualisierungsverfahrens abhängig. Für kleine Anwendungsszenarien, wie die in diesem Kapitel vorgestellten prototypischen Anwendungen mit Zustandsgraphen bis ca. 15.000 Knoten und Kanten, lassen sich die Zustandsgraphen performant[84] kontextualisieren. Größere Zustandsgraphen erfordern eine leistungsstarke Serverarchitektur, um parallele Zugriffe und Kontextualisierungen zu ermöglichen. Komplexe Kontextualisierungsverfahren, wie beispielsweise Spreading Activation über mehr als zehn Schritte, beeinflussen zusätzlich die Performance des Kontextualisierungsvorgangs.

Weitere Schwächen in der Performance liegen bei der Wahl der Mergingverfahren und der Gruppenidentifikationsverfahren. Während das Merging für einfache Verfahren (beispielsweise *least misery merging*, vergleiche Kapitel 3.10.4) nur linearen Aufwand verursacht, können komplexe Mergingverfahren (wie in (Gomez Schmalzl, 2012)) zu erheblichen Performanceeinbußen führen. Die Identifikation von Gruppen auf Basis von Zustandsgraphen ist in der vorliegenden Implementation so kom-

[83] Diese Aussage gilt nur für das verwendete Testsystem in einer virtuellen Umgebung.
[84] In diesem Fall ist der Begriff *performant* mit *in annähernd Echtzeit* gleichzusetzen.

plex, dass sie aufgrund der Laufzeit für ein in Echtzeit arbeitendes System nicht zu empfehlen ist. Eine Abhilfe können hier Parallelisierungsverfahren schaffen, die Berechnungs- oder Analyseschritte auf mehrere Prozesse oder Systeme verteilen.

Grundsätzlich kann das GroCoS-Framework und GroCoS-Anwendungen aufgrund ihres modularen und servicebasierten Aufbaus für große Datenmengen und aufwändige Kontextualisierungs- oder Gruppenidentifikationsverfahren so implementiert werden, dass eine hohe Skalierbarkeit und rasche Verarbeitung durch Parallelisierung unterstützt werden kann.

8 Zusammenfassung, Diskussion und Ausblick

In diesem Kapitel werden die Ergebnisse dieser Dissertation zusammengefasst, diskutiert und mögliche neue Forschungsfragen aufgezeigt, die sich durch die vorgestellten Konzepte ergeben.

8.1 Diskussion

Das GroCoS-Framework wird in drei exemplarischen Anwendungen verwendet. Diese drei Anwendungen stellen jeweils nur kleine, überschaubare Anwendungsfälle dar. Dies zeigt die Anwendbarkeit des GroCoS-Frameworks für (gruppen-) kontextbasierte Anwendungen. Ein Nachteil der vorgestellten Prototypen ist jedoch, dass Studien, sofern welche durchgeführt wurden, nur sehr kleine Benutzerzahlen verwenden, so dass die Ergebnisse der jeweiligen Evaluationen nicht aussagekräftig genug und nicht belastbar sind. Größere Studien mit vielen unterschiedlichen Anwendungsdomänen und vielen Benutzern sind erforderlich, um schließlich den Nachweis des Nutzens von Gruppenkontexten zu erbringen.

Offen bleiben die Fragen, wie groß die Graphen werden können und wie schnell die Kontextualisierung möglich ist. Die in den vorgestellen Prototypen erstellten Zustandsgraphen stellen nur kleine, sehr spezialisierte und begrenzte Anwendungsfälle dar. Dementsprechend kann die Größe der Zustandsgraphen im Vergleich zu großen Anwendungen - beispielsweise bei unternehmensweiten CSCW-Systemen - als eher klein erachtet werden. Ebenso wurde bisher nur Spreading Activation als Kontextualisierungstechnik verwendet, dessen Algorithmus durch eine große Anzahl von Parametern begrenzt und optimiert werden kann. Weitere Kontextualisierungstechniken werden nicht diskutiert. Spreading Activation stellt eine einfache Kontextualisierungstechnik dar, die für die vorgestellten Anwendungen gut skaliert. Andere Kontextualisierungstechniken können jedoch komplexer und in ihren Berechnungen aufwändiger sein. Trotzdem kann von einer grundlegenden Skalierbarkeit und Parallelisierbarkeit des GroCoS-Frameworks ausgegangen werden, jedoch muss der Nachweis noch für große Zustandsgraphen und soziale Netzwerke mit vielen Benutzern erbracht werden.

Für einfache gruppenkontextbasierte Anwendungen ist es jedoch fraglich, ob große Netzwerke und eine große Menge von Zustandsgraphen miteinander verrechnet werden müssen. Es ist zu vermuten, dass nicht beliebig große Gruppen adaptiert werden müssen, sondern GroCoS-Anwendungen eher für kleinere Gruppenkonstellationen geeignet sind. Diese Aussage wird von den vorgestellten prototypischen Anwendungen unterstützt. Die exemplarischen Anwendungen zeigen, dass der Gruppenkontext für die vorgestellten Anwendungsszenarien sinnvoll angewandt werden kann. Es ist jedoch schwierig, geeignete Anwendungsdomänen zu identifizieren, da in den meisten Fällen nur kontextuell relevante Informationen pro Benutzer benötigt werden.

Für eine kontextbasierte CSCW-Anwendung bedeutet dies, dass der einzelne Benutzer eine Adaption an seine individuellen Bedürfnisse bevorzugt, statt einer Anpassung an die jeweilige Gruppe von Personen, mit der der einzelne Benutzer zusammenarbeitet. Die gruppenspezifischen Anpassungen auf Basis des Gruppenkontexts sind oftmals eher dazu geeignet, Meta-Adaptionen vom jeweiligen System zu unterstützen. Bezogen auf das CSCW-Beispiel bedeutet dies, dass eine gruppenkontextbasierte Anpassung eher für CSCW-Aspekte - wie gemeinsame Kommunikationsmedien, Dokumentenaustausch oder andere Funktionalitäten -geeignet ist, die Absprachen zwischen Benutzern erfordern und in Interaktionsregeln resultieren.

Gruppenkontext eignet sich jedoch auch für situationsbezogene Kaltstartprobleme in kontextbasierten Systemen. In diesen Fällen können ermittelte Gruppenkontexte dabei helfen, dass eine Person für eine neue Situation - die sich stark von bisher erfassten und unterstützten Situationen unterscheidet - bessere Kontexte und somit passendere Adaptionen zur Verfügung gestellt bekommt.

Einige Aspekte der in dieser Arbeit vorgestellten GroCoS-Systemumgebung wurden vereinfacht und vorausgesetzt: Sensoren erfassen Informationen und bilden sie auf Zustandsgraphen ab, Gruppen werden identifiziert und Aktivitäten werden detektiert. Diese Aspekte des Kontextermittlungsvorgangs können zwar durch beschriebene Vorgehensweisen durchgeführt werden, jedoch ist es nicht klar, in welchen Situationen und zu welchen Anwendungsdomänen welche der vorgestellten Verfahren geeignet sind - und welche nicht. Aus diesem Grund müssen weitere Anwendungen für unterschiedliche Anwendungsdomänen entwickelt und evaluiert werden, um zunächst die Anwendbarkeit der vorgestellten Konzepte, dann die Best-Practices für automatisierte Informationsermittlung und -abbildung für die jeweiligen Anwendungsdomänen und dann der tatsächliche Nutzen des ermittelten Kontexts feststellen zu können.

Ein weiterer Aspekt, der vorausgesetzt wird, ist die Ermittlung von statischen und situativen Präferenzen. Im Rahmen dieser Arbeit wird zwar beschrieben, dass das System die Gewichtungen und Interessenwerte im Zustandsgraphen abbilden, erlernen und lesen kann, jedoch ist der jeweilige Prozess derzeit nicht genauer spezifiziert. Denkbar sind hierbei unterschiedliche, mitunter sehr komplexe Verfahren (beispielsweise Klassifikationssysteme). Es ist fraglich, ob ein Erlernen und Abbilden im gleichen Umfang generalisiert werden kann, wie die Ermittlung von Kontext mithilfe von Zustandsgraphen. Es ist davon auszugehen, dass die Verfahren für die jeweilige Anwendungsdomäne angepasst werden müssen.

Situative Präferenzen stellen komplexe Bedingungen dar, die vom Benutzer in der Regel nicht durch einfaches Feedback (beispielsweise durch Klicken auf "Like") abgebildet werden können. Dies stellt neue Anforderungen an Sensoren und Sensordienste, die stetig die Benutzer überwachen und ihre Aktionen auswerten müssen. Diese Mechanismen würden auf Verfahren - bekannt aus dem Forschungsbereich des Machine Learnings - basieren und sind grundsätzlich fehleranfällig. Die gewonnenen

Informationen müssen auf Basis des Feedbacks (explizit oder implizit) des Benutzers stetig aktualisiert werden und müssen gegebenenfalls als falsch verworfen werden. Eine genauere Betrachtung von Lernmechanismen wird im Rahmen dieser Arbeit nicht präsentiert und muss ebenfalls für unterschiedliche Anwendungsdomänen untersucht werden.

Die Abbildung von Benutzerprofilen auf Zustandsgraphen wird ebenfalls nicht detailliert beschrieben. Benutzerprofile können in unterschiedlichsten Datenstrukturen vorliegen, und es müssen für die Datenstrukturen Mechanismen spezifiziert werden, die die im Profil enthaltenen Daten korrekt auf den Zustandsgraphen abbilden und die im Zustandsgraphen abgebildeten Informationen stetig aktuell halten. Dies kann beispielsweise mithilfe von für diesen Zweck implementierten Sensordiensten erfolgen. Der Einfachheit halber wird im Rahmen dieser Arbeit davon ausgegangen, dass kontextkonsumierende Anwendungen selbsttätig die Informationen in den Zustandsgraphen abbilden und auswerten. Zu diesem Zweck müssen am Kontextserver Schnittstellen vorhanden sein, die Zugriff auf Präferenzen, Editieren von Präferenzen und das Entfernen von Präferenzen erlauben. Ebenso müssen Sensor-Dienste auf die Anwendungsdomäne und das Domänenmodell zugeschnitten werden. Dies bedeutet, dass für jede GroCoS-Systemumgebung und für jede kontextbasierte Anwendung eigene Sensoren implementiert werden müssen. Eine Wiederverwendung von bestehenden Sensor-Diensten ist nur dann möglich, wenn die Domänenmodelle zueinander so ähnlich sind, dass die Sensor-Dienste das Ziel ihrer Datenabbildung eindeutig identifizieren können.

In dieser Arbeit wird nicht thematisiert, wie der ermittelte Kontext von kontextkonsumierenden Anwendungen für Adaptionszwecke verwendet werden kann. Es werden zwar einfache Wenn-Dann-Regeln vorgeschlagen - d.h., wenn etwas Teil vom Kontext ist, dann führe folgende Aktionen X und Y aus -, jedoch sind diese einfachen Regeln oft nicht ausreichend. Wenn mehrere Konzepte Teil des Kontexts sind und unterschiedliche Adaptionsregeln ausgeführt werden müssen, dann können diese sich widersprechen oder gegenseitig beeinflussen: Wenn Sonne, dann Bademoden. Wenn Regen, dann Regenkleidung. Diese Regeln lassen sich zwar für ein Empfehlungssystem vergleichsweise einfach auflösen (einfach beide Varianten anzeigen). Wenn jedoch Sonne und Regen bei einem Cabrio für die Steuerung des Verdecks genutzt werden sollen, dann müssen die Regeln mit unterschiedlichen Prioritäten ausgewertet werden, da bei Regen nie das Verdeck geöffnet werden darf. Bei noch komplexeren Kombinationen und bei Einbeziehung von Aktivierungen nach dem Kontextualisierungsvorgang kann ein einfaches System nicht mehr garantieren, dass sinnvolle Adaptionen ausgeführt werden. Mögliche Schwierigkeiten und Auswirkungen auf den Adaptionsmechanismus werden im Rahmen dieser Arbeit nicht betrachtet und diskutiert. Diese müssen in Folgestudien exemplarisch untersucht werden.

Im Gegensatz zu den aufgezeigten Nachteilen und offenen Fragen, die sich durch Konzepte dieser Arbeit ergeben, bietet die neue Kontextdefinition ein Kontextverständnis, welches subjektive Einflüsse mit einbezieht und somit näher am menschlichen Verständnis von Kontext liegt als bisherige Kontextdefinitionen in der Informatik. Das vorgestellte formale Kontextmodell definiert einen eindeutigen Prozess, um für eine Situation kontextuell relevante Informationen zu ermitteln. Das Kontextmodell ist flexibel und ermöglicht die Verwendung des Modells für unterschiedliche Anwendungsdomänen, beliebig komplexe semantische Domänenmodelle und unterschiedliche Datenrepräsentationen für Situationsbeschreibungen und Relationen zwischen im Domänenmodell abgebildeten Konzepten. Das vorgestellte Kontextverständnis und das formale Kontextmodell werden durch das GroCoS-Framework abgebildet und bieten die Möglichkeit, sowohl einzelne kontextbasierte Anwendungen wie auch komplexe Zusammenhänge zwischen kontextbasierten Anwendungen abzubilden und mit Kontext zu unterstützen. Zusätzlich unterstützt das GroCoS-Framework die Ermittlung von Einzelbenutzerkontexten wie auch von Gruppenkontexten.

Der modulare Aufbau des GroCoS-Frameworks ermöglicht zudem, dass einzelne Module ausgetauscht, verändert oder erweitert werden können. Dies macht das Framework sehr flexibel und unterstreicht die Anwendbarkeit des Frameworks für zahlreiche Anwendungsfälle. Der modulare Aufbau unterstützt die Anwendung von zahlreichen unterschiedlichen Verfahren für Kontextualisierung und Gruppenidentifikation. Dies ermöglicht eine weitgehende Anpassung der Systemumgebung an die Anforderungen der Anwendungsdomäne.

8.2 Ausblick und zukünftige Forschungsfragen

In dieser Dissertation wurde ein neuer Kontextbegriff eingeführt und ein Verfahren zur Ermittlung von Gruppenkontexten vorgestellt. Zusätzlich wurden ein Framework und exemplarische gruppenkontextbasierte Anwendungen vorgestellt. Auf Basis der vorgestellten Konzepte und Verfahren lassen sich zusätzlich zu den im Kapitel 8.1 bereits erwähnten offenen Fragen weitere Forschungsfragen ableiten.

Wie können gruppenkontextbasierte Anwendungen evaluiert werden?

Bisherige Evaluationsansätze von kontextbasierten Anwendungen sind häufig an allgemeinen Usability-Kriterien orientiert: Wenn der Benutzer die kontextbasierte Anwendung hilfreicher empfindet als andere nicht-kontextbasierte Anwendungen, dann ist die kontextbasierte Anwendung „besser“. Dieses Konzept lässt sich nicht direkt auf gruppenkontextbasierte Anwendungen übertragen. Für die Evaluation einer gruppenkontextbasierten Anwendung ist es erforderlich, dass alle Faktoren, die in die Gruppenkontexte einfließen, nachvollziehbar sind. Zum Zeitpunkt einer Gruppenkontextermittlung muss für jeden Benutzer die Situation, Wissensbasis, Regeln, Assoziationen und Fokus vorliegen. Zusätzlich müssen soziale Einflüsse in einer Gruppe berücksichtigt werden: Es kann vorkommen, dass in einer kollaborativen oder kooperativen Situation einzelne Gruppenmitglieder nicht miteinander, sondern gegeneinander arbeiten. Dies hat Auswirkungen auf abgegebene Bewertungen in einer Evaluation und können eine Anpassung von Gruppenidentifikations- und Zustandsmergingfunktionen erforderlich machen.

Für eine erfolgreiche Evaluation von gruppenkontextbasierten Anwendungen muss zunächst ein Maß gefunden werden, das den Nutzen für eine soziale Gruppe definiert. Anschließend müssen Evaluationsmethoden entwickelt werden, die soziale Wechselwirkungen in einer Gruppe mit einbeziehen. Dies kann beispielsweise durch geeignete Regeln für die Gruppenbildung, angepasste Evaluationsfragebögen oder durch die Erfassung von sozialen Faktoren und die anschließende Bewertung der sozialen Einheit (Gruppe) durch geeignete Metriken erfolgen.

Gruppenidentifikationsverfahren

Zustandsgraphen bieten durch ihre Struktur eine Reihe von Attributen, die für Gruppenidentifikationsverfahren potentiell relevant sein können. Durch Kombination von unterschiedlichen Mergingfunktionen für die Generierung eines Gruppenzustandsgraphen (vergleiche auch Kapitel 3.9 und 3.10) können für spezielle Anwendungsfälle gezielt Gruppen identifiziert werden.

Mögliche Anwendungsfälle für solche Gruppenidentifikationsverfahren könnten beispielsweise sein:

- Detektion von trainingsrelevanten Daten (Zustandsgraphen) für Klassifikatoren oder neuronale Netze oder
- Analyse großer Datenbestände im Rahmen von Datamining (in einer Situation: „Wo liegt der jeweilige Fokus der Benutzer?“).

Erweiterung der Systemumgebung um Meta-Adaptionen

Im Rahmen von (Tatarinov, 2011) wurde bereits gezeigt, dass das GroCoS-Framework (vergleiche Kapitel 6) um weitere meta-adaptive Komponenten erweitert werden kann. Neben dem vorgestellten Erlernen von situativen und sozialen Faktoren, die die Wahl von Mergingstrategien beeinflussen, könnten auch andere Komponenten des Frameworks dynamisch adaptiert werden. Hierbei bieten sich insbesondere Sensor-Dienste und Kontextualisierungsprozesse an.

Eine dynamische Wahl von Sensor-Diensten ermöglicht die Reduzierung der Datenmengen, die im Zustandsgraphen aktualisiert werden müssen. Jedoch kann ein weitgehender Verzicht auf nicht-relevante Daten für eine Situation dazu führen, dass Assoziationen und andere indirekte Einflüsse nicht oder falsch in das Ergebnis einbezogen werden, da die Daten bereits veraltet sein können. Es bleibt zu klären, ob und in welchen Anwendungsfällen und in welchem Umfang eine Meta-Adaption der Sensor-Dienste solche Auswirkungen zeigt. Eine meta-adaptive Wahl des Kontextualisierungsverfahrens ermöglicht den Wechsel von einfachen hin zu komplexeren Verfahren oder vice versa. Dies kann dann hilfreich sein, wenn multiple (gruppen-)kontextbasierte Anwendungen in einer Systemumgebung gleichzeitig arbeiten.

Erweiterung von Zustandsgraphen um Regeln mit multiplen Konditionen

Zustandsgraphen können mit situativen Kanten einfache Wenn-Dann-Regeln für situative Präferenzen abbilden. Wenn eine situative Präferenz jedoch von mehreren Einflüssen abhängig ist, dann reicht ein einfacher gerichteter Graph nicht aus. Wenn beispielsweise die Aussage *„Wenn Alice in Berlin ist und das Wetter sonnig ist, dann geht sie in den Biergarten.“* abgebildet werden soll, ist es nicht ausreichend, diese in einzelne Aussagen (*„Wenn Alice in Berlin ist, dann geht sie in den Biergarten.“* und *„Wenn das Wetter sonnig ist, dann geht Alice in den Biergarten.“*) zu zerlegen. Jede dieser einfachen Aussagen stellt nur einen Teilaspekt der vorherigen Aussage dar, und der konditionale Zusammenhang geht verloren.

Eine Abbildung der doppelten Abhängigkeit aus dem vorherigen Beispiel lässt sich durch eine Veränderung des Zustandsgraphen erreichen, indem statt gerichteter Kanten Hyperkanten verwendet werden. Bei Hyperkanten können mehrere Knoten als Ausgangs- und als Zielknoten verwendet werden. Zusätzlich müssen Kontextualisierungsverfahren angepasst werden: Für beispielsweise Spreading Activation bedeutet dies, dass eine Aktivierung nur dann über eine Hyperkante propagiert werden kann, wenn alle Ausgangsknoten gleichzeitig feuerbereit sind.

8.3 Zusammenfassung und Fazit

Die meisten bisherigen kontextbasierte Anwendungen verwenden als Kontextinformationen nur die Informationen, die in einer Situation von Sensoren erfasst werden können. Eine weitergehende Interpretation der Sensorinformationen findet nur in wenigen Anwendungen statt. Assoziationen, die ermöglichen, dass Aspekte berücksichtigt werden, die nicht direkt observiert werden können, aber dennoch indirekt mit der Situation in Beziehung stehen, werden in der Regel von Anwendungen für den Kontextermittlungsprozess nicht mit einbezogen. Zusätzlich beschränken sich die meisten kontextbasierten Anwendungen auf die Verwendung von wenigen situationsbeschreibenden Informationen wie Zeit, Ort, Gerätekonfiguration oder Geräte und Personen in der unmittelbaren Umgebung des Benutzers.

Aus diesem Grund wurde im Kapitel 3.1 eine neue Kontextdefinition vorgestellt. Diese Kontextdefinition integriert Assoziationen. Zusätzlich hebt diese Kontextdefinition die Wichtigkeit eines Fokus auf eine Situation hervor. Basierend auf dieser Kontextdefinition wurden Anforderungen an ein Kontextmodell erhoben (vergleiche Kapitel 3.2). Dieses Kontextmodell muss in der Lage sein, sowohl den Kontext einzelner Benutzer wie auch den Kontext von Benutzergruppen zu repräsentieren. Zusätzlich müssen in diesem Kontextmodell semantische Repräsentationen der Anwendungsdomäne und Assoziationen integriert werden.

Auf Basis dieser Kontextdefinition wurden Anforderungen an ein Kontextmodell erhoben, welches nicht nur den Kontext einzelner Personen repräsentiert, sondern auch für die Repräsentation von Gruppenkontexten genutzt werden kann (Kapitel 3.2). Die formale Definition des Kontextmodells, welches die zuvor genannten Anforderungen erfüllt, erfolgte im Kapitel 3.3: Ausgehend von einem gerichteten Graphen wurde zunächst ein semantischer Graph zwecks Abbildung des Domänenmodells definitiert, um dann anschließend den Zustandsgraphen als Repräsentant des Kontextmodells zu definieren. Es erfolgte zusätzlich eine Klassifizierung möglicher Kontextmodelle in Klassen (Kapitel 3.4) und Typen (Kapitel 3.5). Das graphbasierte Kontextmodell ist allein durch die Integration vieler verschiedener Informationsquellen - wie Benutzerprofile, Assoziationen, Regeln und Situationsinformationen aus Sensoren - zu komplex, um direkt relevante Kontextinformationen daraus abzulesen. Aus diesem Grund wurde im Kapitel 3.6 ein Kontextualisierungsprozess eingeführt, der die Menge aller im Kontextmodell enthaltenen Informationen auf jene reduziert, die für eine Situation kontextuell relevant sind.

Im Kapitel 3.8 wurde eine Repräsentation des Kontextmodells vorgestellt, die es erlaubt, auf Basis eines Kontextmodells für die Gruppe einen personalisierten Zustandsgraphen für einen einzelnen Benutzer abzuleiten. Zu diesem Zweck wurde das Konzept von personalisierten Sichten eingeführt. Ebenso ist es möglich, aus Benutzerzustandsgraphen einen gemeinsamen Gruppenzustandsgraphen abzuleiten. Der Algorithmus für diese Ableitung wurde im Kapitel 3.9 vorgestellt. Für diese Ableitung werden Mergingfunktionen (vergleiche Kapitel 3.10) benötigt, die die Verrechnung von Kantengewichten und Aktivierungen im Zustandsgraphen ermöglichen.

Da es im Laufe von Gruppenarbeiten häufig dazu kommen kann, dass sich die Gruppenzusammensetzung verändert, muss es möglich sein, auf Basis der vorliegenden individuellen Kontextmodelle ein Gruppenmodell abzuleiten. Ein Ansatz für Gruppenidentifikationsverfahren findet sich in der Social Network Analysis (Kapitel 4.3), die auf Basis eines Personennetzwerks Gruppen identifiziert. Damit das Kontextmodell Personen repräsentieren kann, wurden zunächst im Kapitel 3.7 Zustandsgraphen mit Personenrepräsentationen vorgestellt. Danach wurde ein Verfahren vorgestellt, um Zustandsgraphen mit Personenrepräsentationen in ein soziales Netzwerk zu transformieren. Auf Basis dieses sozialen Netzwerks lassen sich Gruppenidentifikationsverfahren (vergleiche Kapitel 4.4 - 4.6) anwenden. Im Rahmen dieser Arbeit wurden drei Ansätze für die Identifikation von Gruppen auf Basis von Zustandsgraphen vorgestellt: die Identifikation von Gruppen auf Basis struktureller Ähnlichkeiten zwischen Zustandsgraphen (Kapitel 4.4), Identifikation von homogenen Gruppen (Kapitel 4.5) und die Identifikation von heterogenen Gruppen, die für einen Benutzer in einer Situation einen Wissensmehrwert bieten (Kapitel 4.6).

Nach dem formalen Teil dieser Dissertation wurde das Konzept einer gruppenkontextbasierten Systemumgebung im Kapitel 5.1 vorgestellt. Zu diesem Zweck wurden Anforderungen an die Systemumgebung erhoben: Ein zentraler Kontextserver (Kapitel 5.3) verwaltet und bietet Zugriff auf Zustandsgraphen, die in einer Datenbank gespeichert werden (Kapitel 5.2). Der Kontextserver besteht aus mehreren Service-Komponenten, die eine Benutzerverwaltung, Kontextualisierung und die Identifikation von Gruppen ermöglichen. Im Kapitel 5.4 wurden Anforderungen an Sensoren definiert, die für die Detektion von Situationsinformationen und die Transformation in Konzepte der Anwendungsdomäne verantwortlich sind. Zuletzt wurden Anforderungen, die an das semantische Domänenmodell (Kapitel 5.5) und an kontextbasierte Anwendungen (Kapitel 5.6) gestellt werden müssen, diskutiert.

Im Kapitel 6 erfolgte die Vorstellung des GroCoS-Frameworks für die Ermittlung von (Gruppen-) Kontexten. Im Rahmen dieser Vorstellungen wurden Implementationsdetails des Kontextservers im Kapitel 6.1 und Implementationsdetails von Sensor-Diensten im Kapitel 6.2 vorgestellt. Zusätzlich wurde die vorgesehene Schnittstelle für kontextbasierte Anwendungen spezifiziert (Kapitel 6.3).

Zur Verifikation des vorgestellten Frameworks wurden im Kapitel 7 drei exemplarische Anwendungen vorgestellt, die (Gruppen-)Kontexte ermitteln und für Adaptionszwecke verwenden können. Im Kapitel 7.1 wurde eine kontextbasierte Anwendung für Dokumentenempfehlungen bei Recherchetätigkeiten vorgestellt. Diese Anwendung erlaubt sowohl die Generierung von Empfehlungen auf Basis von Benutzergruppen wie auch auf Basis individueller Kontexte. Die zweite Anwendung im Kapitel 7.2 erweitert die im Kapitel 4 vorgestellten Gruppenidentifikationsverfahren mit dem Ziel, dass die Empfehlung kontextuell relevanter Dokumente für Gruppen von Benutzern, die gemeinsam Hausaufgaben bearbeiten, verbessert wird. Die letzte Anwendung im Kapitel 7.3 präsentiert ein gruppenkontextbasiertes Empfehlungssystem für Restaurants. Diese Anwendung erweitert das Framework um ein neuronales Netz als Klassifikator: In Abhängigkeit der Situation und sozialer Faktoren werden vor Empfehlungsgenerierung geeignete Mergingverfahren mithilfe des neuronalen Netzes selektiert.

Zuletzt wurden die Ergebnisse dieser Arbeit diskutiert und ein Ausblick für zukünftige Forschungen gegeben.

Die in dieser Dissertation präsentierten Beiträge zur Forschung lassen sich wie folgt zusammenfassen:

- Definition eines neuen Kontextverständnisses, welches sowohl Fokus wie auch Assoziationen miteinschließt (Kapitel 3.1).
- Definition eines formalen Kontextmodells (als Zustandsgraphen bezeichnet) für die vorgestellte Kontextdefinition (siehe Kapitel 3.3 bis 3.5). Das Kontextmodell ist für die Ermittlung von Gruppenkontexten geeignet.
- Definition eines Kontextualisierungsprozesses (Kapitel 3.6) zur Ermittlung relevanter Kontextinformationen aus Zustandsgraphen.
- Präsentation von Verfahren für:
  - Handhabung von gruppen- und benutzerspezifischen Informationen des Zustandsgraphen durch Sichten (Kapitel 3.8).
  - Merging von Benutzerzustandsgraphen zu Gruppenzustandsgraphen (Kapitel 3.9).
- Diskussion der Anwendbarkeit von Gruppenidentifikationsverfahren aus Social Network Analysis auf Zustandsgraphen (Kapitel 4).
- Vorstellung von spezifischen Gruppenidentifikationsverfahren (Kapitel 4.4 bis 4.6).
- Vorstellung eines Frameworks, das die Ermittlung von (Gruppen-)Kontexten und die Identifikation von Gruppen ermöglicht (Kapitel 5 und 6). Dieses Framework ist modular und erweiterbar.
- Nachweis der Anwendbarkeit der vorgestellten Konzepte und des vorgestellten Frameworks durch Implementation exemplarischer Anwendungen (Kapitel 7).

Literaturverzeichnis

Abowd, G. D., Dey, A. K., Brown, P. J., Davies, N., Smith, M., and Steggles, P. Towards a better understanding of context and context-awareness. In *Proceedings of the 1st international symposium on Handheld and Ubiquitous Computing*, HUC '99, pages 304–307. Springer-Verlag, London, UK, 1999. ISBN 3-540-66550-1.

Ahmed, M., Yamany, S., Mohamed, N., Farag, A., and Moriarty, T. A modified fuzzy c-means algorithm for bias field estimation and segmentation of mri data. *Medical Imaging, IEEE Transactions on*, 21(3):193 –199, 2002. ISSN 0278-0062.

Alba, R. D. A graph-theoretic definition of a sociometric clique. *Journal of Mathematical Sciology*, 3:113–126, 1973.

Amer-Yahia, S., Roy, S. B., Chawlat, A., Das, G., and Yu, C. Group recommendation: semantics and efficiency. *Proc. VLDB Endow.*, 2(1):754–765, 2009. ISSN 2150-8097.

Anderson, J. A spreading activation theory of memory. *Journal of Verbal Learning and Verbal Behavior*, 22:261–295, 1983.

Athanasopoulos, D., Zarras, A. V., Issarny, V., Pitoura, E., and Vassiliadis, P. Cowsami: Interface-aware context gathering in ambient intelligence environments. *Pervasive Mob. Comput.*, 4:360–389, 2008. ISSN 1574-1192.

Avouris, N., Margaritis, M., and Komis, V. Modelling interaction during small-group synchronous problem-solving activities: the synergo approach. In *Proceedings of the Workshop on Designing Computational Models of Collaborative Learning Interaction at the 7th Conference on Intelligent Tutoring Systems (ITS*, pages 13–18. Springer Verlag, 2004.

Baltrunas, L., Makcinskas, T., and Ricci, F. Group recommendations with rank aggregation and collaborative filtering. In *Proceedings of the fourth ACM conference on Recommender systems*, RecSys '10, pages 119–126. ACM, New York, NY, USA, 2010. ISBN 978-1-60558-906-0.

Bardram, J. E. The java context awareness framework (jcaf) - a service infrastructure and programming framework for context-aware applications. In *in Pervasive Computing. 2005: Munchen*, pages 98–115. 2005.

Bardram, J. E. and Hansen, T. R. Context-based workplace awareness. *Computer Supported Cooperative Work*, 19:105–138, 2010. ISSN 0925-9724.

Bezdek, J. C. *Pattern Recognition with Fuzzy Objective Function Algorithms.* Kluwer Academic Publishers, Norwell, MA, USA, 1981. ISBN 0306406713.

Borgatti, S. P., G. Everett, M., and Shirey, P. R. Ls sets, lambda sets and other cohesive subsets. *Social Networks*, 12(4):337 – 357, 1990. ISSN 0378-8733.

Brdiczka, O., Maisonnasse, J., and Reignier, P. Automatic detection of interaction groups. In *Proceedings of the 7th international conference on Multimodal interfaces*, ICMI '05, pages 32–36. ACM, New York, NY, USA, 2005. ISBN 1-59593-028-0.

Brodt, A. and Cipriani, N. Nexusweb - eine kontextbasierte webanwendung im world wide space. In J. C. Freytag, T. Ruf, W. Lehner, and G. Vossen, editors, *Datenbanksysteme in Business, Technologie und Web (BTW 2009), 13. Fachtagung des GI-Fachbereichs „Datenbanken und Informationssysteme" (DBIS)*, volume 144 of *LNI*, pages 588–591. GI, 2009.

Brodt, A. and Stach, C. Mobile ortsbasierte browserspiele. In S. Fischer, E. Maehle, and R. Reischuk, editors, *Informatik 2009: Im Focus das Leben, Beiträge der 39. Jahrestagung der Gesellschaft für Informatik e.V. (GI)*, volume 154 of *LNI*, pages 1902–1913. GI, 2009. ISBN 978-3-88579-248-2.

Brown, P. J. The stick-e document: a framework for creating context-aware applications. In *Proceedings of EP'96, Palo Alto*, pages 259–272. also published in it EP–odd, 1996.

Brown, P. J., Bovey, J. D., and Chen, X. Context-aware applications: from the laboratory to the marketplace. *Personal Communications, IEEE [see also IEEE Wireless Communications]*, 4(5):58–64, 1997.

Buettner, M., Prasad, R., Philipose, M., and Wetherall, D. Recognizing daily activities with rfid-based sensors. In *Proceedings of the 11th international conference on Ubiquitous computing*, Ubicomp '09, pages 51–60. ACM, New York, NY, USA, 2009. ISBN 978-1-60558-431-7.

Bunke, H. On a relation between graph edit distance and maximum common subgraph. *Pattern Recogn. Lett.*, 18:689–694, 1997. ISSN 0167-8655.

Bunke, H. Error correcting graph matching: on the influence of the underlying cost function. *Pattern Analysis and Machine Intelligence, IEEE Transactions on*, 21(9):917 –922, 1999. ISSN 0162-8828.

Chen, H., Finin, T. W., and Joshi, A. Using owl in a pervasive computing broker. In *Proceedings of the Workshop on Ontologies in Agent Systems (OAS 2003) at the 2nd International Joint Conference on Autonomous Agents and Multi-Agent Systems*, pages 9–16. 2003.

Chen, H., Finin, T. W., and Joshi, A. Semantic web in the context broker architecture. In *PerCom*, pages 277–286. IEEE Computer Society, 2004. ISBN 0-7695-2090-1.

Chen, I. Y., Yang, S. J., and Zhang, J. Ubiquitous provision of context aware web services. *Services Computing, IEEE International Conference on*, 0:60–68, 2006.

Chen, P. P.-S. The entity-relationship model - toward a unified view of data. *ACM Trans. Database Syst.*, 1:9–36, 1976. ISSN 0362-5915.

Choi, N., Song, I.-Y., and Han, H. A survey on ontology mapping. *SIGMOD Rec.*, 35(3):34–41, 2006. ISSN 0163-5808.

Collins, A. M. and Loftus, E. F. A spreading-activation theory of semantic processing. *Psychological Review*, 82(6):407 – 428, 1975. ISSN 0033-295X.

Conte, D., Foggia, P., Sansone, C., and Vento, M. Thirty years of graph matching in pattern recognition. *IJPRAI*, 18(3):265–298, 2004.

De Almeida, D. R., De Souza Baptista, C., Da Silva, E. R., Campelo, C. E. C., De Figueiredo, H. F., and Lacerda, Y. A. A context-aware system based on service-oriented architecture. In *Proceedings of the 20th International Conference on Advanced Information Networking and Applications - Volume 01*, AINA '06, pages 205–210. IEEE Computer Society, Washington, DC, USA, 2006. ISBN 0-7695-2466-4-01.

Dey, A. K. Understanding and using context. *Personal Ubiquitous Comput.*, 5:4–7, 2001. ISSN 1617-4909.

Dey, A. K., Hamid, R., Beckmann, C., Li, I., and Hsu, D. a cappella: programming by demonstration of context-aware applications. In *Proceedings of the SIGCHI conference on Human factors in computing systems*, CHI '04, pages 33–40. ACM, New York, NY, USA, 2004. ISBN 1-58113-702-8.

Dey, P., Selvaraj, M., and Lee, B. Robust user context analysis for multimodal interfaces. In *Proceedings of the 13th international conference on multimodal interfaces*, ICMI '11, pages 81–88. ACM, New York, NY, USA, 2011. ISBN 978-1-4503-0641-6.

Dourish, P. What we talk about when we talk about context. *Personal Ubiquitous Comput.*, 8:19–30, 2004. ISSN 1617-4909.

Dragunov, A. N., Dietterich, T. G., Johnsrude, K., McLaughlin, M., Li, L., and Herlocker, J. L. Tasktracer: a desktop environment to support multi-tasking knowledge workers. In *Proceedings of the 10th international conference on Intelligent user interfaces*, IUI '05, pages 75–82. ACM, New York, NY, USA, 2005. ISBN 1-58113-894-6.

Dredze, M., Lau, T., and Kushmerick, N. Automatically classifying emails into activities. In *Proceedings of the 11th international conference on Intelligent user interfaces*, IUI '06, pages 70–77. ACM, New York, NY, USA, 2006. ISBN 1-59593-287-9.

Dunn, J. C. A Fuzzy Relative of the ISODATA Process and Its Use in Detecting Compact Well-Separated Clusters. *Journal of Cybernetics*, 3(3):32–57, 1973.

Durán, J. I., Laitakari, J., Pakkala, D., and Perälä, J. A user meta-model for context-aware recommender systems. In *Proceedings of the 1st International Workshop on Information Heterogeneity and Fusion in Recommender Systems*, HetRec '10, pages 63–66. ACM, New York, NY, USA, 2010. ISBN 978-1-4503-0407-8.

Euzenat, J. and Shvaiko, P. *Ontology matching*. Springer-Verlag, Heidelberg (DE), 2007. ISBN 3-540-49611-4.

Fiedler, M. Algebraic connectivity of graphs. *Czechoslovak Mathematical Journal*, 23(98):298–305, 1973.

Fielding, R. T. *Architectural styles and the design of network-based software architectures.* Ph.D. thesis, University of California, Irvine, 2000.

Freeman, L. Set of Measures of Centrality based on Betweenness. *Sociometry*, 40(1):35–41, 1977.

Fu, Y., Xiang, R., Liu, Y., Zhang, M., and Ma, S. Finding experts using social network analysis. In *Proceedings of the IEEE/WIC/ACM International Conference on Web Intelligence*, WI '07, pages 77–80. IEEE Computer Society, Washington, DC, USA, 2007. ISBN 0-7695-3026-5.

Fuchs, L. Area: a cross-application notification service for groupware. In *Proceedings of the sixth conference on European Conference on Computer Supported Cooperative Work*, ECSCW'99, pages 61–80. Kluwer Academic Publishers, Norwell, MA, USA, 1999. ISBN 0-7923-5948-X.

Gaßner, K. S. *Diskussionen als Szenario zur Ko-Konstruktion von Wissen.* Ph.D. thesis, Universität Duisburg-Essen, 2003. Dissertation.

Ghidini, C. and Giunchiglia, F. Local models semantics, or contextual reasoning = locality + compatibility. *Artificial Intelligence*, 127(2):221–259, 2001.

Girvan, M. and Newman, M. E. J. Community structure in social and biological networks. *Proceedings of the National Academy of Sciences*, 99(12):7821–7826, 2002.

Giunchiglia, F. Contextual reasoning. *Epistemologica, Special Issue on I Linguaggi e le Macchine 16*, pages 345–364, 1993.

Gomez Schmalzl, A. *Dynamische Identifikation von Benutzergruppen für kontextadaptive Empfehlungen.* Diplomarbeit, Universität Duisburg-Essen, 2012.

Goodwin, C. and Duranti, A. *Rethinking Context.* Cambridge University Press, University Press, Cambridge, UK., 1992.

Granitzer, M., Kroll, M., Seifert, C., Rath, A., Weber, N., Dietzel, O., and Lindstaedt, S. Analysis of machine learning techniques for context extraction. In *Digital Information Management, 2008. ICDIM 2008. Third International Conference on*, pages 233 –240. 2008.

Gu, T., Pung, H. K., and Zhang, D. Q. A service-oriented middleware for building context-aware services. *Journal of Network and Computer Applications*, 28:1–18, 2005. ISSN 1084-8045.

Gu, T., Pung, H. K., Zhang, D. Q., Pung, H. K., and Zhang, D. Q. A bayesian approach for dealing with uncertain contexts. In *Proceedings of the Second International Conference on Pervasive Computing*, volume 176, page 2004. Austrian Computer Society, 2004a.

Gu, T., Wang, X. H., Pung, H. K., and Zhang, D. Q. An ontology-based context model in intelligent environments. In *Proceedings of Communication Networks and Distributed Systems Modeling and Simulation Conference*, pages 270–275. 2004b.

Guha, R. and McCarthy, J. Varieties of contexts. In *Proceedings of the 4th international and interdisciplinary conference on Modeling and using context*, CONTEXT'03, pages 164–177. Springer-Verlag, Berlin, Heidelberg, 2003. ISBN 3-540-40380-9.

Haake, J., Hussein, T., Joop, B., Lukosch, S., Veiel, D., and Ziegler, J. Context modeling for adaptive collaboration. *Technische Berichte der Abteilung für Informatik und Angewandte Kognitionswissenschaft*, 2009(2):S. 1–49, 2009. ISSN 1863-8554.

Haake, J. M., Hussein, T., Joop, B., Lukosch, S., Veiel, D., and Ziegler, J. Modeling and exploiting context for adaptive collaboration. *International Journal of Cooperative Information Systtems (IJCIS)*, 19(1-2):71–120, 2010.

Harrer, A., Hever, R., and Ziebarth, S. Empowering researchers to detect interaction patterns in e-collaboration. In R. Luckin, K. R. Koedinger, and J. Greer, editors, *Artificial Intelligence in Education - Building Technology Rich Learning Contexts that Work*, 158, pages 503–510. IOS Press, IOS Press, Amsterdam, 2007.

Harrer, A., Vetter, M., Thür, S., and Brauckmann, J. Discovery of patterns in learner actions. In *Proceedings of the 2005 conference on Artificial Intelligence in Education: Supporting Learning through Intelligent and Socially Informed Technology*, pages 816–818. IOS Press, Amsterdam, The Netherlands, The Netherlands, 2005. ISBN 1-58603-530-4.

Hastorf, H., Albert H.; Cantril. They saw a game; a case study. *The Journal of Abnormal and Social Psychology*, 49(1):129–134, 1954.

Held, A., Buchholz, S., and Schill, A. Modeling of Context Information for Pervasive Computing Applications. In *Proc. of the 6th World Multiconference on Systemics, Cybernetics and Informatics*. Orlando, FL, 2002.

Henricksen, K., Indulska, J., and Rakotonirainy, A. Modeling context information in pervasive computing systems. In *Proceedings of the First International Conference on Pervasive Computing*, Pervasive '02, pages 167–180. Springer-Verlag, London, UK, 2002. ISBN 3-540-44060-7.

Henricksen, K., Indulska, J., and Rakotonirainy, A. Generating context management infrastructure from high-level context models. In *4th International Conference on Mobile Data Management, Melbourne, Australia*, pages 1–6. 2003.

Hever, R., De Groot, R., De Laat, M., Harrer, A., Hoppe, U., McLaren, B. M., and Scheuer, O. Combining structural, process-oriented and textual elements to generate awareness indicators for graphical e-discussions. In *Proceedings of the 8th iternational conference on Computer supported collaborative learning*, CSCL'07, pages 289–291. International Society of the Learning Sciences, 2007. ISBN 978-0-6151-5436-7.

Hintont, G., Rumelhart, D., and Williams, R. Learning representations by back-propagating errors. *Nature*, 323(6088):533–536, 1986.

Hofer, T., Schwinger, W., Pichler, M., Leonhartsberger, G., Altmann, J., and Retschitzegger, W. Context-awareness on mobile devices - the hydrogen approach. In *Proceedings of the 36th Annual Hawaii International Conference on System Sciences (HICSS'03) - Track 9 - Volume 9*, HICSS '03, pages 292.1–. IEEE Computer Society, Washington, DC, USA, 2003. ISBN 0-7695-1874-5.

Huang, Z. and Ng, M. A fuzzy k-modes algorithm for clustering categorical data. *Fuzzy Systems, IEEE Transactions on*, 7(4):446 –452, 1999. ISSN 1063-6706.

Hussein, T., Westheide, D., and Ziegler, J. Context-adaptation based on ontologies and spreading activation. In A. Hinneburg, editor, *LWA 2007: Lernen - Wissen - Adaption*, pages 361–366. Martin-Luther-University Halle-Wittenberg, 2007. ISBN 978-3-86010-907-6.

Jameson, A. and Smyth, B. Recommendation to groups. In P. Brusilovsky, A. Kobsa, and W. Nejdl, editors, *The adaptive web*, chapter 20, pages 596–627. Springer-Verlag, Berlin, Heidelberg, 2007. ISBN 978-3-540-72078-2.

Ji, M., Yan, J., Gu, S., Han, J., He, X., Zhang, W. V., and Chen, Z. Learning search tasks in queries and web pages via graph regularization. In *Proceedings of the 34th international ACM SIGIR conference on Research and development in Information Retrieval*, SIGIR '11, pages 55–64. ACM, New York, NY, USA, 2011. ISBN 978-1-4503-0757-4.

John R. Anderson, G. H. B. *Human Associative Memory*. Psychology Press, 1980.

Kaltz, W. *An Engineering Method for Adaptive, Context-aware Web Applications*. Ph.D. thesis, Universität Duisburg-Essen, 2007.

Kaltz, W., Ziegler, J., and Lohmann, S. Context-aware web engineering: Modeling and applications. *Revue d'Intelligence Artificielle*, 19(3):439–458, 2005.

Kargar, M. and An, A. Discovering top-k teams of experts with/without a leader in social networks. In *Proceedings of the 20th ACM international conference on Information and knowledge management*, CIKM '11, pages 985–994. ACM, New York, NY, USA, 2011. ISBN 978-1-4503-0717-8.

Kellar, M. and Watters, C. Using web browser interactions to predict task. In *Proceedings of the 15th international conference on World Wide Web*, WWW '06, pages 843–844. ACM, New York, NY, USA, 2006. ISBN 1-59593-323-9.

Kellar, M., Watters, C., and Shepherd, M. A field study characterizing web-based information-seeking tasks. *J. Am. Soc. Inf. Sci. Technol.*, 58(7):999–1018, 2007. ISSN 1532-2882.

Kernighan, B. W. and Lin, S. An efficient heuristic procedure for partitioning graphs. *The Bell system technical journal*, 49(1):291–307, 1970.

Kinnebrock, W. *Neuronale Netze - Grundlagen, Anwendungen, Beispiele*. Oldenbourg, 1992. ISBN 3-486-22103-5.

Knappmeyer, M., Kiani, S. L., Fra, C., Moltchanov, B., and Baker, N. ContextML: A light-weight context representation and context management schema. In *Wireless Pervasive Computing (ISWPC), 2010 5th IEEE International Symposium on*, pages 367 –372. 2010.

Kotz, J., Haban, R., and Steckermeier, S. *.Net 3.0 - WCF, WPF und WF - Ein Überblick*, chapter 3, pages 137–240. Addison-Wesley, 2007. ISBN 978-3827324931.

Kushmerick, N. and Lau, T. Automated email activity management: an unsupervised learning approach. In *Proceedings of the 10th international conference on Intelligent user interfaces*, IUI '05, pages 67–74. ACM, New York, NY, USA, 2005. ISBN 1-58113-894-6.

Kushmerick, N., Lau, T., Dredze, M., and Khoussainov, R. Activity-centric email: a machine learning approach. In *proceedings of the 21st national conference on Artificial intelligence - Volume 2*, AAAI'06, pages 1634–1637. AAAI Press, 2006. ISBN 978-1-57735-281-5.

Lanczos, C. An iteration method for the solution of the eigenvalue problem of linear differential and integral operators. *Journal of Research of the National Bureau of Standards*, 45:255–282, 1950. ISSN 0160-1741.

Lappas, T., Liu, K., and Terzi, E. Finding a team of experts in social networks. In *Proceedings of the 15th ACM SIGKDD international conference on Knowledge discovery and data mining*, KDD '09, pages 467–476. ACM, New York, NY, USA, 2009. ISBN 978-1-60558-495-9.

Lehmann, O., Bauer, M., Becker, C., and Nicklas, D. From Home to World - Supporting Context-aware Applications through World Models. In *PERCOM '04: Proceedings of the Second IEEE International Conference on Pervasive Computing and Communications (PerCom'04)*. IEEE Computer Society, Washington, DC, USA, 2004. ISBN 0769520901.

Levenshtein, V. Binary Codes Capable of Correcting Deletions, Insertions and Reversals. *Soviet Physics Doklady*, 10:707, 1966.

Linde, Y., Buzo, A., and Gray, R. An algorithm for vector quantizer design. *Communications, IEEE Transactions on*, 28(1):84–95, 1980.

Lloyd, S. P. Least squares quantization in PCM. *IEEE Transactions on Information Theory*, IT-28(2):129–137, 1982.

Lohmann, S., Kaltz, J. W., and Ziegler, J. Model-driven dynamic generation of context-adaptive web user interfaces. In T. Kühne, editor, *MoDELS Workshops*, volume 4364 of *Lecture Notes in Computer Science*, pages 116–125. Springer, 2006. ISBN 978-3-540-69488-5.

Lowd, D. and Kushmerick, N. Using salience to segment desktop activity into projects. In *Proceedings of the 14th international conference on Intelligent user interfaces*, IUI '09, pages 463–468. ACM, New York, NY, USA, 2009. ISBN 978-1-60558-168-2.

Luccio, F. and Sami, M. On the decompoision of networks into minimally interconnected networks. *Transactions on Circuit Theory CT*, 16:184 – 188, 1969.

Lumsdaine, A., Gregor, D., Hendrickson, B., and Berry, J. W. Challenges in parallel graph processing. *Parallel Processing Letters*, 17(1):5–20, 2007.

MacIntyre, B., Mynatt, E. D., Voida, S., Hansen, K. M., Tullio, J., and Corso, G. M. Support for multitasking and background awareness using interactive peripheral displays. In *Proceedings of the 14th annual ACM symposium on User interface software and technology*, UIST '01, pages 41–50. ACM, New York, NY, USA, 2001. ISBN 1-58113-438-X.

MacQueen, J. B. Some methods for classification and analysis of multivariate observations. In L. M. L. Cam and J. Neyman, editors, *Proc. of the fifth Berkeley Symposium on Mathematical Statistics and Probability*, volume 1, pages 281–297. University of California Press, 1967.

Martinez-Carreras, M., Ruiz-Martinez, A., Gomez-Skarmeta, A., and Prinz, W. Designing a generic collaborative working environment. In *Web Services, 2007. ICWS 2007. IEEE International Conference on*, pages 1080 –1087. 2007.

Masthoff, J. Group modeling: Selecting a sequence of television items to suit a group of viewers. *User Modeling and User-Adapted Interaction*, 14:37–85, 2004. ISSN 0924-1868. 10.1023/B:USER.0000010138.79319.fd.

Masthoff, J. Group recommender systems: Combining individual models. In F. Ricci, L. Rokach, B. Shapira, and P. B. Kantor, editors, *Recommender Systems Handbook*, pages 677–702. Springer US, 2011. ISBN 978-0-387-85820-3. 10.1007/978-0-387-85820-3_21.

Mccarthy, J. Notes on Formalizing Context. In R. Bajcsy, editor, *Proceedings of the Thirteenth International Joint Conference on Artifcial Intelligence*, pages 555–562. Morgan Kaumann, San Mateo, California, 1993.

Mccarthy, J. and Buvac, S. Formalizing context (expanded notes). In *In Computing Natural Language*, pages 13–50. 1997.

McLaren, B. M., Scheuer, O., De Laat, M., Hever, R., De Groot, R., and Rosé, C. P. Using machine learning techniques to analyze and support mediation of student e-discussions. In *Proceedings of the 2007 conference on Artificial Intelligence in Education: Building Technology Rich Learning Contexts That Work*, pages 331–338. IOS Press, Amsterdam, The Netherlands, The Netherlands, 2007. ISBN 978-1-58603-764-2.

Messmer, B. and Bunke, H. A new algorithm for error-tolerant subgraph isomorphism detection. *Pattern Analysis and Machine Intelligence, IEEE Transactions on*, 20(5):493 –504, 1998. ISSN 0162-8828.

Meyer, D. E. and Schvaneveldt, R. W. Facilitation in recognizing pairs of words: Evidence of a dependence between retrieval operations. *Journal of Experimental Psychology*, 90(2):227–234, 1971a.

Meyer, D. E. and Schvaneveldt, R. W. Facilitation in recognizing pairs of words: Evidence of a dependence between retrieval operations. *Journal of Experimental Psychology*, 90(2):227–234, 1971b.

Naguib, H., Coulouris, G., and Mitchell, S. Middleware support for context-aware multimedia applications. In *Proceedings of the IFIP TC6 / WG6.1 Third International Working Conference on New Developments in Distributed Applications and Interoperable Systems*, pages 9–22. Kluwer, B.V., Deventer, The Netherlands, The Netherlands, 2001. ISBN 0-7923-7481-9.

Newman, M. E. J. Scientific collaboration networks. i. network construction and fundamental results. *Phys. Rev. E*, 64:016131, 2001.

Newman, M. E. J. and Girvan, M. Finding and evaluating community structure in networks. *Phys. Rev. E*, 69:026113, 2004.

Nicklas, D., Großmann, M., Schwarz, T., Volz, S., and Mitschang, B. A model-based, open architecture for mobile, spatially aware applications. In *Proceedings of the 7th International Symposium on Advances in Spatial and Temporal Databases*, SSTD '01, pages 117–135. Springer-Verlag, London, UK, UK, 2001. ISBN 3-540-42301-X.

O'Connor, M., Cosley, D., Konstan, J. A., and Riedl, J. Polylens: a recommender system for groups of users. In *Proceedings of the seventh conference on European Conference on Computer Supported Cooperative Work*, ECSCW'01, pages 199–218. Kluwer Academic Publishers, Norwell, MA, USA, 2001. ISBN 0-7923-7162-3.

Oliver, N., Smith, G., Thakkar, C., and Surendran, A. C. Swish: semantic analysis of window titles and switching history. In *Proceedings of the 11th international conference on Intelligent user interfaces*, IUI '06, pages 194–201. ACM, New York, NY, USA, 2006. ISBN 1-59593-287-9.

Osland, P.-O., Viken, B., Solsvik, F., Nygreen, G., Wedvik, J., and Myklbust, S. E. Enabling context-aware applications. In *Proceedings of ICIN2006: Convergence in Services, Media and Networks*. 2006.

Öztürk, P. Towards a knowledge-level model of context and context use in diagnostic problems. *Appl. Intell.*, 10(2-3):123–137, 1999.

Pascoe, M. J. Adding generic contextual capabilities to wearable computers. In *Proceedings of the 2nd IEEE International Symposium on Wearable Computers*, ISWC '98, pages 92–. IEEE Computer Society, Washington, DC, USA, 1998. ISBN 0-8186-9074-7.

Pavel, S. and Euzenat, J. Ontology matching: State of the art and future challenges. *IEEE Transactions on Knowledge and Data Engineering*, 99(PrePrints), 2011. ISSN 1041-4347.

Pearson, K. On lines and planes of closest fit to systems of points in space. *Philosophical Magazine*, 2(6):559–572, 1901.

Pothen, A., Simon, H. D., and Liou, K.-P. Partitioning sparse matrices with eigenvectors of graphs. *SIAM J. Matrix Anal. Appl.*, 11:430–452, 1990. ISSN 0895-4798.

Prekop, P. and Burnett, M. Activities, context and ubiquitous computing. *Computer Communications*, 26(11):1168–1176, 2003.

Prinz, W., Loh, H., Pallot, M., Schaffers, H., Skarmeta, A., and Decker, S. Ecospace – towards an integrated collaboration space for eprofessionals. In *Collaborative Computing: Networking, Applications and Worksharing, 2006. CollaborateCom 2006. International Conference on*, pages 1 –7. 2006.

Pronin, E. Perception and misperception of bias in human judgment. *Trends in Cognitive Sciences*, 11(1):37–43, 2007.

Radicchi, F., Castellano, C., Cecconi, F., Loreto, V., and Parisi, D. Defining and identifying communities in networks. *Proceedings of the National Academy of Sciences*, 101(9):2658, 2004.

Rath, A. S., Devaurs, D., and Lindstaedt, S. N. Uico: an ontology-based user interaction context model for automatic task detection on the computer desktop. In *Proceedings of the 1st Workshop on Context, Information and Ontologies*, CIAO '09, pages 8:1–8:10. ACM, 2009. ISBN 978-1-60558-528-4.

Rath, A. S., Devaurs, D., and Lindstaedt, S. N. Studying the factors influencing automatic user task detection on the computer desktop. In *Proceedings of the 5th European conference on Technology enhanced learning conference on Sustaining TEL: from innovation to learning and practice*, EC-TEL'10, pages 292–307. Springer-Verlag, Berlin, Heidelberg, 2010. ISBN 3-642-16019-0, 978-3-642-16019-6.

Recio-Garcia, J. A., Jimenez-Diaz, G., Sanchez-Ruiz, A. A., and Diaz-Agudo, B. Personality aware recommendations to groups. In *Proceedings of the third ACM conference on Recommender systems*, RecSys '09, pages 325–328. ACM, New York, NY, USA, 2009. ISBN 978-1-60558-435-5.

Rey, G. D. and Wender, K. F. *Neuronale Netze - eine Einführung in die Grundlagen, Anwendungen und Datenauswertung.* Hans Huber Verlag, Bern, 2011. ISBN 978-3-456-84513-5.

Román, M., Hess, C., Cerqueira, R., Ranganathan, A., Campbell, R. H., and Nahrstedt, K. A middleware infrastructure for active spaces. *IEEE Pervasive Computing*, 1:74–83, 2002. ISSN 1536-1268.

Sanfeliu, A. and Fu, K. A distance measure between attributed relational graphs for pattern recognition. *IEEE Transactions on Systems, Man, and Cybernetics*, 13:353–362, 1983.

Schein, A. I., Popescul, A., Ungar, L. H., and Pennock, D. M. Methods and metrics for cold-start recommendations. In *Proceedings of the 25th Annual International ACM SIGIR Conference on Research and Development in Information Retrieval*, SIGIR '02, pages 253–260. ACM, New York, NY, USA, 2002. ISBN 1-58113-561-0.

Schilit, B., Adams, N., and Want, R. Context-aware computing applications. In *Proceedings of the 1994 First Workshop on Mobile Computing Systems and Applications*, pages 85–90. IEEE Computer Society, Washington, DC, USA, 1994. ISBN 978-0-7695-3451-0.

Schmidt, A., Beigl, M., and Hans-W, H. There is more to context than location. *Computers and Graphics*, 23(6):893–901, 1999.

Schvaneveldt, D., R.W.; Meyer. Retrieval and comparison processes in semantic memory. In *Attention and performance IV*, volume 90, page 395–409. Academic Press New York, 1973.

Seidman, S. B. Internal cohesion of ls sets in graphs. *Social Networks*, 5(2):97 – 107, 1983a. ISSN 0378-8733.

Seidman, S. B. Network structure and minimum degree. *Social Networks*, 5(3):269 – 287, 1983b. ISSN 0378-8733.

Seidman, S. B. and Foster, B. L. A graph-theoretic generalization of the clique concept. *Journal of Mathematical Sociology*, 6:139–154, 1978.

Shen, J., Li, L., and Dietterich, T. G. Real-time detection of task switches of desktop users. In *Proceedings of the 20th international joint conference on Artifical intelligence*, IJCAI'07, pages 2868–2873. Morgan Kaufmann Publishers Inc., 2007.

Shen, J., Li, L., Dietterich, T. G., and Herlocker, J. L. A hybrid learning system for recognizing user tasks from desktop activities and email messages. In *Proceedings of the 11th international conference on Intelligent user interfaces*, IUI '06, pages 86–92. ACM, New York, NY, USA, 2006. ISBN 1-59593-287-9.

Shvaiko, P. and Euzenat, J. A Survey of Schema-Based Matching Approaches Journal on Data Semantics IV. In S. Spaccapietra and S. Spaccapietra, editors, *Journal on Data Semantics IV*, volume 3730 of *Lecture Notes in Computer Science*, chapter 5, pages 146–171. Springer Berlin / Heidelberg, Berlin, Heidelberg, 2005. ISBN 978-3-540-31001-3.

Strang, T. and Linnhoff-Popien, C. A context modeling survey. In *In: Workshop on Advanced Context Modelling, Reasoning and Management, UbiComp 2004 - The Sixth International Conference on Ubiquitous Computing, Nottingham/England.* 2004.

Su, X. and Khoshgoftaar, T. M. A survey of collaborative filtering techniques. *Adv. in Artif. Intell.*, 2009:4:2–4:2, 2009. ISSN 1687-7470.

Tatarinov, V. *Kontextabhängige Wahl von Strategien zur Generierung von Empfehlungen für Gruppen.* Diplomarbeit, Universität Duisburg-Essen, 2011.

Truong, H.-L., Dustdar, S., Baggio, D., Corlosquet, S., Dorn, C., Giuliani, G., Gombotz, R., Hong, Y., Kendal, P., Melchiorre, C., Moretzky, S., Peray, S., Polleres, A., Reiff-Marganiec, S., Schall, D., Stringa, S., Tilly, M., and Yu, H. incontext: A pervasive and collaborative working environment for emerging team forms. In *Applications and the Internet, 2008. SAINT 2008. International Symposium on*, pages 118 –125. 2008.

Tyler, J. R., Wilkinson, D. M., and Huberman, B. A. *Email as spectroscopy: automated discovery of community structure within organizations*, pages 81–96. Kluwer, B.V., Deventer, The Netherlands, The Netherlands, 2003. ISBN 1-4020-1611-5.

Veiel, D., Haake, J. M., and Lukosch, S. Extending a shared workspace environment with context-based adaptations. In *Proceedings of the 15th international conference on Groupware: design, implementation, and use*, CRIWG'09, pages 174–181. Springer-Verlag, Berlin, Heidelberg, 2009. ISBN 3-642-04215-5, 978-3-642-04215-7.

Veiel, D., Lukosch, S., and Haake, J. M. Kontextbasierte adaption gemeinsamer arbeitsbereiche. *Informatik-Spektrum*, 34:120–133, 2011. ISSN 0170-6012. 10.1007/s00287-010-0515-6.

Voida, S., Mynatt, E. D., MacIntyre, B., and Corso, G. M. Integrating virtual and physical context to support knowledge workers. *IEEE Pervasive Computing*, 1:73–79, 2002. ISSN 1536-1268.

Wang, D., Wang, G., Ke, X., and Chen, W. Action prediction and identification from mining temporal user behaviors. In *Proceedings of the fourth ACM international conference on Web search and data mining*, WSDM '11, pages 435–444. ACM, New York, NY, USA, 2011. ISBN 978-1-4503-0493-1.

Warren, H. C. *A History of Association Psychology*. Charles Scribner's Sons, 1921.

Wasserman, S. and Faust, K. *Social Network Analysis: Methods and Applications*. Number 8 in Structural analysis in the social sciences. Cambridge University Press, 1 edition, 1994. ISBN 9780521387071.

Wenger, E. *Communities of Practice: Learning, Meaning, and Identity*. Cambridge University Press; 1 edition, 1999. ISBN 978-0521663632.

Wenger, E. Communities of practice and social learning systems. *Organization*, 7(2):225, 2000.

Wieland, M. and Nicklas, D. Ein Framework für kontextbezogene Anwendungen in der Nexus-Plattform. In I. für Informatik der Freien Universität Berlin, editor, *3. GI/ITG KuVS Fachgespräch: Ortsbezogene Anwendungen und Dienste*, pages 32–35. Freie Universität Berlin, Universitätsbibliothek, Berlin, 2006. ISBN 3-929619-39-3.

Winograd, T. Architectures for context. *Human-Computer Interaction*, 16(2):401–419, 2001. ISSN 0737-0024.

Witten, I. H. and Frank, E. *Data mining : practical machine learning tools and techniques*. Elsevier, Morgan Kaufman, Amsterdam, 2. ed. edition, 2005. ISBN 0-12-088407-0.

Yau, S. S. and Karim, F. A context-sensitive middleware for dynamic integration of mobile devices with network infrastructures. *J. Parallel Distrib. Comput.*, 64:301–317, 2004. ISSN 0743-7315.

Zimmermann, A., Lorenz, A., and Oppermann, R. An operational definition of context. In *CONTEXT*, pages 558–571. 2007.

SCHRIFTEN ZU KOOPERATIONS- UND MEDIENSYSTEMEN

Herausgegeben von Prof. Dr. Volker Wulf, Siegen, Prof. Dr. Jörg Haake, Hagen, Prof. Dr. Thomas Herrmann, Bochum, Prof. Dr. Helmut Krcmar, München, Prof. Dr. Johann Schlichter, München, Prof. Dr. Gerhard Schwabe, Zürich, und Prof. Dr.-Ing. Jürgen Ziegler, Duisburg

Band 33
Fan Bai
Collaboration Support for the Distributed Development of Ontologies
Lohmar – Köln 2013 • 140 S. • € 43,- (D) • ISBN 978-3-8441-0228-4

Band 34
Joachim Hafkesbrink und Karen Shire (Hrsg.)
Flexibilität und Stabilität in der Verlags- und Medienbranche
– Konzepte beidhändiger Unternehmensstrategien
Lohmar – Köln 2013 • 388 S. • € 65,- (D) • ISBN 978-3-8441-0240-6

Band 35
Claudia Müller
Praxisbasiertes Technologiedesign für die alternde Gesellschaft – Zwischen gesellschaftlichen Leitbildern und ihrer Operationalisierung im Design
Lohmar – Köln 2014 • 336 S. • € 63,- (D) • ISBN 978-3-8441-0331-1

Band 36
Alexander Nolte
Flexibilisierung kollaborativer Prozessmodellierung durch den Einsatz webbasierter Modellierungswerkzeuge
Lohmar – Köln 2015 • 512 S. • € 74,- (D) • ISBN 978-3-8441-0400-4

Band 37
Björn Jörn Joop
Generalisierte Kontextmodellierung auf Basis von Zustandsgraphen – Eine Methode zur Ermittlung von Kontexten für einzelne Benutzer und Benutzergruppen
Lohmar – Köln 2015 • 220 S. • € 55,- (D) • ISBN 978-3-8441-0427-1

JOSEF EUL VERLAG